Carr-Gomm **Der Weg des Druiden**

Philip Carr-Gomm Der Weg
des Druiden
Eine Reise durch die keltische Spiritualität

Aus dem Englischen von
Annette Charpentier

Die Originalausgabe erschien unter dem Titel
The Druid Way
bei Element Books Ltd., Shaftesbury/Dorset, Großbritannien.
© Philip Carr-Gomm 1993

Die Deutsche Bibliothek – CIP-Einheitsaufnahme
Carr-Gomm, Philip:
Der Weg des Druiden : eine Reise durch die keltische Spiritualität /
Philip Carr-Gomm. Aus dem Engl. von Annette Charpentier. –
München : Hugendubel, 1998
  (Sphinx)
  Einheitssacht.: The druid way <dt.>
  ISBN 3-89631-182-4

© der deutschen Ausgabe Heinrich Hugendubel Verlag, München 1998
Alle Rechte vorbehalten

Lektorat: Barbara Imgrund, München
Umschlaggestaltung: Zembsch' Werkstatt, München, unter
Verwendung eines Motivs von IFA-Bilderteam, München
Illustrationen: Bill Worthington
Produktion: Tillmann Roeder, München
Satz und Repro: SatzTeam Berger, Ellenberg
Druck und Bindung: Huber, Dießen
Printed in Germany

ISBN 3-89631-182-4

INHALT

Vorwort 7
Danksagung 8

1. DER DUN 13
2. DAS ARTUS-LICHT 15
3. DIE SPIRALE DER ANFÄNGE 17
4. DER TUMP 22
5. DAS TOR 27
6. MERLINS EINFRIEDUNG – DIE GESEGNETE ERDE 33
7. DER GEIST DER REISE 38
8. WEISSER WEG – GUTER WEG 44
9. DAS LIED UNSERER AHNEN 55
10. DER REGENBOGEN 62
11. HEXEN UND DRUIDEN 75
12. DIE FEUERPROBE 88
13. AVRONELLE 100
14. DER GRÜNE MANN 113
15. DIE GÖTTIN 137
16. DIE SEHNSUCHT NACH DER RÜCKKEHR 150
17. LUCIE 155
18. RHIANNON 165
19. DER WEG ZURÜCK 171
20. DIE HÄNGE VON GALEDIN 180
21. DIE ERNTE 187

Nachschrift 195
Anhang 210
Ortsregister 218

*Ich widme dieses Buch
Boris Nikolov, der zur Winterzeit das Tor durchschritt,
und Lucie Worthington,
die das Tor zur Sommerzeit durchschritt.*

Vorwort

Als man mich bat, ein Buch über die Druiden zu schreiben, plante ich spontan eine schlichte Beschreibung von Geschichte, Überzeugungen und Praktiken der druidischen Tradition. Doch kurz bevor ich mit der Niederschrift beginnen wollte, erlebte ich die druidische Lebensweise aus allernächster Nähe, so daß ein gänzlich anderes Buch dabei herauskam.

Dem Druidentum liegt unter anderem die Vorstellung zugrunde, daß wir »das Land belauschen« sollen, daß es zu uns spricht und uns leitet, wenn wir in der Lage sind, uns ihm zu öffnen. Ich hatte eines Abends das Glück, zu hören, wie das Land zu mir sprach – so erschien es mir zumindest –, und ich beschloß, seiner Einladung zu folgen und voll Offenheit und Akzeptanz die Umgegend zu durchwandern. Ich wollte nicht von einem objektiven Standpunkt aus über die druidische Lebensweise schreiben, sondern von innen heraus, aus dem Blickwinkel von jemandem, der zu einer bestimmten Zeit an einem bestimmten Ort diese Lebensweise annimmt. Das Ergebnis ist weder ein Handbuch noch eine reine Beschreibung des Druidentums (derartige Bücher gibt es bereits; Hinweise darauf finden sich im Anhang). Es ist vielmehr der Bericht eines Individuums, das am Ende eines Jahrtausends durch die Welt wandert und auf die uralten Stimmen lauscht, die sich durch die Landschaft Gehör verschaffen.

Lewes 1993
Philip Carr-Gomm

Danksagung

In diesem Buch geht es nicht nur um eine Reise im Raum, sondern auch in der Zeit. Beim Wandern über die alten Wege in Sussex entdeckte ich, daß die momentanen Ereignisse beim Gehen unauflöslich mit den anderen Ereignissen meines Lebens in diesen neun Monaten der Wanderschaft und des Schreibens verknüpft waren: »Innere« und »äußere«, »wirkliche« und »imaginäre« Erfahrungen wurden abwechselnd mit den historischen, geographischen und psychologischen Forschungen verwoben, die für diese Reise unerläßlich waren.

Ich möchte an dieser Stelle allen danken, die diese Reise und die Niederschrift des Buches förderten oder behinderten. Jene, die mich eher hinderten, stehen meinem Herzen am nächsten und wurden eigentlich zur größten Hilfe: meine Frau Stephanie, meine Nichte Marianna und meine Kinder Matthew, Lawrence, Sophie und Charlotte. Jedesmal, wenn mich tobende Kinder oder häusliche Pflichten vom Schreibtisch rissen, schuf sich das Buch selbst die Zeit, um zu wachsen und auf eine Weise zu reifen, die mich immer wieder überraschte.

Ein besonderer Dank gilt Barbara Cole, die mich auf Rodney Castledens »The Wilmington Giant« aufmerksam machte, das eine Inspiration für mein Buch darstellte. Danken möchte ich außerdem Nuinn, meinem alten Druiden-Mentor, für seine innere Führung und seine Gedichte, die ich in den Text eingeflochten habe; Mary Oliver und Stephen Parr für die Erlaubnis, ihre Gedichte zu drucken; meinem Vater, weil er genau im richtigen Moment mit mir über seine Don-Quichotte-Forschung sprach und nichts gegen meine Phrase »essentiell donquichottisch« hatte. Ich danke Dwina Murphy-Gibb für ihre Gedanken bei unserem Gespräch über den »Großen Mann« und ihre unschätzbare Hilfe und Ermutigung in der schwierigen Endphase des Schreibens; den Angestellten der Bibliothek der Archäologischen Gesellschaft von Sussex; zwei Freunden, die ich auf dem Tump kennenlernte: Andy Stirling, der mich auf das

Iolo-Manuskript aufmerksam machte und mir seine Gedanken über Lewes und dessen Umgegend mitteilte, und Jonathan Tait, der mich in das Werk von Brian Bates einführte; Chris und Bill Worthington sowie Nicholas und Lara Spicer, die mir gestatteten, aus den von ihnen entwickelten Zeremonien zu zitieren, sowie noch einmal Bill Worthington für seine Illustrationen; Walter van Rijn, der die Schafpfade und den springenden Mann der Kalkgrube entdeckte; Jackie Huxter, die mir half, die Vorstellung von den Excarbation Hills zu erfassen; Phoebe und John Roper, die mir freundlicherweise gestatteten, das Buch in ihrem Haus gegenüber dem Tump zu beenden; meinen Psychotherapie-Klienten, die mit großer Synchronizität Bilder und Gedanken beitrugen, welche mir halfen, die Reise in diesem Buch sowie die größere Reise, auf der wir uns alle befinden, zu verstehen; Susan Henssler, Peter Hopkins, Harriet Green und Graeme Tallboy für ihre wertvollen Kommentare nach Durchsicht der ersten Fassung; Susan Mears, der wohl geduldigsten Lektorin der Welt, und allen Freunden und Mitgliedern des »Order of Bards, Ovates and Druids«, deren Gespräche und Briefe eine ständige Quelle der Wärme und Inspiration bildeten.

Du brauchst nicht gut zu sein.
Du brauchst nicht Hunderte von Meilen
reuevoll auf Knien durch die Wüste zu rutschen.
Du brauchst bloß das kleine weiche Tier deines Körpers
lieben zu lassen, was es liebt.
Erzähl mir von Verzweiflung, deiner, und ich erzähle dir von meiner.
Derweil nimmt die Welt ihren Lauf.
Derweil bewegen sich die Sonne und die klaren Kiesel des Regens
durch die Landschaften,
über Prärien, die tiefen Bäume,
die Berge und die Flüsse.
Derweil ziehen die wilden Gänse hoch in der klaren, blauen Luft
wieder heimwärts.
Wer immer du bist, gleich, wie verlassen,
die Welt bietet sich deiner Phantasie dar,
ruft dich wie die wilden Gänse, mit rauher, aufregender Stimme –
immer wieder, und verkündet dir deinen Platz
in der Familie aller Dinge.

Mary Oliver (aus: »Dream Work«)

1. Der Dun

Folge deinem Glücksstern.

Joseph Campbell

Ein Raubvogel hätte auf seinem Flug über die Downlands eine noch bessere Perspektive gehabt – aber ich stand fast ebenso hoch wie ein Vogel und konnte fast ebenso weit blicken... Dort im Süden lag grausilbrig das Meer. Im Westen erstreckte sich der lange Zug der Downs von der Mündung der Ouse bei Newhaven bis nach Swanborough Hill in der Ferne.

Im Nordosten erhob sich der Caburn, der sich wie ein alter Krieger dem Meereshorizont entgegenstellt. Ich selbst stand auf dem Itford Hill, 180 Meter über dem Meeresspiegel, auf dem South-Downs-Wanderweg – einem uralten Pfad, der von Eastbourne bis Winchester verläuft. Früher, in alten Zeiten, führten verschiedene Wege von Winchester weiter bis nach Stonehenge.

Mit dem Meer im Rücken und den Downs, dem Dun vor und unter mir und auf beiden Seiten, konnte ich den Ausgangspunkt meiner Reise weit unten direkt vor mir sehen. Dort, in einer Senke der Downs, lag die Stadt Lugh wie ein Wachtposten zum Weald von Sussex.

Ich konnte den Fluß erkennen, der sich von Newhaven bis nach Lewes durch das Brookland-Becken schlängelt, eine Ebene, die vor Zeiten wohl eine Lagune oder Schwemmland gewesen war. Und dort erhob sich auch Lewes selbst aus der Ebene, die Stadt auf dem Hügel, gekrönt von ihrer Burg.

Im hellen Sonnenlicht konnte ich am Rand der Stadt, genau südlich der Burg, den »Tump« erkennen – den heiligen Hügel, der an einem Abend mitten im Winter für mich zum Anlaß geworden war, auf diese Reise zu gehen…

2. Das Artus-Licht

*Wir müssen den Garten Eden verlassen,
ehe wir uns auf den Weg zum Himmlischen Jerusalem machen.
Ironischerweise sind diese beiden Orte identisch,
aber die Reise ist notwendig.*

Robert A. Johnson

Es war eine Nacht mitten im Winter. Etwa ein Dutzend von uns standen am Rand der Spielwiese und starrten zu dem seltsamen Hügel mit der abgeflachten Kuppe hinauf, der nur vom Mondlicht beschienen wurde. Dann begannen wir den Aufstieg über den Pfad, der sich wie eine Schlange um den Hügel windet, bis wir den Gipfel erreichten.

Dort oben, auf der flachen Hügelkuppe, bildeten wir Hand in Hand einen Kreis; im Wind schwankend begrüßten wir die Sterne und den Mond, die Berge am Horizont und die Stadt, die unter uns lag. Dann schütteten wir einer nach dem anderen den Inhalt der Beutel, die wir mitgebracht hatten, in ein Loch in der Kreismitte. Einer bückte sich und steckte einen Mistelzweig in die Erde, und anschließend zogen wir langsam hintereinander den Schlangenpfad hinab zur Wiese, überquerten die Straße und die Eisenbahnbrücke und gingen nach Hause.

Es war der 22. Dezember, der Abend der Wintersonnenwende, der druidischen Tradition zufolge Alban Arthuan, das Artus-Licht genannt.

In jener Nacht, um 22 Minuten vor Mitternacht, starb ein enger Freund.

Am folgenden Abend ging ich wieder auf diesen Berg und stand allein auf der Kuppe. Ich sprach ein Gebet für ihn und dachte über sein Leben und die Klugheit, Freude und Freundlichkeit nach, die er so vielen Menschen gegeben hatte; dann ging ich zurück über den schlangengleichen Weg. Am Fuß des Hügels lehnte ich mich mit den Handflächen gegen die steile Bergflanke.

Plötzlich erstrahlte der gesamte Hügel vor Licht. »Nichts ist so, wie es erscheint«, sagte Sie zu mir. »Der Geist ist überall. Ruhm, Liebe und Macht sind allgegenwärtig. Das Land ist heilig. Begib dich auf eine Reise. Nimm hier deinen Ausgang – wo du lebst.«

3. Die Spirale der Anfänge

*Und Taliesin wird sich
in vielen wunderbaren Gestalten zeigen –
als Weizenkorn, als Hase,
gesät und springend
während die Felder und der Geist der Menschen
bei der Ernte vor Leben springen oder silbern
in den Wassern der Zeit aufglänzen.*

NUINN

Ich war ein Jahr zuvor aus der Stadt Lugh hierhergezogen, die nach dem alten keltischen Gott des Lichts benannt ist. Fast vierzig Jahre lang war Caer Llundain, die alte Stadt London, meine Heimat gewesen, aber ich war im vergangenen Winter nach Lewes gezogen, einem kleinen Landstädtchen in East Sussex im Südosten Englands.

Lewes ist eine attraktive Stadt mit vielen malerischen Häuschen, schmalen Gassen und einer Burg aus dem Mittelalter, doch wie so viele andere englische Städte von dichtem Verkehr erstickt – eigentlich hatte ich mich dort nie ganz zu Hause gefühlt.

In jener Winternacht begingen wir als Gruppe das druidische Fest Alban Arthuan und unternahmen gleichzeitig einen bescheidenen Versuch, den Schaden wiedergutzumachen, den andere in der Umwelt angerichtet hatten. Wir hatten Beutel mit Erde auf den Tump von Lewes geschleppt und ein Loch damit aufgefüllt, das die christliche Gemeinde hinterlassen hatte, die jedes Jahr zu Ostern ein großes Kreuz hier errichtet. Dieses Loch war zu einer Sammelgrube für allen möglichen Abfall geworden und bildete, abgesehen davon, daß es häßlich aussah, eine gefährliche Stolperstelle für unachtsame Besucher. In dieser Nacht nahmen wir die Sache in die Hand und fühlten uns anschließend sehr wohl.

Irgendwie läutete dies eine Veränderung ein. Statt des Gefühls von Fremdsein entwickelte ich nun ein Gefühl von Zugehörigkeit. Paradoxerweise mußte ich aber, um mich gänzlich dort wohl zu fühlen, die Stadt zunächst einmal verlassen ... ich mußte mich auf eine Reise begeben; um die heilige Landschaft erneut zu entdecken, die mich hier umgab, und um das Heilige in meinem Leben wiederzugewinnen, das in diesen modernen Zeiten so leicht zerstört wird.

Dies ist für mich ein zentrales Problem unserer Ära. Bei der Forschung zu diesem Buch bediente ich mich unter anderem Hilaire Bellocs »The Old Road« und H.J. Massinghams »Trough the Wilderness«.

Belloc schrieb von seinem Wunsch, den alten North-Downs-Weg entlangzuwandern, um »die Scheußlichkeiten« seiner eigenen Epoche zu vergessen. Massingham schrieb über seinen Wunsch, ein Haus mit Blick auf die Downs zu bauen, einen »Wunsch nach Stabilität gegenüber den blinden Fluten unserer Zeit«, und meint »ein Fatalismus ... durch unsere eigenen Taten und Untaten in Gang gesetzt, hat sich unserer Leben bemächtigt«. Bellocs Buch wurde 1911 veröffentlicht, Massinghams 1935. Belloc fand seine Welt schon vor dem Ersten Weltkrieg problematisch, Massingham seine vor dem Zweiten. Beide mühten sich mit Problemen ab, die die »moderne« Welt heraufbeschworen hatte, und sie hatten damals noch keine Ahnung von Gaskammern, nuklearem Winter und Ozonlöchern.

Wir hingegen wissen darüber Bescheid, und unser Zentralproblem heute lautet: Wie verändern wir unsere Welt, ehe es zu spät ist? Anders ausgedrückt: Wie schaffen wir es, daß unsere Welt sich nicht weiter verändert, ehe es zu spät ist?

Ich versuche mit diesem Buch, dieses Problem auf zwei verschiedene Weisen anzugehen, die sich in Haltung und Methodologie scheinbar himmelweit voneinander unterscheiden, aber bei näherem Hinsehen enger miteinander verwandt sind, als es zunächst den Anschein hat. Diese beiden Ansätze sind einmal die uralte heilige Tradition dieses Landes, das Druidentum, und zum anderen die neuere Disziplin der Psychologie.

Wir entdecken von der psychologischen Warte aus, daß eines unserer Grundprobleme die Entfremdung ist: Entfremdung von uns selbst, von den anderen um uns herum und von der Welt der Natur. Die Psychotherapie begann mit der Aufgabe, die verschiedenen Teile unseres Selbst wieder miteinander in Verbindung zu bringen, damit unser Verstand nicht länger von unseren Gefühlen und unserem Körper entfremdet ist. Die Gruppentherapie half uns, mit anderen zu kommunizieren – was das Gefühl von Entfremdung weiter linderte. Transpersonale oder spirituelle Psychotherapieformen brachten uns in Kontakt mit dem »inneren Selbst« und mit spiritueller Realität. Doch nun ist ein weiterer Schritt notwendig: Wir müssen unsere Entfremdung von der Welt selbst heilen. Wir wenden uns daher als Reaktion auf dieses Bedürfnis dem Studium und der Praxis der traditionellen Lebensweisen zu, den Erdreligionen, um unsere heilige Verbindung mit der Welt ringsum wiederzuentdecken. Dieser letzte Schritt im Prozeß der Re-Entfremdung stellt nun die Speerspitze in der Bewußtseinsentwicklung dar, die sich seit den sechziger Jahren so dramatisch entwickelt hat. Unsere Wiederentdeckung der Macht und Bedeutung der Erdreligionen und der heiligen Traditionen der Erde beruht zum großen Teil auf der Vorleistung der Psychologie, und zwar durch das, was man generell als »Bewegung des menschlichen Potientials« (Human Potential Movement) bezeichnen kann. Die Mainstream-Psychotherapie ist diesem Schritt jedoch nicht gefolgt, weil sie in der Überzeugung befangen ist, daß das »Heilen des Menschen seine Welt besser macht«, wie es der Jungianer James Hillman ausdrückte. Er meint in »We've had Hundred Years of Psychotherapy and the World's Getting

Worse«, daß »Therapie mit ihrer verrückten Methode, die innere Seele hervorzuheben und die äußere zu vernachlässigen, den Niedergang der aktiven Welt unterstützt«.

Ungeachtet von Hillmans Meinung hilft die Psychotherapie jedoch dabei, unsere Erfahrung des Leidens an der Welt zu erforschen – unsere Probleme mit den Schwierigkeiten und Herausforderungen, die sich uns stellen, und der Entfremdung, die wir dabei empfinden. Der Psychologe Rollo May hat ein Schild in seinem Wartezimmer hängen, auf dem steht: »Es tut in jedem Fall weh.« Mit anderen Worten: Wenn du das Problem ignorierst, tut es weh, wenn du dich damit konfrontierst, ebenfalls.

Diese Weisheit gilt für die Weltseele genauso wie für die Seele des Individuums. Hinsichtlich des Zentralproblems, vor dem wir alle stehen, müssen wir entweder den Pfad des Unbewußten oder den des Bewußtseins wählen. Der Pfad des Unbewußten bedeutet eine Vogel-Strauß-Politik: Man weigert sich, sich einem Problem zu stellen und vertieft statt dessen die Verzweiflung und das Gefühl von Machtlosigkeit. Doch es ist ein verlockender Weg, denn wer unter uns könnte schon behaupten, sich tatsächlich dem Leiden einer so angeschlagenen Welt stellen zu wollen?

Auf dem Weg des Bewußtseins muß man versuchen, zu sehen, was ist: Dieser erste Schritt bedarf keiner Handlung, man muß einfach nur genau hinsehen. Wir alle kennen das Gefühl, wenn wir eine schreckliche Greuelszene im Fernsehen sehen. Wir wenden den Blick ab, und wenn wir glauben, es ertragen zu können, schauen wir wieder hin – vielleicht durch die Finger hindurch –, bis wir uns wieder abwenden müssen. Wir erleben die sich stückweise entwickelnde Integration unserer Wahrnehmung. Das ist der Pfad des Bewußtseins. Auf dem Weg des Unbewußten schalten wir entweder auf einen anderen Kanal um oder ganz ab.

In diesem Buch geht es um den Weg des Bewußtseins, um eine Methode, die Welt zu sehen, aber es ist ein Weg der Hoffnung statt der Verzweiflung, ein Weg, der uns von der anfänglichen Erkenntnis, wie verschandelt unsere Welt ist, zur Erfahrung der Wunder und der Einheitlichkeit allen Lebens führt.

Es handelt sich um einen uralten Pfad, und viele Menschen sind ihn vor uns gegangen. Heutzutage wird er nicht nur von den alten Traditionen erhellt, sondern auch von einem modernen Verständnis.

> Jeder muß seinen eigenen Ort finden.
> *Richard Jeffries*

Im Prozeß des individuellen Heilens, der Psychotherapie, besteht unser erster Schritt zur Veränderung hin paradoxerweise in einem Innehalten und darin, daß wir zunächst einmal akzepieren, wer wir sind. Wir müssen als erstes lernen, nicht ständig weiterzuwollen, und statt dessen einfach einmal hinschauen und akzeptieren.

Warum versuchen wir, etwas zu verändern, »weiterzukommen«? Weil das, was wir erleben, Leid ist – Schmerz, Häßlichkeit und ein Gefühl, daß wir uns in der Welt nicht ganz zu Hause fühlen. Der Versuch, dem Leiden nicht mehr entkommen zu wollen, scheint eine irrwitzige Vorstellung – bis wir herausfinden, daß den Göttern Paradoxe zu gefallen scheinen, denn sobald wir versuchen, nichts mehr anzustreben und das Gegebene zu akzeptieren, beginnen die Dinge sich zu ändern...

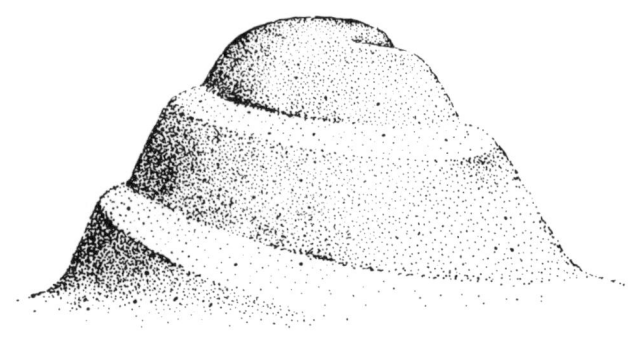

4. Der Tump

Der einzige Ort, von dem aus du eine Reise beginnen kannst, ist hier.

Der Tump

In Newgrange, jenem riesigen Tempelbauch der Großen Göttin in Irland, gibt es auf dem Portalstein und in den inneren Kammern eingravierte Spiralmuster. Beim Tump in Lewes findet man diese Spirale nicht in Stein gehauen, sondern in die Erde selbst gegraben. Ein breiter, spiralförmiger Weg schlängelt sich um den Hügel; er beginnt im Norden – dem Ort der Dunkelheit und der Anfänge – und endet auf der breiten, flachen Kuppe des Hügels.

Wenn wir heute über diesen Spiralweg gehen wollen, werden wir unmittelbar mit dem Zentralproblem des Lebens in der modernen Welt konfrontiert: Wir leben in einer häßlichen, angegriffenen Welt. Der Anfangspunkt des Weges liegt im Hinterhof eines großen Hauses an der Hauptstraße vor dem Bahnhof versteckt. Der einzige Weg, auf dem wir den Pfad gegenwärtig erreichen können, ohne ein Privatgrundstück zu überqueren, führt an der Rückseite des Bowling-Clubhauses neben dem Tump entlang; man stolpert über Geröll und Müll, ehe man endlich den Anfang des Weges findet.

Doch wenn wir das erst bewältigt haben, stehen wir vor einem Tor, das uns in ein fremdes Land bittet – ein Land, das überwiegend unversehrt geblieben und immer noch von urtümlicher Schönheit erfüllt ist. Am wichtigsten für uns heute aber ist, daß es die Fähigkeit besitzt, uns etwas zu lehren.

Was für ein seltsamer Gedanke für die neunziger Jahre! Wie kann die Erde uns etwas lehren – was könnte sie zu den Themen zu sagen haben, mit denen wir uns auf individueller oder kollektiver Ebene abmühen?

Hier gelangen wir zu einem der Hauptunterschiede zwischen dem, was wir als die offenbarenden Religionen kennen, und den natürlichen, gewachsenen, erdverbundenen Religionen.

Bei den »Offenbarungsreligionen« ist die Quelle der Inspiration die Offenbarung einer einzigen Person – wie Jesus, Mohammed oder Buddha. Lehren, die sich ausschließlich auf die Botschaft eines einzigen Menschen als Quelle der Inspiration stützen (fast unweigerlich ein Mann), bilden nicht nur die Grundlage der größeren Weltreligionen, sondern auch fast alle guruzentrierten Bewegungen. Die »Erdreligionen« lehren – in völligem Gegensatz hierzu –, daß unsere Hauptquelle für Lehre und Inspiration die Erde selbst ist. Hier haben wir keine heiligen Bücher, für die man entweder mordet oder stirbt – keine Dogmen, die es zu verteidigen oder anzugreifen gilt –, nur die Natur selbst in all ihrer Erhabenheit und Schlichtheit, die uns leitet und inspiriert.

Aber was heißt dies in der Praxis? Im derzeitigen Stadium der menschlichen Entwicklung können wir nicht einfach das jahrhundertelang angesammelte Wissen beiseite fegen und zum schlichten Landleben zurückkehren, in dem Mutter Natur auf magische Weise alle Lösungen für unsere schrecklichen Probleme darbietet.

Doch unser Bücherwissen und unsere Wissenschaften haben uns immer weiter in die Ödnis geführt.

Wir müssen einen Weg entdecken, mit dem wir die Notwendigkeit, von der Erde zu lernen, mit dem Bedürfnis vereinbaren können, das jahrhundertelang angesammelte Wissen zu nutzen, statt es abzulehnen. Ein Hinweis darauf, wie wir diese Versöhnung erreichen können, liegt in der Betrachtung des Symbols vom Heiligen Gral.

René Guénon bemerkt in »Le Roi du Monde« die Ähnlichkeit zwischen dem Wort *grasale*, Gral oder Gefäß, und *gradale*, Buch. Um den Heiligen Gral zu finden, müssen wir die ursprüngliche Vision, unser tiefes Staunen angesichts der natürlichen Welt, mit der ursprünglichen Tradition vereinen, mit dem Studium der alten Weisheiten, deren aufgezeichnete Manifestationen mehr als zweitausend Jahre menschlicher Leistungen umspannen.

John Michell verdeutlicht in seinem Buch »Twelve Tribe Nations and the Science of Enchanting the Landscape« das grundlegende Verständnis vom Gral wie folgt:

»Das Gefäß *(grasale)* enthält die inspirierende Lösung, die alle, die aus ihm trinken, in den Zustand der ursprünglichen Vision zurückbringt. Das Buch *(gradale)* steht für die ursprüngliche Tradition. Diese beiden Dinge sind für die volle Bedeutung des Grals untrennbar miteinander verbunden, weil eines ohne das andere unwirksam wäre... das erste ohne das zweite gibt nur ein flüchtiges Gefühl ohne dauerhaften Segen, das zweite an sich ist ohne Leben und Sinn.«

Hier haben wir ein Element, das zugleich grundlegend und unendlich einfach ist, einen Schlüsselbegriff des gesunden Menschenverstandes, aber allumfassend. Wir sind nicht gezwungen, die gesammelte Weisheit unserer Vorfahren abzulehnen, ebensowenig wie die urtümliche Erfahrung des In-der-Welt-Seins mit all der darin enthaltenen einschüchternden Macht, seinen Schrecken und seiner Schönheit.

Menschen, die eine Universität besucht haben, werden das Gefühl der unendlichen Starre und Sinnlosigkeit kennen, das zuweilen die Bibliotheken und Lehrsäle jener Institutionen überfällt, denen jeglicher Sinn für das Heilige im Leben abhanden gekommen ist. Menschen, die sich zuweilen durch künstliche oder natürliche Mittel ursprünglichen visionären Erfahrungen geöffnet haben, wissen um die flüchtige Natur solcher mystischen, veränderten Bewußtseinszustände. Damit der Gral grundlegend in unseren Herzen verankert werden kann, dürfen wir aber solche Erfahrungen und das Lernen nicht ablehnen, sondern müssen beide miteinander verbinden, um zur vollen, sinnerfüllten Erkenntnis des Lebens zu gelangen, die uns auf jeder Seinsebene befriedigt.

Wenn das Tor zu Beginn des Schlangenpfades winkt, bin ich daher nicht aufgerufen, all mein Wissen zu vergessen. Statt dessen wird verlangt, daß ich es mit meiner Erfahrung von der Erde vereine.

Die druidische Tradition ist in allererster Linie eine Weisheit der Erde – eine Erdreligion. Man muß auf die Erde lauschen. Aber es ist auch eine Tradition der Weisheiten und bringt als solche eine Fülle an aufgezeichneten Materialien mit. Esoterikschüler glauben häufig, daß die Menschen früher bessere Bedingungen zur persönlichen Entwicklung hatten. In Wirklichkeit existierten aber keine besseren Bedingungen als heute. Uns steht heute viel mehr Material zur Verfügung als den Druiden der Vorzeit. Wir haben nicht nur Zugang zu weitaus mehr Texten über die ursprüngliche Tradition, sondern diese sind zudem durch Forschungen in anderen Wissensbereichen angereichert. Die Druiden waren Ärzte, Richter, Philosophen, Astronomen und Lehrer – aber auch Zauberer und Schamanen. Wir wissen heute viel mehr über diese Themen als die damaligen Druiden. Aber uns mangelt es an etwas, was sie zweifelsohne in größerem Umfang besaßen. Sie hatten eine Beziehung zur Natur, die uns heute fehlt.

Unsere heutige Suche nach Druidenweisheit teilt sich daher in zwei Teile. Einerseits müssen wir das entsprechende aufgezeichnete Material finden und systematisieren, uns Zugang verschaffen zum schriftlichen Erbe unserer einheimischen Traditionen. Aber ebenso wichtig ist es, daß wir eine Beziehung zur Natur finden, damit auch sie zu unserer Lehrerin und Leiterin wird.

Selbst in dieser Hinsicht besteht unsere Aufgabe nicht darin, zu versuchen, zu einem Bewußtseinszustand zurückzukehren, den unsere Vorfahren oder die alten Druiden hatten, sondern während unserer Zeitspirale herauszufinden, was es bedeutet, eins mit Erde und Himmel zu sein – mit der Göttin der Erde und dem Gott der Wolken und des Donners.

Da mich der Tump aufgerufen hatte, eine Reise zu beginnen, wurde ich auch aufgerufen, die ursprüngliche Vision wiederzuentdecken, die ich als Kind hatte. Aber diesmal würde ich die Göttin suchen – nicht als eine Mutter, bei der ich mich vergessen konnte, sondern als eine Lehrerin, die mir den Weg weisen würde bei der Frage, wie ich das Wissen, das ich als Schüler des Druidentums zusammengetragen hatte, mit einer Erfahrung der Natur vereinbaren konnte, die jenes Wissen bedeutsam, sinnvoll und relevant für die Welt machen würde, in der ich mich befand.

5. Das Tor

*Lang ist der Weg
zur Mitte des Herzens.*

NUINN

Meine Reise begann an einem Tor – einem natürlichen Eingang, gebildet von einer Buche und einer Eibe.

Die Druiden legten großen Wert auf Tore – jeder Steinkreis hat einen solchen Eingang zwischen zwei bestimmten Steinen. Die irische Folklore kennt viele Geschichten von Menschen, die ins Land der *Sidhe*, der Elfen, verschwinden, indem sie zufällig oder bewußt zwischen zwei Bäumen hindurchgehen, die das Tor in jene Anderswelt bilden. Die erste Manifestation eines organisierten Druidentums, die wir in dieser Welt kennen, heißt *An Tigh Geatha Gairdeachas* – das ist gälisch und bedeutet: »Das fröhliche Torhaus« oder »Das Tor des Hauses der Freuden«. Dieses Tor ist der Ort des Übergangs von der Alltagswelt zur inneren Welt des Druidentums.

Ehe wir diese Welt betreten, bleiben wir zunächst bei diesem Tor stehen und bitten die Geister und Wächter dieser heiligen Tradition um Erlaubnis, fortschreiten zu dürfen. Wenn uns unser Lebensweg anderswohin führt, werden wir feststellen, daß wir diese Welt niemals wirklich betreten. Wir werden von anderen Interessen abgelenkt und folgen eine Zeitlang oder das ganze Leben lang einem anderen Weg. Aber wenn der Ruf erfolgt, wenn wir bestimmt sind, diesem Pfad zu folgen, werden wir von diesen Steinen oder Bäumen angezogen, die rechts und links von uns auftauchen.

Und da stehen wir auch schon auf der Schwelle – als warteten wir darauf, geboren zu werden. Links steht unsere Mutter, rechts der Vater. Die knisternde Energie, die zwischen diesen beiden Säulen hin- und hersprüht, verschmilzt in unserem Wesen, und wir werden hindurchgetrieben. Bei der Geburt fallen wir winzig und nackt in diese Welt, beim Sterben in die Anderswelt, wo uns vielleicht wieder die Eltern begrüßen wie bei unserer tatsächlichen Geburt. Mit Absicht durch das Tor zu schreiten, stellt den ersten Schritt auf unserer Reise dar. Wenn wir dies bewußt tun, sterben wir und werden wiedergeboren – wir verändern uns auf bestimmte Weise, oft in einem subtilen Sinne, der uns erst nach einiger Zeit klar wird.

Zu Beginn meiner Reise berührte ich die Buche zu meiner Linken und die Eibe auf der rechten Seite. Die Eibe – irisch *Ioho* – ist der Baum des Todes und der Wiedergeburt, ein heiliger Baum der Druiden. Auf der britischen Insel galt die Eiche als Hauptbaum der Druiden, in Irland hingegen war es die Eibe. Man hat vor einiger Zeit festgestellt, daß Eiben bis zu dreitausend Jahre alt werden – und diese Tatsache, verbunden damit, daß es sich um einen immergrünen Baum handelt, weist auf die Eibe als den Baum des ewigen Lebens hin. Doch allgemein verbindet man sie mit dem Tod, teils vielleicht, weil die Nadeln giftig sind (der lateinische Name *taxus* ist vermutlich die Wurzel für das englische *toxic* – giftig), vornehmlich aber wohl, weil Eiben oft auf Friedhöfen wachsen. Eine weltliche Erklärung, warum man Eiben so gern bei Gräbern pflanzt, lautet, daß sie Tiere fernhalten – diese wußten genau wie ihre Besitzer, wie gefährlich diese Bäume sein können. Die esoterische Erklärung lautet, Eiben stünden für die überlieferte heidnische Weisheit, dieser Baum sei ein Symbol für Wiedergeburt und ewiges Leben und daher als Friedhofsbaum höchst passend.

Im druidischen Baumkalender steht die *Ioho* für die Zeit des *Samhuinn* (ssau-hin ausgespochen). Samhuinn oder Samhain ist im keltischen Jahr die Phase von Tod und Wiedergeburt, jene drei Tage zwischen dem 31. Oktober und dem 2. November. An diesen Tagen ehren wir unsere Ahnen, die Verstorbenen, und bereiten uns auf einen neuen Jahreskreislauf vor. Später übernahm das Christentum diese Daten als Feiertage und nannte sie Allerheiligen und Allerseelen.

Da hatte ich also einen perfekten Baum für den Beginn meiner Reise gefunden. Ich berührte den Stamm und bat darum, daß meine Illusionen, alles, was mich hemmte und nicht mehr notwendig war, abstürbe, um einen neuen Kreislauf der Freude, der Kreativität und des ewigen Lebens beginnen zu können.

Links stand die Buche – ein weiterer heiliger Baum der Druiden, der die Tradition symbolisiert, aber auch Lernen, Weisheiten, uralte Überlieferungen und Bücher. Ich lehnte mich an die graue Rinde, die glatt wie Haut war, und schaute auf die Bucheckern herab, die noch darunter verstreut lagen. In alten Zeiten bildeten Bucheckern und Eicheln ein gutes Futter für Schweine – die Totemtiere der Kelten, heilige Tiere der Göttin Cerridwen. Im Irischen heißt die Buche *phagos* – *fagus* ist der lateinische Name; sie ist auch als »Herrin des Waldes« bekannt. Die Buche ist ein in ganz Europa, von Spanien bis Norwegen, verbreiteter Baum, der bis weit in die Bergwälder Osteuropas vorkommt. In Großbritannien zieht sie den Kalkboden der Downlands im Süden vor, daher ist sie hier in Sussex oft zu finden.

Das Totemtier der Druiden war ein Ferkel. In der Verkörperung dieses Tiers ernährten sie sich von den Früchten des *phagos*, dem Baum der Tradition, der Herrin des Waldes. Ich bückte mich, um eine solche Nuß der Überlieferung zu verzehren, entdeckte in mir aber einen großen Widerstand, mir mich selbst als Ferkel vorzustellen. Man muß sehr demütig und bescheiden sein, um sich das Ferkel als Totemtier auszusuchen – und Demut ist die erste Bedingung, wenn wir das Tor durchschreiten wollen.

Wenn man davon ausgeht, daß man auf dieser Suche die eigene Erfahrung mit der Weisheitstradition vereinbaren soll, ist die Entdeckung einer Buche und einer Eibe am Beginn der Reise ein wunderbarer »Zufall«. Die Erfahrung stellt sich ein, wenn wir uns erlauben, der Stimme der Eibe zu folgen: zu sterben und wiedergeboren zu werden. Wissen stellt sich ein, wenn wir uns erlauben, von der Buche genährt zu werden – von der gesammelten Überlieferung unserer Vergangenheit. Wenn man mit Druidenweisheiten arbeitet, zentriert man sich vorwiegend auf eine bestimmte Verbindung zur Vergangenheit, unserer Geschichte. Dabei finden wir unsere Wurzeln und nutzen unser Erbe, sichern aber gleichzeitig unsere Zukunft. Hilaire Belloc sagte über eine geschichtliche Forschungsarbeit: »Durch die Wiederentdeckung der Vergangenheit gewinnen unser Wesen und unsere Materie hinzu; unser Leben, das bloß in der Gegenwart gelebt wird, ist ein Film, eine oberflächliche Firnis, und es bekommt Gestalt und eine neue Dimension. Die Seele wird genährt. Ehrfurcht, Wissen, Sicherheit und die Liebe einer guten Erde – all dies wird verstärkt oder durch diese Art des Lernens erworben.«

Als ich mich an den Baum der Uralten Weisheit lehnte, spürte ich die glatte Rinde an meiner Haut und bat darum, daß meine Seele genährt würde, daß ich an Gestalt gewänne und die Liebe zur guten Erde fände.

Dann betrachtete ich den Müll ringsum, die Eisenbahnlinie und die Straße und erkannte, daß mein Haß auf diese Häßlichkeit zu Haß auf die Erde selbst geführt hatte. Es war für mich schwer gewesen, die Göttin zu lieben, die wir durch unsere Schandtaten so verunstaltet haben.

Unter der Buche stehend begriff ich, daß die Antwort auf die Frage, wie wir die Erde behandeln müssen, nicht darin besteht, daß wir das Leid der Welt verleugnen, sondern es mit einschließen ... indem wir da beginnen, wo wir sind: Wir akzeptieren zunächst einmal die Schönheit und die Häßlichkeit der Welt ringsum und in unserem eigenen Leben. Das ist sehr schwer, und auch nachdem ich es begriffen hatte, fand ich die Straße, den Müll und die Eisenbahn häßlich und wäre lieber in Shangri-La gewesen.

Kann ich nun den Schritt vorwärts tun und meine Reise beginnen? Ja ... und als erstes muß ich nun über einen Zaun klettern und vom Schlangen-Drachen-Pfad abweichen, denn man hat hier ein Segment aus dem heiligen Hügel herausgegraben, um einen Bowlingplatz anzulegen.

Rodney Castleden hat diesen Angriff auf den Tump in »The Wilmington Giant« einen »erstaunlichen Akt von Vandalismus« genannt. Gibt es das nur in England, daß Leute völlig gedankenlos ganze Stücke aus heiligen Stätten herausbrechen? Vermutlich nicht, aber der englische Nationalcharakter hat ausgesprochen banausenhafte Züge. Und genau diese Mißachtung unseres Erbes ermöglicht es uns, ein neues Gebäude anstelle des alten Rose Theatre zu planen, direkt neben Stonehenge ein Militärmuseum zu bauen oder zum Beispiel in einer einzigen Grafschaft in nur zehn Jahren, zwischen 1954 und 1964, 250 der insgesamt 640 alten Denkmäler zu beschädigen oder zu zerstören. Das sind nur ein paar Beispiele – man könnte ein ganzes Buch über das Verhalten von Kleinbürgern mit ihren Bulldozer-Gehirnen schreiben, die sich nichts dabei denken, einen alten Grabhügel einzuebnen und die Erde umzupflügen, um ein paar Hektar mehr Weizen anbauen zu können, oder Großbritanniens einträglichste Touristenattraktion dazu auszunutzen, ihre ach so großartige Fähigkeit zur Schau zu stellen, Menschen zu verstümmeln oder umzubringen, ungeachtet der Tatsache, daß diese Stätte zufällig für den Rest der Welt unser ungewöhnliches spirituelles Erbe darstellt.

Daher muß ich es jetzt riskieren, mir den Knöchel zu verstauchen, um die Schlucht zu umgehen, die die Bowler mit ihrem eindimensionalen Verstand gegraben haben, und mich zu dem Punkt vorkämpfen, an dem der Pfad weitergeht.

Jetzt endlich liegt der Weg frei vor mir. Die Sonne scheint – der Himmel ist strahlend blau, und die Lerchen schweben gut sichtbar über der Ebene. Das Gras, das den ganzen Winter ungemäht geblieben ist, steht an die zwölf Zentimeter hoch und ist von Tau benetzt. Der Pfad trägt mich auf fast drei Metern Breite bis zur Kuppe – wie ein breiter grüner Fluß. Ich könnte mich hier einfach hinlegen, so rosa und nackt wie ein neugeborenes Ferkel, und mich von der sich windenden Schlange stromaufwärts tragen lassen. Und so umrunde ich den Tump wieder und wieder, aufwärts kurvend, bis ich endlich auf dem

Gipfel liege und mit ausgebreiteten Armen und Beinen mitten auf dem Bauch der Göttin zum Himmel hochblicke.

»Komm, Himmelsgott«, höre ich sie sagen. Ruft sie Taranis, den Donnergott der Druiden, der sie mit einem einzigen Blitz und dem durchdringenden Regen seines Lebens befruchtet? Oder ruft sie Dagda (wörtlich »der Gute Gott«), den großen Vatergott, der seinen riesigen Löffel ergreift und ihren Kessel rührt, bis er die Fülle der Blumen und Elfen, Tiere und Helden und weitere Götter und Göttinnen hervorbringt?

Ich muß hier schlafen. Hier auf diesem heiligen Hügel befinden wir uns an einem erhabenen Ort – dichter Himmel, dicht an der Erde. Hier begegnen und vermischen sich die beiden, lieben sich und rücken zusammen. Und wenn wir ganz still sind, hören wir, wie die Erde atmet und seufzt, und spüren tief in unseren Herzen ihren Puls.

6. Merlins Einfriedung – die gesegnete Erde

*Es bleibt das Lied, das das Land benennt,
über dem es singt.*

Martin Heidegger

Ich hatte auf einer Anhöhe gelegen, wie man sie überall in Großbritannien finden kann. Manchmal nennt man sie Hügel, manchmal auch Berg; die meisten sind höchstwahrscheinlich künstliche Aufschüttungen – aus einem oder mehreren geheimnisvollen Gründen geschaffen, die wir aus unserer Perspektive Tausende von Jahren später nur erahnen können. Es handelt sich um wichtige, einflußreiche Landschaftsmerkmale Großbritanniens.

Aber was meinen wir eigentlich mit Großbritannien? Frag die Leute auf diesen Inseln, und die meisten werden kaum erklären können, was mit dem Begriff Großbritannien im Gegensatz zum »Vereinigten Königreich« oder »Britische Inseln« eigentlich gemeint ist. Und nur wenige werden den Ursprung der Bezeichnung selbst wissen.

Als ich auf einem Workshop in Amerika einmal ziemlich aggressiv nach meiner rassischen Identität gefragt wurde, fühlte ich zunächst eine Welle der Panik. Es war mir unangenehm, englisch zu sein – in Gegenwart so vieler Menschen irischer Abstammung. Doch dann fiel mir ein, daß sich unter meinen Ahnen auch zahlreiche Schotten befanden – wer war ich also? Dann überraschte uns eine irische Teilnehmerin, die sagte, sie schäme sich, irisch zu sein – und ich fügte hinzu, mir sei es in Anbetracht all der von Engländern begangenen Greueltaten peinlich, teilweise englisch zu sein. Doch dann merkte ich, daß es eine Sache ist, sich seines rassischen »Karmas« bewußt zu sein, aber etwas ganz anderes, sich persönlich für die Untaten der Ahnen verantwortlich zu fühlen (eigentlich auch für die der Zeitgenossen).

Ich entdeckte, daß, wenn ich mich als britisch statt als englisch bezeichnete, dies eher der Wirklichkeit entsprach – denn Großbritannien schließt traditionellerweise England, Wales und Schottland ein. Und warum wird es »Groß«-Britannien genannt? Um sich von der Bretagne, dem kleineren Britannien, zu unterscheiden, das in den ersten nachchristlichen Jahrhunderten von den Briten besetzt gehalten wurde.

Die britische Insel erhielt ihre Bezeichnung von den Römern, die dieser namenliebenden Insel die Bezeichnung Britannia gaben – vielleicht angelehnt an den Namen eines der ersten Eroberer, Prydein, Sohn von Aedd dem Großen. Doch davor hatte die Insel viele verschiedene Namen: Clas Merdin, Myrddins Revier oder Umfriedung, war den Triaden, den bardischen Weisheiten, zufolge der erste Name. Später, so die Triaden, wurde sie Insel des Honigs genannt.

Caitlin Matthews weist in ihrem Buch »Artus and the Matter of Britain« auf eine interessante Verbindung zwischen Prydein und Prydwen hin, dem Schiff von König Artus: »*Prid, pridd* oder *pryd* können unterschiedlich Geliebter, Erde oder Schönheit bedeuten. Die Vorsilbe wen, von gwen oder gwyn stammend, bedeutet weiß oder gesegnet, daher kann Prydwen Weiße oder gesegnete Erde bedeuten.«

Natürlich ist jedes Land gesegnet, und ein Teil unserer Arbeit heutzutage ist der Erinnerung an die Heiligkeit der Erde gewidmet, einer Erde, die entweiht wurde. Ein Teil unseres Werkes bezieht sich auf die Entdeckung der inneren, heiligen Landschaft, die unter dem Firnis des modernen Industriezeitalters verborgen liegt.

Diese heilige Landschaft trägt unterschiedliche Namen mit den verschiedensten Assoziationen zu den äußeren, uns vertrauten Bezeichnungen. Die bekannten Namen der drei Länder in Britannien sind Decknamen für die mächtigen Namen der drei Reiche, die Merlins Umfriedung bilden: Logres, Cambria und Alban – England, Wales und Schottland.

Unser Land Logres ist heute vielleicht stärker verschandelt als Alban und Cambria. Der Süden ist wohlhabender, dichter bevölkert und stärker industrialisiert. Hier wohnen pro Quadratkilometer mehr Menschen, gibt es mehr Autos und mehr Stromleitungen als in den wilderen, gebirgigeren, majestätischeren Regionen von Wales und Schottland.

Doch trotzdem können wir die Heiligkeit der Landschaft immer noch erkennen – die Steinzirkel, die heiligen Brunnen, den irdischen Sternenkreis, die uralten Wanderwege und die von Menschenhand geschaffenen Hügel.

Der bekannteste dieser Hügel ist Silbury Hill nahe den massigen Steinkreisen von Avebury in Wiltshire. Wir meinen hier aber keine Grabhügel – jene runden oder länglichen Aufschüttungen. Wir meinen vielmehr von Menschenhand geschaffene, oft sehr steile Hügel mit abgeflachten Kuppen. Diese Hügel sind so überaus wichtig für das Verständnis der heiligen Landschaft, daß Alfred Watkins sein grundlegendes Buch »The Old Straight Track« mit einer Studie darüber begann, obwohl er im weiteren Hügel aller Arten, auch Tumuli, einschloß.

Tumuli sind Grabhügel, Initiationskammern oder steinzeitliche Schwitzhütten – dunkle Orte von Tod und Wiedergeburt, von Umarmungen der Göttin, Orte der sinnlichen Deprivation und Verzerrung der Wahrnehmung, von Isolierung und Kontakt mit den Ahnen. Diese Hügel sind entweder rund oder länglich – die länglichen Versionen deuten auf eine kommunale Grabstätte hin; die Einzelgräber sind eher rund. Der wichtigste Ort in einem Tumulus liegt tief in der Erde. Die Kraft ruht in der schoßähnlichen Kammer.

Tumps, heilige Hügel, sind von Zweck und Charakter her etwas anderes. Der Ort der Kraft liegt oben. Man kann nicht in die Hügel eindringen, weil das nicht erwünscht ist – es gibt keinen Gang hinein oder eine Kammer im Innern. Der Gipfel sieht oft so unnatürlich flach aus wie ein Landeplatz, während die Bergseiten ungewöhnlich steil sind. Ausgrabungen haben bewiesen, daß sie von Menschenhand geschaffen wurden, und nur selten findet man im Innern Spuren von alten Grabstätten.

Diese heiligen Hügel sind aber nicht auf Großbritannien beschränkt. Ich habe sie weit entfernt von hier in Peru gesehen und ganz in der Nähe, in Holland. In Peru, in der Nähe des höchstgelegenen Sees der Welt, des Titicaca-Sees, gibt es eine unheimliche Stätte, Sillustani. Man hat dort hohe Türme für die Toten errichtet. Sie sind oben offen wie riesige Öfen, um den Geiern Zugang zu geben und sie ihre Arbeit verrichten zu lassen. Neben diesen Türmen gibt es einen perfekt runden Steinkreis – identisch mit den megalithischen Steinkreisen Europas, und ein wenig abseits hiervon einen heiligen See, aus dem ein Hügel aufragt, der wie ein Zwillingsbruder des Silbury Hill wirkt.

Zwischen den Dörfern Berg en Daal und Beek in Holland, nahe der deutschen Grenze, ragen zwei konische Hügel aus dem Wald. Sie haben flache Kuppen und steile Hänge und stellen eindeutig Kraftorte dar – worauf auch ihr Name hindeutet: Man nennt sie Teufelshügel. Immer, wenn etwas nach dem Teufel benannt wurde, ist das ein sicherer Hinweis darauf, daß diese Stätte von der heidnische Religion benutzt wurde und ihr Kraft innewohnt. Die sich ausbreitende christliche Kirche widmete solche Stätten dem Teufel, um die Menschen davon abzuhalten, sie weiterhin zu besuchen.

Konische Hügel mit flachen Kuppen, die wie eine runde Plattform wirken, sind also nicht allein auf Merlins Reich beschränkt. Dennoch findet sich in Großbritannien eine bemerkenswerte Anzahl von ihnen. Watkins zeigt uns in seinem Buch vier Fotos als Beispiele: Hundred House Mount, Turre Tump, Batch Twt und Calder Camp.

Der berühmteste Hügel bei Silbury wurde Ende der sechziger Jahre ausgegraben. Die Funde enttäuschten manchen –

man fand keine Grabkammer; kein Häuptling oder König, begleitet von seinen Grabgöttern, wurde von den Archäologen aufgestöbert. Doch was man entdeckte, war eigentlich viel aufregender: Tief in dem großen Hügel fand man einen kleineren konischen Hügel. Darunter fand sich ein kreisförmiges Muster aus Tauen. Die organischen Substanzen, die man aus diesem Hügel barg, wurden mittels der Radiokarbonmethode auf 2145 (+/- 95 Jahre) v. Chr. datiert. Die Überreste von Vegetation und Insekten weisen auf eine bestimmte Zeit im Jahr hin, in der der Hügel errichtet wurde -: die letzte Juliwoche und die erste Augustwoche.

Genau in diese Zeit fällt der 2. August, das Fest Lughnasadh, das Erntefest, das später als Lammas christianisiert wurde. In Schottland errichtete man bis weit ins 18. Jahrhundert Lammastürme, um dieses Fest zu begehen. Man baute konische Hügel aus abgestochenen Grassoden, und jedes Dorf errichtete an einem bekannten Platz einen Turm, der als Zentrum für die Lammasfestlichkeiten diente. John Anderson schrieb 1792: »Von dem Augenblick an, an dem die Fundamente des Turms standen, wurde er für die gesamte Gemeinde zum Gegenstand von Aufmerksamkeit und Zuwendung.«

Die Informationen, die man bei den Ausgrabungen des Silbury Hill gewann, legen deutlich den Schluß nahe, daß er für die Lughnasadh-Feierlichkeiten gebaut wurde – ein riesiger künstlicher Ernteberg. Und hier in Lewes gibt es mit Sicherheit einen weiteren dieser Art.

Wenn der Tump von Lewes ein Ernteberg ist, erklärt dies das besondere Gefühl für die Kraft der Fruchtbarkeit, das man bei seinem Anblick, bei der Berührung und beim Aufstieg empfindet.

Hier sind unsere Ahnen wohl über den Schlangenpfad auf den Gipfel gewandert, um zu feiern. Sie blickten von oben auf die reifen Felder hinab und sahen, wie die Sonne ihr Land segnete. Im Süden erblickten sie das Schwemmland mit den beiden Inseln in der Ferne – eine Ebene, die im Westen vom Swanborough Hill und im Osten vom Itford Hill flankiert wird.

7. Der Geist der Reise

[Der Weg] ist der demütigste und subtilste,
doch wie ich bereits erwähnt habe,
der größte und ursprünglichste jener Zauber,
die wir von den frühen Pionieren unserer Rasse erbten.

HILAIRE BELLOC

Den Impuls, mich auf eine Reise zu begeben, um die heilige Landschaft in meiner Umgebung zu erkunden, verspürte ich zwar schon zum Zeitpunkt des Alban-Arthuan-Festes, doch bereit zum Aufbruch war ich erst Anfang Februar – zum Fest Imbolc, unter Einfluß des Christentums zum Lichtmeßfest erklärt.

An diesem Morgen war es einfach, den Hügel zu verlassen. Dank der Regenfälle am Vortag war der Himmel klar, und ich konnte den Tump fast sagen hören: »Geh, geh nur – du wirst bald wieder da sein, und ich werde immer auf dich warten –, ich gehe nirgendwohin.« Mit meinem Rucksack und den Wanderstiefeln angetan ging ich also schnell, fast rennend, den Weg bergab, an der Bowlingwiese entlang und an den Ruinen der Benediktinerabtei neben der Eisenbahnlinie vorbei, die von Lewes nach Brighton führt.

Bei den Ruinen blieb ich einen Moment stehen, um wieder einmal die wenigen alten Mauern zu betrachten, die von dem riesigen Gebäude übriggeblieben sind, dessen Kirche allein einst größer war als die Kathedrale von Chichester. Diese Stadt hat aus irgendeinem Grund eine ungewöhnlich hohe Zahl an kirchlichen Einrichtungen angezogen. Die Abtei wurde 1077 von Mönchen aus Cluny, einem berühmten Benediktinerkloster in Burgund, gegründet, spätere cluniazensische Gründungen, wie die Abtei von Reading, waren dem Prior von Lewes unterstellt. 1190 gründete der Erzbischof von Canterbury im nahe gelegenen Malling das Kloster neu, das es seit mindestens dem 8. Jahrhundert dort gab. An gleicher Stelle gründete er auch ein Kolleg für einen Dekan und sechs Pfründner. Irgendwann vor 1214 hatten sich zudem die Franziskaner in diesem Gebiet niedergelassen – diesmal vor dem Osttor. Damals unterhielten die Stadt und ihre Vororte bereits vierzehn Kirchen und waren außerdem Sitz des Erzdiakons von Lewes – dessen Aufgabe unter anderem darin bestand, sich mit Fällen von übler Nachrede und »sexueller Gottlosigkeit« zu befassen.

Heute sind von dieser großen Abtei nur diese paar Mauern übriggeblieben. Die Franziskaner sind verschwunden, ebenso der Erzdiakon – denn wir haben immerhin endlich sexuelle Göttlichkeit erlangt! Verschwunden ist auch das Kolleg in Malling, und von den vierzehn Kirchen in Lewes existieren nur noch neun, in denen vor immer stärker dahinschwindenden Gemeinden gepredigt wird. Großbritannien betrachtet sich als christliche Nation – doch nur 16 Prozent seiner Bewohner gehen regelmäßig zur Kirche.

Doch wir sind natürlich Christen – unsere kollektive Psyche ist von christlicher Kultur durchdrungen –, obwohl sich die meisten Menschen kaum als praktizierende Christen bezeichnen. Natürlich sind wir auch Heiden – unsere kollektive Psyche ist ebenso von vorchristlichem Heidentum und der druidischen Vergangenheit durchdrungen –, auch wenn die meisten Menschen nicht einmal davon träumen würden, sich als Heiden oder Druiden zu bezeichnen.

Ich ging weiter durch einen Tunnel, der unter dem letzten Bauwerk der modernen Welt herführt, das mir auf längere Zeit begegnen würde. Das Verkehrsdröhnen der A 27 wurde langsam hinter mir leiser, als ich den Zauntritt überstieg, der mich auf den ersten von zahlreichen Wanderwegen führen würde.

Ganz unvermittelt stand sie plötzlich vor mir und wartete auf mich: Eine junge Frau von Anfang Zwanzig, mit langem blondem Haar und hellen, meergrauen Augen. Das Bild flimmerte, doch sie stand still da und blickte mich an: »Ich bin Niwalen«, begann sie mit leiser, aber kristallklarer Stimme. »Mein Name bedeutet ›Der weiße Weg‹. Ich bin die Göttin der Straßen, der Geist der Reise.«

Dann nahm sie mich bei der Hand und zog mich zur Erde, so daß ich gezwungen war, mich niederzuknien. Als unsere Hände den Boden berührten, zischte ein Lichtblitz vor uns her, und ich erkannte eine silberne Linie, die sich über das flache Land hinweg bis zum Horizont schlängelte. »Das ist der weiße Weg über die gesegnete Erde – durch Merlins Reich«, sagte sie. »Folge ihm, und du folgst deinem Herzen. Wenn du ihm folgst, wirst du finden, was du gesucht hast.« Ich blickte ihr in die Augen, und als ich dann auf ihre Füße sah, erblickte ich weißen Klee, die weißen Blüten, die in den Fußspuren der Göttin der Straßen aufblühen.

Ich war kaum zehn Minuten von meiner Haustür entfernt, nur zwei Minuten von der nächsten Hauptstraße – doch bereits tausend Meilen und Jahre entfernt von dem Schmutz und Lärm der Stadt mit ihrem Verkehr.

Ich ging los, und im gleichen Moment verschwand sie ebenso rasch, wie sie aufgetaucht war ... doch ich spürte von diesem Augenblick an ihre Präsenz bei jedem meiner Schritte auf dem Pfad, der mich nun in einer sanften Biegung auf das Dorf Iford zuführte.

Die Sonne schien strahlend, und als ich auf eines der kleinen Flüßchen zuging, die das Brookland-Becken durchziehen, spürte ich, wie mir die Lasten vieler Jahre von den Schultern fielen. Ich mußte lachen, unkontrolliert lachen, als ich ganz real erlebte, wie all die seelischen Anstrengungen, die Bürden und Lasten, von meinem Rücken und Schultern abrollten und auf die Erde zu meinen Füßen fielen. Alle Sorgen und Mühen, die Verantwortung und Fürsorge, die ich seit über vierzig Jahren mit mir herumgetragen hatte, fanden nun ein solideres, starkes Zuhause in der guten Erde unter mir. Denn wer macht sich in diesem Zeiten keine Sorgen um sich selbst und seine Kinder?

Zahllose Belastungen hatten mein Leben erfüllt. Ich hatte mir Sorgen gemacht, als ich viel Geld hatte (die Steuer! Die vielen Rechnungen!), ich hatte mir Sorgen gemacht, als ich keins hatte (die Steuer! Die vielen Rechnungen!). Ich hatte mir bei jedem Kind vor der Geburt Sorgen gemacht (wird es gesund sein?), ich hatte mich nach der Geburt gesorgt (wird es gesund bleiben?). Ich hatte mich um die Welt gesorgt und um mich selbst ... und nun glitten all diese Gedanken ohne jegliche Mühe von mir ab. Ich hatte lange Zeit in Psychotherapie verbracht und meine Sorgen mit einem mitfühlenden Menschen besprochen, und jetzt waren sie verschwunden – zumindest momentan –, und das schien so natürlich, daß ich dem kaum einen Gedanken hinterherschickte. Ich lachte einfach vor mich hin, bis ich sah, wie mir auf dem Weg ein Mann entgegenkam.

Das war sehr seltsam. Eine Göttin neben sich zu spüren, ist die eine Sache, aber aufzublicken und zu sehen, wie ein einzelner Mann auf freiem Feld auf einen zugeht, ist etwas vollständig anderes. In der Stadt ist man von Gebäuden und anderen Menschen auf belebten Straßen geschützt. Auf einem Wanderweg ist das anders. Man ist gezwungen, einander anzusehen – zu erspüren, ob der jeweils andere ein Freund ist oder ein Feind. Wir gingen mit einem Kopfnicken und einem »Guten Morgen« aneinander vorbei – er unterwegs zur Stadt, ich zu einem weiteren Tor, einer Pforte in den Bergen.

Ich blieb an einem Zauntritt stehen und sah mich um. Ich fühlte mich auf dieser Ebene, von den aufragenden Downs umgeben, wie in einem Kelch – einem weiten Becher mit flachem Boden, auf dem es vor Leben wimmelt: vor Fischen in den zahlreichen Gräben, die die Ebene entwässern, Vögeln, die die ersten Frühlingsregungen feiern. In dem Weißdornbaum neben dem Zauntritt sang eine Amsel, ein *Druid-*D*ubh*, wie man sie im alten Schottland nannte. Druid-Dubh bedeutet Druidenvogel. Die Amsel begrüßt den Trupp von Culhwch, den König Artus ausschickt, um die 39 Aufgaben zu bewältigen, die der Riese Yspaddaden Pencawr Culhwch auferlegt hat, ehe dieser seinen Schatz Olwen freien kann. Nun fiel es mir wieder ein – Olwen ist ein weiterer Name für die Göttin der Wege, Ninalwen. Und da stand sie auch wieder – neben dem Zauntritt, die Amsel auf der Schulter.

»Denk daran, kleines Schweinchen!« sagte sie, »daß der Druid-Dubh das erste der Ältesten Tiere ist. Stell ihm eine Frage – und warte auf seine Antwort.«

Ich schloß die Augen, um mir eine Frage zu überlegen, doch als ich sie wieder öffnete, war die Frau verschwunden. Nur die Amsel war noch da – sie flötete auf dem Zaun neben mir. Ich beugte mich herab, um ihr in die Augen zu blicken – sie schienen so alt, so traurig. »Was ist aus all den Tieren und Pflanzen geworden, die unser Land nicht mehr zieren?« fragte ich sie, denn mir war eingefallen, daß wir zu Ende dieses Jahrtausends, in nur wenigen Jahren, vermutlich zwischen 500 000 und einer Million Pflanzen und Tierarten ausgerottet haben werden. Der Vogel brach sein Lied ab, sah mir direkt in die Augen und begann erneut sein Auf und Ab von Noten, eine Melodie, die mich in eine nie zuvor empfundene Trance versetzte. Und in diesem Zustand erkannte ich die Antwort: Der Vogel sprach nicht zu mir – sein Lied brachte mich einfach darauf. Und das Hier war wie das Dort, nur anders. Es gab keinen anderen Raum, keine andere Zeit. Wir befanden uns immer noch im Brookland-Becken, die Sonne schien immer noch, kleine weiße Wölkchen jagten immer noch über den Himmel. Doch überall gab es nun auch Libellen und Schmetterlinge: Gefleckte Dickkopffalter, Große Bläulinge und Adonisfalter tanzten über Blüten, die meine Großeltern noch gekannt hatten. Shipton-Motten, Kalkspinner und Brokatmotten lagen im dichten Bett der Schlüsselblumen mit anderen Faltern im Wettstreit. Brachvögel, Kiebitze, Habichte und Falken flogen hoch und frei am Himmel. Da begriff ich es! Genau wie der moderne Mensch die Arroganz besitzt, zu glauben, sein Planet sei der einzige unter Millionen, auf dem sich intelligentes Leben befindet, haben wir die Arroganz, zu glauben, daß wir die einzige Realität wahrnehmen, die existiert. Auf einer bestimmten, inneren, tieferen, grundlegenderen Ebene kann nichts zerstört werden. Wir können die Form der Dinge zerbrechen und zermalmen, aber niemals deren Essenz zerstören. Wenn die Welt morgen von einem Irren in Washington, London, Peking oder

Kasachstan in die Luft gejagt würde, wüßte ich, daß irgendwie, irgendwo nichts von der Großartigkeit der Natur verlorengehen würde – sie würde weiterhin in der inneren Welt existieren, bis es an der Zeit wäre, sich wieder äußerlich zu manifestieren. Doch dann brachte mich das Auf und Ab des Amselliedes wieder in mein Alltagsbewußtsein, und mich überkam tiefe Verzweiflung. Ich blickte dem Vogel in die Augen und wußte, warum er so traurig aussah. Diese Welt, diese Alltagswelt, existiert ebenfalls, und es ist die einzige ihrer Art. Die Essenz von allem, was hier gelebt hat, kann niemals vernichtet werden und wird auf ewig in der inneren Welt und vielleicht auf anderen Planeten weiterleben – zu anderen Zeiten. Doch hier und jetzt ist sie einzigartig und kann zerstört werden und wird es auch. Die Welt ist wie wir sterblich. Plötzlich fühlte ich mich in meine Kindheit zurückversetzt, in den Moment, als mir klar wurde, daß meine Eltern eines Tages sterben würden... Der Boden schwankte unter meinen Füßen, und mich erfüllte eine entsetzliche Furcht. Obwohl ich noch klein und schwach war, wollte ich sicher sein, daß meine Eltern, besonders meine Mutter, auf immer und ewig für mich da sein würden, damit ich mich an sie klammern konnte.

Es hat keinen Sinn, zu sagen, daß es immer Mütter geben wird, wenn man doch nur diese eine Mutter für alle Zeiten behalten will. Aber wir sind die erste Generation, die dies weiß. Wir wissen, daß unsere Mutter sterben kann, sterben könnte. Bei einem Kind wird diese Erkenntnis im besten Fall zu mehr Reife führen. Hoffen wir, daß unser Verständnis von der Sterblichkeit der Mutter uns zu nüchterner Reife führt, statt zu nihilistischer Verzweiflung oder dem wahnsinnigen Versuch, zu ihrem Tod beizutragen. Die Psychoanalytiker sind seit Freud von unserem unbewußten Bedürfnis geradezu besessen, den Vater umzubringen (aufgrund des Ödipus-Komplexes). Wie seltsam, daß sie nicht einen tieferen, böseren Trieb im menschlichen Herzen entdeckt haben – den Wunsch, die Mutter zu töten.

Nachdem mir Druid-Dubh mit seinem Trancelied gezeigt hatte, daß die Natur zugleich sterblich und unsterblich ist, flog er singend in Richtung Norden weiter.

Aber mein Weg führt mich nach Süden – auf Iford zu.

8. Weisser Weg – guter Weg

There was an old woman lived under a hill
And if she's not gone, she lives there still.

Traditionelles Volkslied

Nach dem Zauntritt wandere ich weiter den Weg entlang, immer noch staunend, wie rasch die häßlichen Anzeichen des modernen Lebens verschwinden. Inzwischen ist keine Straße mehr zu sehen, und die einzigen Anzeichen für menschliches Leben sind die in der Landschaft verstreut liegenden kleinen Bauernhäuschen – oder, wenn ich mich umschaue, die Stadt Lewes selbst. Und auch sie sieht in dem strahlenden Sonnenschein wunderbar aus: alte, dicht zusammengedrängte Häuser unter der Burg, die den Stadthügel krönt. Der einzige schlimme Anblick ist das hohe Bürogebäude, das völlig unpassend und asymmetrisch auf der einen Seite aus der Häusermasse aufragt. Welche Ironie, daß dieses häßliche, störende Ding einzig und allein zu dem Zweck gebaut wurde, die Gemeindeverwaltung aufzunehmen, die Institution, die unter anderem dafür zu sorgen hat, daß die Bauvorschriften eingehalten werden, damit niemand etwas errichtet, das als unpassend betrachtet werden könnte – wieder einmal ein erstaunlicher Akt von »Vandalismus«.

Doch etwas anderes fällt einem auf, wenn man von diesem Punkt aus die eindrucksvolle Silhouette von Lewes betrachtet, nämlich, wie beherrschend der Tump von hier aus wirkt. Da steht er – eine wichtige, deutliche Landschaftsmarkierung, ein Hauptelement im Stadtbild von Lewes. Doch in der Stadt selbst ist dies nur wenigen bewußt. Man glaubt allgemein, der Tump bestünde aus dem Geröll, das aus den alten Salzgruben – heute *Dripping Pan*, Bratpfanne, genannt – hier aufgeschüttet wurde. Andere halten ihn für einen Kalvarienberg, den die Mönche der Abtei gebaut haben sollen. Aus diesem Grund errichtet man auch jedes Jahr zu Ostern ein Kreuz darauf. Doch beide Erklärungen sind falsch. Der Tump liegt nämlich außerhalb des Klostergeländes, und es ist unwahrscheinlich, daß die Mönche es verlassen hätten, um einen Hügel aufzuschütten, wenn sie genügend Land besaßen. Außerdem ist er für einen Kalvarienberg viel zu groß – denn dazu braucht man nur eine kleinere Anschüttung. Ursprünglich stammt diese Erklärung von einem Versuch im Mittelalter her, einem heidnischen Monument ein christliches Mäntelchen umzuhängen, weil es in so bemerkenswerter Nähe zu einer christlichen Einrichtung stand. Die Theorie, man habe den Tump geschaffen, um Erde und Steine aus der »Bratpfanne« unterzubringen, hält ebenfalls nicht stand, wenn wir uns klar machen, daß man dort mindestens 950 000 Kubikmeter Material aushob. Der Tump besteht aus lediglich 560 000 Kubikmetern.

Aus der Ferne betrachtet fallen einem die Ähnlichkeiten des Tump mit dem Silbury Hill deutlich auf. Rodney Castleden hat sie aufgezählt: Bei beiden handelt es sich um künstliche Anschüttungen, beide bestehen aus Kalkstein, beide sind grasüberzogen, beide sind konisch geformt, aber die Spitze fehlt, beide haben auf der Kuppe eine runde Plattform, die Hänge beider Hügel haben einen Winkel von 30 Grad, beide haben unterhalb des Gipfels einen Vorsprung, beide befinden sich in einem Tal mit Feuchtgebieten in der Nähe, und bei beiden ist das Verhältnis zwischen Durchmesser und Höhe 4:1.

Warum sollten diese beiden Hügel einander so ähnlich sein? Den Schlüssel dazu finden wir, wenn wir uns das Land Logres insgesamt zu dem Zeitpunkt ansehen, als diese beiden Hügel

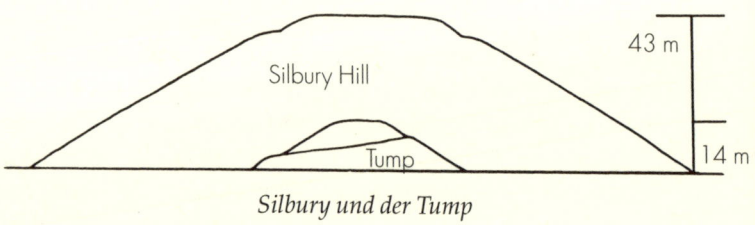

Silbury und der Tump

erschaffen wurden – vor etwa 5000 Jahren. Beide bilden Punkte in einem Netz heiliger Stätten, das das Land überzog. Zwischen dem Tump und dem Silbury Hill bestehen nur zwei Unterschiede: Silbury ist 43 Meter hoch, der Tump 14 Meter. Der Basisdurchmesser des Silbury Hill ist 173 Meter, der des Tump lediglich 56 Meter. Wenn beide als Lughnasadh-Erntefesthügel gebaut worden wären, dann hätte ihre Größe zu derjenigen der entsprechenden Gemeinde in Bezug gestanden. Silbury befindet sich in Nähe der großen Komplexe von Avebury und Stonehenge und diente mehreren megalithischen Gemeinden, deren Landschaftsprägungen noch heute überall in Wiltshire zu sehen sind. Der Tump diente einer kleineren Bevölkerung. Doch beiden gemeinsam ist, daß sie an Kreuzungspunkten in dem Netz aus Wanderwegen gebaut wurden, die das Land durchziehen.

Wenn wir die Tradition des Druidentums und deren Säulenfunktion für die uralten britischen Traditionen vollständig begreifen wollen, müssen wir uns diese Wanderwege genauer ansehen, denn sie stellen eines der Hauptmittel dar, durch das wir mit den alten, aber lebendigen Traditionen Kontakt herstellen können. Hilaire Belloc meint, die Straße stelle den »größten und eigenständigsten Zauber dar, den wir von den frühen Pionieren unserer Art geerbt haben«. Ebenso wie Feuer bei uns Gedanken an Geistiges anrührt und wir uns wie durch einen unwiderstehlichen Zauber zu Flammen hingezogen fühlen, so ruft ein alter Wanderweg in uns den Geist des Reisens, des Wanderns hervor, die Erfahrung, frei zu sein und gleichzeitig der Erde anzugehören.

In den vergangenen Jahren hat sich die Aufmerksamkeit allgemein auf die Energielinien gerichtet, doch ehe wir uns damit

Darstellung der größten Ausdehnung der Eisdecke in Britannien

befassen, wie diese Wege alte Stätten miteinander verbinden und wie man sie vielleicht zur Kommunikation und Geomantie nutzte, müssen wir uns ganz einfach und direkt ihrer ursprünglichen Funktion zuwenden.

Es gibt keine bessere Methode, dies und gleichzeitig das Studium des Druidentums zu beginnen, als jene alten Wege abzugehen, und das ist viel leichter, als es zunächst klingt. Nach bloß einer einzigen solchen – bewußten – Wandererfahrung hat man aktiv etwas erlebt, was unseren Ahnen schon vor einer halben Million Jahren vertraut war. Um das vollständig zu begreifen, müssen wir nicht nur die Ursprünge dieser Wanderwege kennenlernen, sondern auch unsere eigenen.

Vor mindestens 450 000 Jahren sollen hier schon die ersten Menschen gelebt haben, und obwohl sich dann und wann eine dicke Eisdecke vom Nordpol her über das Land schob, reichte sie nie bis ins südliche England.

In den Kälteperioden teilten unsere Vorfahren dieses Land mit Mammuts, Elchen, Bären, behaarten Nashörnern, Rentieren und Pferden, die über die baumlose Tundrasteppe streiften. In den wärmeren Phasen teilten wir die großen Wälder aus

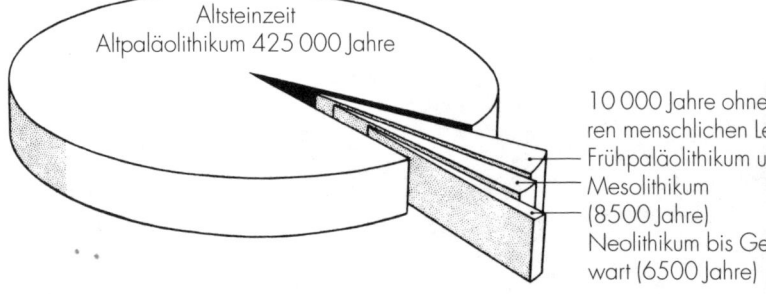

Zeitschema von der Altsteinzeit bis heute

Buchen und Tannen und das offene Gelände mit Nilpferden, Elefanten, Löwen, Hyänen, Bisons und Rotwild.

Wir leben also schon seit 450 000 Jahren in diesem Land – 423 000 Jahre davon ausschließlich im Freien, an Flüssen und Seen, wo es Wild gab. Man hat einige Spuren solcher Lager gefunden, wie etwa an dem flachen, schilfumstandenen See bei Caddington in Bedfordshire.

Man benutzte Feuersteine, um Werkzeuge herzustellen, und die kleinen nomadischen Familiengruppen folgten vermutlich den Tierherden und verzehrten deren Fleisch – eine Nahrung, die sie mit wilden Pflanzen und Beeren ergänzten.

Dann senkt sich ein Schleier der Unkenntnis über unser Wissen von den Vorfahren. 10 000 Jahre lang scheint es hier keine menschliche Besiedlung gegeben zu haben – aber wir werden vermutlich nie erfahren, was tatsächlich passiert ist. Vor etwa 17 000 Jahren tauchten die Menschen wieder auf – diesmal jedoch in differenzierter Gestalt. Davor, bis zu jener Lücke von 10 000 Jahren, waren sie Neandertaler gewesen. Jetzt, von etwa 15 000 v. Chr. an, lebte hier der Homo sapiens. Die Eisdecke zog sich schließlich bis nördlich von Schottland zurück, und nach 6000 weiteren Jahren waren Tundra und Steppe durch Wälder ersetzt.

Während die Neandertaler an Flüssen und Seen lagerten, zog der Homo sapiens Höhlen vor – am beliebtesten waren Höhleneingänge, vor denen man ein Feuer machen und sich mit Häuten und Zweigen vor dem Wind schützen konnte. Solche Höhlen hat man bei Cheddar, in Wookey/Somerset, Kent/Devon, in Yorkshire und Derbyshire bei Creswell Crags gefunden. Wir trugen Felle und schmückten uns mit Ketten und Armringen aus geschnitzten Knochen, Muscheln und durchbohrten Tierzähnen. Wir benutzten Feuerstein, um Schaber, Speerspitzen und Messer herzustellen. Und bei der Paviland-Höhle in Glamorgan sind Anzeichen von rituellen Aktivitäten zu erkennen: Man fand den mit einer ockerfarbenen Schicht überzogenen Leichnam eines jungen Mannes, der hier begraben worden war; neben ihm lagen ein Mammutschädel, Elfenbeinstangen, Muscheln und ein Armband aus Elfenbein.

In der Robin-Hood-Höhle bei Derby hat man einen Rippenknochen gefunden, in den das Bild von Vorderteil und Kopf eines Pferdes eingeritzt sind, in der Pin-Höhle, ebenfalls bei Derby, eine Rentierrippe, in die eine menschliche Gestalt geschnitten ist.

Das sind praktisch die einzigen Beispiele für die Kunst jener Zeit – in Großbritannien sind bislang keine Höhlenmalereien entdeckt worden.

Vom ersten Erscheinen des Homo sapiens um 15 000 v. Chr. an bis etwa 8500 v. Chr. war der Boden, abgesehen von etwa einem Meter der oberen Schicht im Sommer, noch vollständig gefroren. Diese rauhen Bedingungen konnten nur kleine oder verkrüppelte Pflanzen aushalten, wie Moose, Flechten und Zwergbirken. Kein Wunder, daß die Druiden die Birke den Pionierbaum nennen und ihm in ihrer Baumnumerologie die Nummer eins geben. Die Birke ist der Baum der Anfänge, der Geburt, der ersten Ausbildungsebene im Druidentum, der Baum, dessen Segen wir erbitten müssen, wenn wir ein neues Projekt beginnen.

Und so wurde dieses Land mit dem Baum des Beginnens gesegnet. Um etwa 8500 erfolgte ein unvermittelter Temperaturanstieg. Der Boden taute auf, und die Birken konnten höher wachsen und allmählich das Land mit Wäldern überziehen. Tannen kamen hinzu, und diese machten allmählich Platz für Haselbüsche und schließlich die großen Mischwälder aus Eichen, Ulmen und Linden.

Gleichzeitig bedeutete das Schmelzen der Gletscher und der Eisdecke, daß der Wasserstand in den Meeren um 50 Meter anstieg. Vom Land gingen Tausende von Hektar ans Meer verloren, doch es hob sich auch an manchen Stellen, vom Gewicht des Eises befreit. Die Tannenwälder im Osten Großbritanniens wurden überschwemmt und bildeten nun den Grund der Nordsee. In Schottland und Nordirland stieg neues Land aus dem Wasser nach oben, um von Pflanzen, Tieren und Menschen besiedelt zu werden. Um 6500 v. Chr. wurden wir durch die Wasser vom Kontinent getrennt, die heute den Ärmelkanal bilden. Anfangs war er noch schmal und sumpfig, von Flüssen durchströmt, die den Gezeiten unterworfen waren, doch dann wurde die Stelle zur Meerenge, zum Kanal, wie wir ihn heute kennen. Wir sollten uns jedoch stets daran erinnern, daß noch bis zum letzten Jahrhundert bei Ebbe-Tiefststand immer wieder große Landflächen im Ärmelkanal freigelegt wurden.

Inzwischen hatte sich auch die Irische See gebildet, und Merlins Einfriedung war nun in der Tat etwas Abgegrenztes – sie war von allen Seiten von Wasser umgeben.

Und nun konnte ich hier, an der Südküste dieser Umfriedung, fast die Bewohner dieser Region sehen, wie sie in ihren Einbaumkanus lautlos über das Brookland-Becken auf den Hügel von Lugh in der Ferne zuglitten.

Als Großbritannien zur Insel geworden war, etwa um 6500 v. Chr., gab es die großartigen Monumente des Silbury Hill und des Tump wohl noch nicht – noch gab es die großen und kleinen Steinkreise, die man erst 2000 Jahre später im ganzen Land in Angriff nehmen würde.

Diese Monumente existierten zwar noch nicht, aber allmählich bildete sich etwa von dieser Zeit an das Muster, nach dem sie sich formen würden: Langsam schälte sich ein Netz aus Wegen heraus, weil die Bewohner zwischen den verschiedenen Stätten, den Quellen für Rohmaterial und den Flußfurten je nach Jahreszeit hin- und herpendelten.

Auch in der Vorsteinzeit muß es bereits Wege gegeben haben, aber die verschiedenen Eiszeiten löschten diese in fast ganz Britannien wieder aus. Möglicherweise prägten sich damals auch in Südengland allmählich Pfade in die Landschaft,

Die Ebene von Salisbury und die Fünf Hauptwege

doch hier haben vermutlich die dramatischen Veränderungen in Klima, Vegetation und Tier- und Menschenwelt viel verwischt und verändert. Im Mesolithikum, etwa zwischen 8500 und 3500 v. Chr., hatte die Göttin Niwalen, die Olwen des Weißen Weges, begonnen, ihre Arbeit von der feinstofflichen Ebene des Landes auf die dicht-körperliche Ebene beim Bau von Wegen zu verlagern. Einige dieser Wege wurden ursprünglich von Tieren geschaffen, denen die Menschen folgten. Andere entwickelten sich auf funktionelle Weise – sie verbanden etwa die Wohnstätten mit Vorkommen von Feuerstein oder Wasser. Andere wiederum verbanden ein Lager mit anderen – ein Zeichen für Handel und Kommunikation.

Einige dieser Wege wurden zu Hauptrouten – und der englische Begriff »Highway« stammt genau von dieser Art Weg ab, der in Britannien auffallend häufig vorkommt: Wege, die seit uralten Zeiten über Bergrücken führen. Wenn man diese Pfade auf einer Karte einträgt, erkennt man sogleich, warum die großartigen Stätten des Silbury Hill, von Avebury und Stonehenge genau an diesen Stellen liegen: Grob gesprochen befinden sie sich an Punkten, wo fünf dieser wichtigen Highways zusammentreffen.

Die meisten Kornkreise in Großbritannien (nach einer Schätzung des Forschers Colin Andrews rund 75 Prozent) kommen in einem Dreieck vor, das die Städte Winchester, Warminster und Wantage bilden. Wenn man dieses Dreieck auf die Karte mit den wichtigsten Höhenwegen überträgt, begreift man bald, warum Stonehenge, Avebury und Silbury in dieser Region angesiedelt sind.

Jetzt stand ich auf einem der kleineren Wege, den es in der Mittelsteinzeit wohl noch nicht gegeben hat, denn dieses Schwemmland stand damals fast das ganze Jahr unter Wasser. Doch ich ging auf einen der ältesten und wichtigsten Wege zu – den South Downs Way, der im Osten bei Eastbourne beginnt und bis auf den heutigen Tag weit im Westen in Winchester endet. In alten Zeiten hätte man von dort aus direkt bis nach Stonehenge und Silbury weitergehen können.

Als ich einen Blick zurück auf Lewes warf, verschwanden für einen Moment der Tump, die Burg und die Gebäude, und statt dessen sah ich bloß einen von der Sonne beschienenen Hügel; Rauch stieg kräuselnd von einer Siedlung hoch, die zu weit fort lag, als daß man Einzelheiten hätte erkennen können. Zwei Kanus glitten lautlos auf den Hügel zu. Links von mir sah ich, wo sie herkamen: Dort am Seeufer lag eine weitere Siedlung, so nahe, daß ich einiges erkennen konnte. Die Kanus waren mit Sicherheit von dem schmalen Kiesstrand aus aufgebrochen, an dem Weiden ihre Zweige ins Wasser senkten. Dahinter lag ein Birken- und Tannenwald. Am Seeufer sah ich konische, tipiartige Häuser – mit Tierhäuten umwickelte Holzgerüste. Weiter landeinwärts gab es eine ähnliche Struktur – aber sie war rechteckig. Ich beschloß, auf diese Siedlung zuzugehen. Doch rasch verschwand die Szene, und ich fiel fast vornüber, denn ich war wieder in der Gegenwart und starrte auf das moderne Lewes mit seiner Burg und dem Tump. Einige Wochen später stieß ich in einem Buch auf Informationen über derartige Siedlungen.

Die frühesten bisher in Großbritannien gefundenen Siedlungen bei Greasby in Merseyside stammen aus dem Jahre 8000 v. Chr. Man fand dort eine rechteckige, zeltartige Konstruktion mit Firststangen von etwa zwei Metern Höhe. Die Ausgrabungen von Siedlungen in Thatcham/Berkshire und Star Carr in Yorkshire haben uns viel über das Leben unserer mesolithischen Vorfahren verraten. In Star Carr stellte man fest, daß die Hauptbeutetiere Rotwild, Fahlwild, Elche und wilde Ochsen waren, aber Wildschweine, Wasservögel und Fische gehörten ebenfalls zur Nahrung. Es gibt Beweise dafür, daß man nur bestimmte Tiere tötete. Man fand eine Reihe Rotwildschädel mit den dazugehörigen Geweihen. Da man sie ausgehöhlt hatte und in ihre Vorderseite Löcher gebohrt waren, nimmt man an, daß man sie als Jagdmasken trug oder zu rituellen Zwecken aufsetzte. In England können wir bis zum heutigen Tag den Hörnertanz in Abbot's Bromley sehen, bei dem die Teilnehmer ein Geweih auf dem Kopf befestigen. Aus den Fundstücken von Star Carr können wir schließen, daß diese Tänzer vielleicht einen Brauch ausüben, der an die 10 000 Jahre alt ist.

In Star Carr hat man auch Perlen aus durchbohrtem Bernstein gefunden, die uns daran erinnern, daß die alten Religionen dieser Inseln bis auf den heutigen Tag empfehlen, zu Ehren der Großen Göttin Bernstein zu tragen.

So war das also mit unseren Vorfahren – sie lebten auf eine Weise, die uns an die amerikanischen Ureinwohner erinnert, mit tipiartigen Hauszelten, in kleineren Clans aus vier oder fünf Familien, die jagten und fischten, Kanus besaßen und zu Fuß mit Pfeilen und Äxten jagten. Diese wichtigen Objekte wurden sowohl zweckgebunden wie rituell benutzt. Im Downland kann man immer noch Pfeilspitzen aus Feuerstein und Axtschneiden finden, die unter anderem auf einem der Stonehenge-Steine geschärft wurden; unter dem Sweet Track bei Glastonbury stieß man bei Ausgrabungen auf rituelle Äxte.

Nach diesem flüchtigen Blick auf das Leben, wie es einmal war, verwandelte sich die Lagune mit dem blaugrünen Wasser wieder in graugrünes Gras. Lewes sah mir auf eine Weise entgegen, die mir deutlich machte, daß es sich um eine Wachtpostenstadt handelte: Sie erhebt sich nämlich an einem Tor. Diese Pforte wird vom Swanborough Hill und dem Mount Caburn gebildet. Durch dieses Tor können wir den Weg ins Kernland von Logres finden.

Wenn wir diese Stadt im Sturm nehmen oder heimlich des Nachts umschleichen wollten, würden wir uns über den Ouse-

Fluß nähern, der sich durch das Tal windet und schlängelt, die Stadt umrundet und sich in den Wald ergießt.

Und bei dem Gedanken, daß dies ja eigentlich nur für die Menschen in alten Zeiten von Interesse gewesen sein mag, stoße ich auf ein altes Wachhäuschen aus dem Zweiten Weltkrieg, von dem aus der Fluß zu überblicken ist. Bis in die heutige Zeit müssen wir diese Wasserwege bewachen, die direkt in unser Herz führen.

9. Das Lied unserer Ahnen

*Die Lieder unserer Vorfahren
sind die Lieder unserer Kinder.*

Der Weg führt weiter, und bald stoße ich auf ansehnliche Häuser – keine Tipis mit Männern darin, die Hirschgeweihe auf dem Kopf tragen, sondern die Sorte Haus, in denen man Geweihe auf ein Schild genagelt an der Wand hängen hat, statt daß sie der Besitzer auf den Kopf setzt. Hier in Iford gibt es wunderschöne Häuser, doch sie wirken fast von den hohen Hängen der Downs bedroht, die sich im Westen des Dorfes entlangziehen. Dort oben, auf dem Kamm, verläuft der South-Downs-Weg, der mich in alten Zeiten bis nach Stonehenge gebracht hätte. Von dort aus hätte ich mich auf einen weiteren der großartigen Höhenwege begeben können, die mich bis nach Schottland oder in den Norden Englands, nach Wales oder weiter westlich bis Cornwall geführt hätten.

Ich durchquere Iford und erreiche bald ein weiteres hübsches englisches Dorf – Rodmell. Hier schrieb Virginia Woolf ihre brillanten Romane, in denen sie das Wesen von Zeit und Erfahrung untersuchte, und hier entschloß sie sich schließlich, ihrem irdischen Leben im nahe gelegenen Fluß ein Ende zu setzen.

Der Blick vom Kirchhof in Rodmell ist unbeschreiblich schön – aber die Kirche ist verschlossen, etwas, was früher nie vorgekommen wäre. Doch wer würde es heutzutage, wo jeder fünfte junge Mann bereits eine Vorstrafe hat, dem Pastor übelnehmen, wenn er seine Kiche vor Vandalen schützen will?

Mein Pfad führt weiter und stößt bald auf den alten South-Downs-Weg – aber an der wahrscheinlich häßlichsten Stelle. Plötzlich bin ich wieder auf einer Straße, und die Lastwagen donnern nur so an mir vorbei, als wollten sie mir ins Gedächtnis rufen, daß die Welt nicht nur idyllisch ist.

Der Weg, der nun vor mir liegt, hat sich über zehntausend Jahre hinweg entwickelt – seine ersten Spuren reichen wohl ins frühpaläolithische Zeitalter vor über 400 000 Jahren zurück. Er ist Teil der Landschaft und zugleich eins mit ihr. Dieser Weg und mit ihm alle anderen uralten Wanderpfade in Großbritannien durchziehen das Land wie ein Fluß, wie ein organischer Bestandteil. Die mit Holz befestigten Wege in der Ebene von Glastonbury sahen sogar aus wie Flüsse. Unsere Ahnen haben uns ein Erbe an Schönheiten hinterlassen; von uns hingegen bleiben befestigte, harte Straßen zurück, die überall hinführen, uns aber nirgendwohin bringen – denn sie haben keine Seele.

Ich gab mir große Mühe, keine Wut auf die vorbeisausenden Autos zu entwickeln – denn an irgendeinem anderen Tag konnte ich genauso am Steuer sitzen. Bald erreiche ich das winzige Dörfchen Southease, wo man von der Hauptstraße abbiegt, den Abstieg durchs Dorf beginnt und den Fluß überquert. Als ich auf der Brücke stehend auf Lewes zurückblicke – das immer noch im hellen Sonnenlicht liegt –, stelle ich mir vor, wie ich den Fluß durch die Furt überquere. Wir sind so sehr an Brücken gewöhnt, daß wir nicht den geringsten Gedanken an sie verschwenden. Ich bin einmal von Port-au-Prince auf Haiti zu Fuß nach Jacmel gegangen – eine Stadt an der Südküste der Insel. Am Nachmittag des ersten Tages befand ich mich mitten in der Wildnis und gelangte an einen Fluß. Ich werde mich wohl immer an den Moment blanken Erstaunens erinnern, als mir klar wurde, daß mir nichts anders übrigblieb, als hindurchzuschwimmen. Es war meinem damals einundzwanzigjährigen Selbst, das immer in London gelebt hatte, noch nie in den Sinn gekommen, einmal vor einer solchen Situation zu stehen. Ich setzte mich eine Weile nieder und starrte auf den Fluß, ehe ich meine Kleider zu einem Bündel zusammenschnürte und ans andere Ufer schwamm.

Zwanzig Jahre später ist die Überquerung dieses Flusses ein wenig leichter, und als ich unter den Weiden und Weißdornbüschen entlanggehe, die die schnurgerade Straße auf den Itford Hill zu säumen, sagt eine Stimme in meinem Kopf ganz deutlich immer nur den einen Satz: »Die Lieder unserer Ahnen sind gleichzeitig die Lieder unserer Kinder.« Dreimal wiederholt sich dies, und ich bleibe stehen, um darüber nachzudenken. Plötzlich wirbelt und dreht sich alles um mich herum. Und wieder vernehme ich das dumpfe Dröhnen der vorkeltischen Druidenhörner, wie sie in den unterirdischen Kammergängen des New Grange ertönten. Ich höre wieder das Klick klick klick der bronzenen Rasseln in der Form von Stierhoden, die die Druiden zum Takt der Trompeten schlugen. Und ich höre das hohe Lied der Druidin, das sich in das akustische Lautbett aus Tiefe und Dunkelheit, das leise Summen der Druiden, ergießt. Dann höre ich nur eine einzige, einsame Stimme – die Stimme einer Frau, die auf irisch, walisisch, englisch oder gälisch singt – ich weiß nicht, in welcher Sprache. Es klingt sehr traurig, doch gleichzeitig voller Hoffnung. Ich weiß nun, daß wir, um die Ödnis zu heilen, zu der wir unsere Seelen und das Land haben verkommen lassen, diesen Satz vollständig begreifen müssen: »Die Lieder unserer Ahnen sind die Lieder unser Kinder.« Denn wenn wir an die Reinkarnation glauben, dann tun dies auch unsere Vorfahren, und sie kehren als unsere Kinder zurück. Und wenn sie nicht als Kinder auf der Erde geboren werden, sondern in der Anderswelt abwarten und uns zusehen – wie traurig müssen sie dann sein, sehen sie doch, wir wir einander und unsere Heimat verletzen und vernichten. Plötzlich sind sie nicht mehr dort draußen – tot und vergangen –, sondern rings um uns her als Babys, Kleinkinder, Kinder und Jugendliche – und natürlich als wir selbst, denn auch wir sind die Ahnen. Es gibt keine Unterbrechung in der Linie, die sich vom Anfang bis zum Ende zieht – das vielleicht wiederum ein neuer Anfang ist.

Ich erkenne, daß ich weiterwandern muß – zum wirklichen Beginn dieses Höhenwegs da oben auf dem Berg. Ich überquere eine Eisenbahnlinie, wandere über einen Bauernhof und beginne den Aufstieg. Ein paar Augenblicke später spüre ich meinen alten Lehrer neben mir. Sehen kann ich ihn nicht, aber ich fühle ihn, und er spricht zu mir: »Blicke hinab auf den Bauernhof. Dort leben schon seit 6000 Jahren Menschen. Sie begannen mit Rundhäusern, wunderschönen konischen Hütten mit Holzwänden und Strohdächern. Legen wir uns nieder und gehen dorthin zurück!«

Ich legte mich also in der Sonne auf den Hang und schloß die Augen. Unter mir spürte ich das Gras und den kühlen, festen Kreidefelsen, auf meinem Gesicht die Sonne und den Wind. Ich bin nicht ganz sicher, was dann geschah. Ganz prosaisch könnte man sagen, daß ich einschlief – aber die mystische Erklärung lautet wohl, daß ich meinen Körper verließ und in der Zeit zurückreiste. Mein Astralkörper suchte sich einen Weg über einen der Pfade, die eher in der Zeit als im geographischen Raum existieren.

Nuinn, mein Lehrer, und ich trugen Sandalen und seltsame Gewänder aus Tuch, Leder und Pelz. Wir fühlten uns sehr wohl darin, als wir langsam zu den fünf Rundhäusern hinabstiegen, die vor uns über den Hang verstreut lagen. Rauch kräuselte sich aus der Öffnung in der Dachmitte des größten Hauses. Daneben spielten Kinder mit einem Hund. Nuinn wandte sich zu mir: »Berühre nichts – denn sie können uns nicht sehen, fühlen uns aber vielleicht, und wir dürfen uns nicht in ihr Leben einmischen.« Wir bückten uns, um das größte der Häuser zu betreten. Drinnen fanden wir entlang der Wände Betten aus Gras und Fellen. In der Mitte brannte ein Feuer, über dem ein großer Kessel hing. Eine alte Frau bereitete etwas zu, das wie ein flacher Laib Brot aussah; an den Dachbalken hingen Kräuter zum Trocknen. Ich zählte die Bündel und sah, daß es neunzehn waren. Nuinn sah mir dabei zu und sagte lächelnd: »Erinnerst du dich an unsere Imbolc-Zeremonie, bei der wir neunzehn Kerzen anzündeten? Jetzt weißt du, warum.« Und ich dachte wieder an die Zeremonie, die wir erst wenige Tage zuvor begangen hatten. Dabei wurde folgendes rezitiert:

Neunzehn Kerzen für Brigitta

Deine Erste Kerze wird beim Sonnenaufgang deiner Geburt entzündet: Die Flamme deines Hauses erreicht Ceugants Braue

Die Zweite ist der Funken eurer Vereinigung mit Bess, dem Sohn Elathans

Die Dritte ist die Feuersäule, wenn du den Schleier nimmst – hoch und klar

Die Vierte sind Brüder, Dagda der Vater, Broadb der Rote, Medar, Ogma und Aenghus

Die Fünfte ist die ewige Lebensquelle, sie singt deinen Namen in kristallener Klarheit

Die Sechste ist die Flamme auf deinem Altar, die nie erstirbt!

Die Siebte ist der Hain von Llandwynwn, an Monas Gestaden, wo sich Liebende einander versprechen

Die Achte ist die Kraft deines Stiers von Dil – Fea und Fernea, der rote und der schwarze

Die Neunte ist das Seufzen deines Atems, wenn neues Leben aus altem erwächst, deine Brücke der Wahrheit

Die Zehnte ist eine milchweiße Kuh mit rötlichen Ohren, der süße Nektar der Erdmutter

Die Elfte ist ein Gürtel, der Tag und Nacht geschlossen ist, und doch heilt er alles und bleibt bestehen

Die Zwölfte ist der Schleier der Wahrheit, in einem blühenden Dornbusch, dein erschöpfender Pfad

Dreizehn ist für Ruardan, um wiedergeboren zu werden

Die Vierzehnte ist das weiße Licht des blühenden Wortes, entstanden bei Sonnenaufgang – der geschmolzene Himmel

Die Fünfzehnte ist der Hain zu Kildare, mit starken Eichen und kristallenen Quellen

Die Sechzehnte sind alle Schreine in Albion, in Kirche, Brunnen und Mauer

Die Siebzehnte ist dein Wille aus schwarzem Eisen, geschmiedet mit der Entschiedenheit von tausend Jahren

Die Achtzehnte ist Heilung – der weiße Hund am Tor, der Kelch deines Lächelns

Die Neunzehnte ist ein Clarsach mit Zaubersprüchen –
Stunden, Tagen und Zeichen, alle in einem silbernen Bogen
Deine letzte ist deine Erste, der Beginn der sich wendenden
Flut, das Ende der drei
Das Tanzen der Sonne im Herzen, die Kerze, die niemals stirbt!

In diesem Augenblick betrat ein Mann die Hütte. Ich zuckte zusammen. Er schien uns direkt anzublicken, aber dann wandte er sich ab und sagte etwas zu der alten Frau. Er zeigte ihr etwas in seiner Hand, und dabei rückte Nuinn schnell dichter an ihn heran, um auf seine offene Handfläche zu schauen. Ich wagte nicht, mich zu rühren. Die alte Frau schien zustimmend zu nicken, und der Mann wandte sich wieder zur Tür und begann mit einem unten abgeflachten Stock in der Erde zu graben. Dann begrub er den Gegenstand aus seiner Hand – von meinem Standort aus wirkte es wie ein Stück Kreide. Als er ihn mit Erde bedeckte, murmelte und sang er etwas und setzte dies auch fort, als er mit dem Absatz die Erde festtrat. Schließlich wechselte er noch ein paar Worte mit der alten Frau und verließ das Haus. Wir gingen einen Moment später ebenfalls hinaus, um die anderen Häuser aufzusuchen.

Es schien, als ob das große Haus, das wir gerade besucht hatten, allen zum Schlafen diente. In den anderen Gebäuden wurden Werkzeuge und Nahrung gelagert, getöpfert und das Vieh untergebracht. Auf der einen Seite gab es eine umfriedete Wiese, weiter entfernt konnten wir die terrassenartigen schmalen Felder sehen, die die Hänge überzogen. Der Mann, dem wir bereits begegnet waren, säte nun auf einem dieser Ackerstreifen etwas aus. »Gerste«, sagte Nuinn, als ich ihn fragend anblickte. »Was hat er unter der Türschwelle vergraben?« fragte ich. »Du weißt doch über Schwellen Bescheid«, entgegnete er. »Sie stellen den Treffpunkt zweier Welten dar – Ort des Ausgangs wie des Eingangs zwischen zwei Orten oder zwei Reichen. Die Schwelle eines Hauses ist daher ein sehr wichtiger Ort. Denk daran, wie Männer ihre Bräute über die Schwelle tragen! Das ist ein Symbol für die Unterstützung, die er ihr in allen Phasen des Übergangs während ihres gemeinsamen Lebens geben will. Das Kreidestückchen, das der Mann dort vergrub, hatte die Form eines Phallus, und er bat zunächst die alte Frau um ihren Segen, ehe er es unter die Schwelle legte. Damit will er die Fruchtbarkeit des Hofes sichern und das Haus segnen. In der Mitte des Hauses befindet sich ein Kessel, der der Göttin geweiht ist, unter der Schwelle des Hauses liegt ein Phallus begraben, der dem Gott gewidmet ist. Der Brauch, einen Phallus im Türeingang zu vergraben, kann von neolithischen Zeiten bis ins 14. Jahrhundert verfolgt werden – damals schnitzte man Phalli über Eingänge zu Bauernhöfen und Kirchen.«

Wir gingen über eine steile Böschung den Hang hinauf. Oben auf dem Kamm lag ein Friedhof – später sollte ich herausfinden, daß man dort eine große Begräbnisurne ausgegraben hatte. Als wir bei der Grabstätte ankamen, drehte sich Nuinn zu mir um und blickte mir direkt in die Augen. »Wir sind alle gestorben und an solchen Orten beigesetzt. Wir haben die Schwelle in die Anderswelt überschritten, ins Sommerland, nach Hy Breasil. Und wir sind zurückgekommen, haben wieder mit Hilfe unserer Eltern die Schwelle überschritten, sind durch die Samen des Vaters und das Ei der Mutter gezogen, um im Kessel des Schoßes wiedergeboren zu werden. Wir kommen und wir gehen von einer Welt in die andere, während die Sonne sinkt und wieder aufsteigt.« Dann war er verschwunden, und ich wachte auf – oder kam wieder zu mir –, Sonne auf dem Gesicht. Ich lag immer noch auf dem Hang des Itford Hill an diesem Februarmorgen kurz vor Anbruch des zweiten Jahrtausends ...

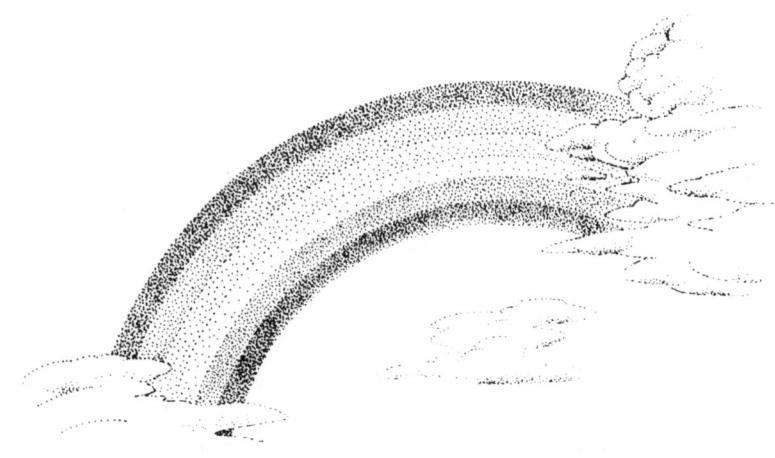

10. Der Regenbogen

Erde zu Luft, Stein zu Sonne
Alles erblüht in Rötlich und Gelb
überwuchert Löwenhügel und Löwenpfade
Skulpturen des Windes über dem flachen Land,
gesäumt von dichtem, stämmigem Gehölz, durchzogen von Bächen.

NUINN

Ich wußte genau, daß ich mich nun auf dem alten Wanderweg über die South Downs befand, denn oben auf dem Gebirgskamm verläuft ein breiter Weg in westöstlicher Richtung über die gesamte Kette. Den Morgen hatte ich im Tiefland, im Brookland-Becken verbracht, geschützt vor Winden, und trotz der winterlichen Jahreszeit – es war Februar – war es einigermaßen warm gewesen. Doch jetzt wurde mir die Jahreszeit einschneidend klargemacht: Es wehte ein frischer Wind, und die Sonne versteckte sich bald hinter den Wolken. Doch der Ausblick war phantastisch. Zum ersten Mal konnte ich jetzt das Meer sehen – silbergrau und beeindruckend flach, wie ein Kontrastbild hinter den Downs im Vordergrund mit ihren Rundungen, gleich dem Gesäß und den Schenkeln einer Erdgöttin, die sich weit im Süden bei Newhaven zum Meer absenken. Die Landschaft ähnelt in der Tat der Gestalt der Göttin; und die Ouse schlängelt sich durch deren geöffnete Schenkel bis nach Lewes in der Ferne. In früheren Zeiten hat man genau gewußt, daß das Land und der Fluß der Göttin gehörten – der Name Ouse stammt von dem der großen Muttergöttin Isis. In Camdens »Britannica« führt man ihn auf »Usa, Ouse, nach Isa« zurück.

Ich konnte immer noch den hellgrünen Tump erkennen – nun in ziemlicher Entfernung, aber scheinbar vor Licht glänzend –, als wäre der Meeresgott Mannanan den Fluß der Göttin hinaufgeschwommen und hätte seinen Samen dort abgelegt, wo das Wasser auf Land stößt. Das Ergebnis ist dieser strahlende Hügel – schwanger mit einem Gott.

Auf dem Kamm der Downs, unterwegs zu der ersten größeren Landmarkierung, dem Red-Lion-Teich, spüre ich die Gegenwart eines Falken in der Nähe, wenngleich ich keinen Vogel sehen kann. Ich denke an das Schweinchen zurück, mit dem ich meinen Weg begann ... es ist jetzt verschwunden. Es war mein Begleiter, mein Vertrauter in der Ebene, aber hier ist es nun der Falke, der hoch in den Lüften schwebt und alles sieht, dessen Geist ich auf meinem Weg den Pfad entlang genau spüre.

Diese Landschaft strahlt eine ungeheure Kraft aus. Jetzt verstehe ich, was der okkultistische Schriftsteller Dion Fortune meinte, als er sagte, die Kreidefelsen der Downs seien der beste Ort, die alten Götter anzurufen, denn es ist die ursprünglichste, älteste Landschaft im Süden Englands, von zahllosen In- und Ausländern bewundert und beschrieben. John Aubrey (1626–97), der Vater der neueren angelsächsischen Druidenbewegung im 17. Jahrhundert, schrieb einmal über diese Gegend: »Hier haben wir die weiträumigsten Ebenen in ganz Europa und die meisten Überreste jener glatten, primitiven Welt aus der Zeit, als alles unter Wasser lag. Und ich sage vom Grund meines Herzens her, daß der wohl um vieles glücklicher ist, der gelassen das Universum als sein eigen betrachtet, darinnen die Sonne, die Sterne, die schönen Auen, Haine, Wälder, grüne Flußufer, majestätische Bäume, aufsprudelnde Quellen und die eigenwilligen Windungen eines Flusses, glücklicher als derjenige, der die Welt mit Feuer und Schwert verletzt und seinen Besitz daran mißt, wieviel Schaden um ihn herum entstanden ist.«

Der Kalkstein der Downs entstand vor etwa 100 bis 65 Millionen Jahren, etwa um die Zeit, als die Dinosaurier ausstarben – noch ehe es Säugetiere, Vögel und blühende Pflanzen gab. Damals überzog das Meer fast alles, was wir heute als Britannien bezeichnen. Dieses Meer war warm und enthielt reichlich Plankton und Schwämme. Als die Coccolithen, kleine Teilchen im Plankton, abstarben und auf den Meeresboden sanken, bildeten sie das, was wir heute als Kalkstein, Kreide, kennen, und in dem wir heute Schwämme und Fische, Seeigel, Seeanemonen und Ammoniten als Fossilien finden. Dieses Kalksteinbett wurde dann vom Meeresboden hochgeschoben wie ein großer weißer Walrücken und bildet heute zwei Drittel der Landmasse Englands. Und wir wandern so über die, wie Gilbert White sie nannte, »breiten Rücken vor dem Himmel«, als sei dies alles erst gestern passiert und nicht vor 40 Millionen Jahren, als würde man dieses »Aufsteigen« des Landes aus dem Wasser noch spüren, das uns jeden Moment den Göttern näher bringt.

Wenn wir die Geographie von Logres genauer betrachten, erkennen wir, daß der Mittelpunkt der Kalkstein-Downs Salisbury war und immer noch ist. Von dort aus ziehen sich Ausläufer als die Hampshire Downs nach Osten und als North und South Downs; nach Westen erstrecken sich Z-förmig die Dorset Downs, nordöstlich die Marlborough-Downs. Im Mittelpunkt finden wir also wieder einmal die Stätte des Riesenchors – Stonehenge.

Hier auf den South Downs befand ich mich auf einem der langen, schwingenden Spiralarme des Riesen – besser: der Göttin –, denn was könnte weiblicher in einer Landschaft wirken als diese weichen, sinnlichen Kurven der Downs? Aber warum werden sie »Downs« – Niederungen – genannt, wenn sie eigentlich genau das Gegenteil davon sind? Weil das moderne englische Wort *down* vom altenglischen und keltischen *dun* abstammt: Hügel.

H. J. Massingham, der die Downs zu seiner Heimat machte und ebenfalls ihre Ähnlichkeit mit einem menschlichen Körper bemerkte, wie auch ihre enge Verbindung zu unserem Erbe, nannte sie »Schultern zum Sterngucken – Inseln der Vergangenheit«.

Auf dieser Schulter stand ich nun, etwa 170 Meter über dem Meeresspiegel, blickte jedoch nicht hoch zu den Sternen, sondern auf eine dicke schwarze Wolke, die bei Newhaven tief über dem Meer hing. Ich bin zwar von Natur aus nicht abergläubisch, hatte aber irgendwie das Gefühl, daß ich besser nicht dorthin geblickt hätte. Denn nun schien sie zu bemerken, daß ich ihre traurige Gestalt erblickt hatte, und sich zu entscheiden, schnellstens auf mich zuzueilen. Ich schritt rascher aus, wütend, weil ich vergessen hatte, Regenzeug einzupacken. Es schien nur wenige Minuten zu dauern, da hatte die schwarze Wolke mich eingeholt.

Wie absurd jedoch, so schnell zu gehen – als könne man auf einem freien Bergkamm, meilenweit vom nächsten Haus oder Baum entfernt, Schutz finden. Die Druiden sagten aus den Wolken die Zukunft voraus – sie nannten diese Kunst *neladoracht* –, aber man braucht nicht viel darüber zu wissen, um aus dieser Wolke etwas herauszulesen. Noch ehe ich eindeutig feststellen konnte, welcher schwarze Dämon sich entschieden hatte, mich gründlich zu durchweichen, wurde ich von Hagel überschüttet, gefolgt von Regen. Ich gab mir Mühe, so zu tun, als wäre das ein wunderbares Erlebnis, doch das war es ganz und gar nicht – ich war bis auf die Haut durchnäßt. Doch dann, ebenso schnell, wie es gekommen war, zog das Unwetter vorbei – um eine andere Seele zu begießen.

Und dann passierte das Wunder.

Während die Wolke und der Regen nach Norden weiterzogen, kam die Sonne hervor, und ein riesiger Regenbogen überspannte die Landschaft – von Rodmell unten bei der Ouse, wo ich vor kurzem noch gewesen war, bis weit nach Firle im Osten. Und direkt vor mir, direkt unterhalb und jenseits des Regenbogens, lag Lewes von strahlender Sonne übergossen.

Ich juchzte vor Freude und sprang in meinen nassen Hosen auf und ab – welch ein Geschenk mir dieser Dämon gemacht hatte!

Wenn man unterwegs ist, geschieht so manches: Den Elementen ausgesetzt, mit dem Gefühl von Höhe und Freiheit, durch die verstärkte Sauerstoffzufuhr und die Auswirkungen der körperlichen Anstrengung erlebt man ein starkes Gefühl von Erhabenheit und Freude. Zeigt sich dann noch ein Regenbogen, ist die Wirkung einfach umwerfend!

Wenn jemand fragt, woraus die druidischen Praktiken eigentlich bestehen, dann könnte eine Antwort lauten: Man arbeitet dabei mit einem Kelch und einem Stab oder Schwert. Der Kelch ist der Zauberkreis, der Steinzirkel oder der Baumkreis. Das Schwert oder der Stab sind der Alte Weg, der Pfad, die Wanderung. Unser Leben besteht abwechselnd aus Ruhe und Bewegung, aus Sein und Tun, die einander ablösen. Ruhe finden wir im Heiligen Hain – dort sind wir ruhig und gelassen. Wir sprechen unsere Zauber, öffnen uns dem Hauch Awens, der Inspiration, und finden Hilfe darin, unsere Besessenheit mit Tun und Haben abzustreifen. Mit dem Stab, der Lanze, dem Speer, dem Dolch, dem Schwert bewegen wir uns im Reich des Tuns – wir handeln in der Welt, ziehen fort, reisen. Im druidischen Umfeld geschieht im wortwörtlichen Sinne, daß wir uns in die körperliche Welt begeben. Wir schnüren unser Bündel, stecken eine Karte in die Tasche und ziehen in der ureigenen Tradition auf Visionssuche: Wir gehen die alten Wege ab. Und was wir bei einer solchen Suche finden, kann manchmal recht beunruhigend sein.

Einer der Gründe, sich auf einen spirituellen Weg zu begeben, auf jene seltsame Reise in das Selbst und in die Welt hinein, ist die Suche nach Wahrheit – der Wahrheit über uns selbst und das Leben schlechthin. Es handelt sich um eine grundsätzliche Suche nach Aufklärung – nach einer Erfahrung und einem Wissen über das »Was ist«, im Gegensatz dazu, vom »Was nicht ist« umworben zu werden: Illusionen, *Samsara*, Unwahrheiten.

Nach der anfänglichen Begeisterung auf diesem Weg, nach der Entdeckung der Wunder, die nur auf uns zu warten scheinen, gelangen wir an einen Punkt, an dem wir Dämonen und Drachen begegnen. Die Sonne verbirgt sich hinter Wolken, es regnet, und der Wind frischt auf. Der Weg ist jetzt nicht mehr angenehm, und wir fragen uns, warum wir überhaupt aufgebrochen sind.

Hinter den Wolken taucht der Drache auf, und schon stehen wir vor einer Wahl: Kämpfen oder fliehen? Wenn wir uns ihm stellen, können wir den Status quo vielleicht bewahren, aber nur zu dem Preis, daß wir die Kraft begraben, die dieser Drache darstellt. Auf der individuellen Ebene könnte dies bedeuten, daß wir etwas verdrängen und vielleicht dummerweise glauben, auf diese Weise unsere Sexualität, unsere Gier oder unseren Machthunger in den Griff zu bekommen. Auf der kollektiven Ebene unterdrücken wir vielleicht das Bewußtsein der Drachenkräfte, der Erdströmungen, die das Land durchziehen. Wenn wir aber statt uns zu wehren und den Drachen zu besiegen vor ihm fliehen, wird er weiterhin Wälder, Berge und Meer heimsuchen, stets bereit, uns zu schaden, falls wir jemals wieder an diesen Ort gelangen. Eine dritte Möglichkeit – die sowohl auf der traditionellen Weisheit beruht wie auf der Psychoanalyse – besteht darin, sich mit dem Drachen anzufreunden.

Ein Zweck der Visionssuche ist genau dies. Der Tradition der amerikanischen Ureinwohner zufolge bleibt man mindestens drei Tage lang allein an einem abgeschiedenen Ort im Freien. Der tibetanischen Tradition nach dauern diese Suchen ebenfalls entweder drei Tage oder drei Wochen, drei Monate oder drei Jahre. Auch in der christlichen Tradition gehören einsame Klausuren zum spirituellen Erbe. In Lewes können wir noch heute die Zelle besichtigen, in der einst ein Einsiedler lebte. Nach der druidischen Tradition nennen einige Gruppen diese Praktik »Heldensuche«, denn wir suchen den Helden in uns selbst. Manchmal findet eine solche Suche unter Umständen statt, die einen sensorischen Mangel erzeugen sollen: Zum Beispiel schlossen sich Barden bei ihrer Ausbildung in einen pechschwarzen Raum ein und legten sich, einen Stein auf der Brust, auf den Boden. Das klingt seltsam, bis wir erkennen, daß die Barden sich einer Technik bedienten, die der modernen Psychologie wohlbekannt ist: Man erzeugt ein beherrschendes Gefühl, um alle anderen sinnlichen Eindrücke auszuschalten. Heutzutage benutzt der Suchende in einem Isolationstank dazu »weißes Rauschen« aus Kopfhörern. Aus einem ähnlichen Grund setzen Schamanen Trommeln ein. Nach einer Weile gewöhnt sich das Gehirn an einen solchen monotonen, permanenten Reiz und blendet selbst diesen aus. Ein vertrautes Beispiel für eine solche Gewöhnung ist das Ticken einer Uhr – selbst wenn es laut ist, hören wir es nach einer Weile nicht mehr: Unser Gehirn nimmt es wahr, gibt sich aber nach einiger Zeit nicht mehr die Mühe, es an unser Bewußsein weiterzugeben – bis sich etwas verändert.

Wenn dieser alles andere überlagernde Reiz ausgeblendet ist, schweben wir frei von aller Erfahrung, die wir sonst durch die Sinne aufnehmen. Dann erleben wir uns auf ganz andere Weise: Aus dem Unter- wie dem Überbewußtsein steigen Dinge hoch wie seltsame Wachträume; wir werden überflutet von eindrucksvollen Gefühlen der Freude und der Inspiration. Wir können aus dem Körper hinausgleiten und ein Reich erkunden, in dem Drachen entweder riesige Seeschlangen sind, die aus dem Schlamm auftauchen, um uns nachzujagen, oder edelsteinüberkrustete Bergdrachen, die Höhlen bewachen, welche jene Geheimnisse für uns bewahren, die unser Leben auf immer verändern werden.

Aber solche Helden- oder Visionssuchen kann man nicht nur an einsamen Orten der Zuflucht erleben, in Höhlen oder dunklen Behältern – sondern auf den alten Drachenpfaden, unterwegs von einem Ort zum anderen. Dann wird die äußere Reise zur Metapher für die innere. Auch die Drachen, denen wir begegnen, sind innere oder äußere, sie sind mit unserer eigenen Seele verbunden oder mit der Seele der Landschaft, die wir erkunden.

Doch wir dürfen nicht glauben, daß wir uns mit allen Drachen anfreunden können, denn es gibt welche, die wirklich gefährlich sind und die man am besten in Ruhe läßt. Wir dürfen nicht in die Falle laufen, die die moderne Psychotherapie für uns aufgestellt hat, nämlich die Vorstellung, daß jede Unterdrückung aufgehoben und jeder Schmerz geheilt werden kann. Es ist eine zu starke Vereinfachung, wenn man Böses als Schmerz bezeichnet, der sich als Haß nach außen kehrt. Angeblich brauchen wir nur den Schmerz zu lindern, und das Böse verschwindet... Aber nur Narren stürzen herbei, wo Engel kaum aufzutreten wagen, und der weise Mensch weiß, daß die Geschichten über Drachen uns lehren wollen, daß die Hüter der Seelenschätze uns schaden und verletzen, wenn wir uns ihnen zu naiv oder zur falschen Zeit nähern. Die individuellen und kollektiven Energien oder Komplexe – wie immer man sie auch nennt –, die man als Drachen symbolisieren kann, sind äußerst mächtig, und man kann sich ihnen nur zur rechten Zeit stellen – niemals vorher. Außerdem gibt es Drachen – vielleicht eher Dämonen –, die die Folgen böser Gedanken oder Taten sind und denen nur Götter sich unbeschadet nähern können.

Aber was sind, was waren Drachen?

Ich blicke von meinem Hügelkamm nach Norden zum Weald – einer riesigen Tiefebene unterhalb des Dun, die sich bis zu den Hängen der North Downs hinzieht, die einen weiteren Kamm bilden. Früher war diese Ebene von einem riesigen Wald überzogen; bis heute ist davon viel übriggeblieben. Von der Romney-Marsh in Kent bis West Meon in Hampshire erstreckt sich der Weald fünfzig Kilometer breit über zweihundert Kilometer von Ost nach West. Einst wurde dieses riesige Waldgebiet das »Ödland von Ondred« genannt, zu anderen Zeiten »Wald von Anderida«. Der Ehrwürdige Beda beschrieb ihn 731 als »dicht und undurchdringlich ... eine Zuflucht für große Herden Rotwild, Wolfsrudel und Wildschweinrotten«. Und genau hier, im Nordwesten, knapp drei Kilometer von Horsham entfernt, lebte einst ein Drache. Noch 1614 hauste er hier und versetzte die Umgegend in Angst und Schrecken. Er wurde als ein drei Meter langes Tier mit schwarzen Schuppen auf dem Rücken und roten Schuppen am Bauch beschrieben und bewegte sich »so schnell wie ein rennender Mensch. Er hat ein stolzes Antlitz und reckt sich beim Anblick oder Laut eines Menschen oder Tieres hoch auf, als wolle er lauschen; er blickt mit großem Hochmut um sich. Man hat auf seinen beiden Flanken Auswölbungen, so groß wie ein großer Ball, gefunden, aus denen (wie manche meinen) irgendwann Flügel wachsen, doch ich hoffe bei Gott (der alle guten Menschen in der Gegend beschützet), daß er zusieht, daß man ihn vernichtet, noch ehe er flügge wird.«

Manche meinen, es habe sich bei solchen Kreaturen um exotische Reptilien gehandelt, die aus einer privaten Menagerie entkommen waren. Vielleicht waren sie auch reine Erfindungen von Schmugglern, die das gewöhnliche Volk einschüchtern wollten, damit man sie in ihren Verstecken im Wald in Ruhe ließ. Die Annahme, die Drachengeschichten beruhten auf der kollektiven Erinnerung des frühen Menschen, der noch Dinosaurier gekannt hatte, trifft wohl nicht zu, denn zwischen den letzten Tagen der Saurier bis zum Auftauchen des Menschen auf der Erde verstrichen sechzig Millionen Jahre. Velikovsky ist überzeugt, die Drachen seien Kometen gewesen, die dicht an der Erde vorbeischossen und Katastrophen nach sich zogen. Ihre funkelnden »Köpfe« und dunklen gegabelten »Schweife« wurden dann zu den feuerspeienden Ungeheuern der Volksmärchen.

Doch wenn wir Drachen und ihre Bedeutung für die alten Traditionen dieses Landes richtig verstehen wollen, müssen wir Merlin zu Rate ziehen.

Hier oben auf dem Kamm, mit Blick auf das Ödland von Ondred, gibt es zwei alte flache Teiche – den Red-Lion-Teich und den White-Lion-Teich, die Teiche des Roten und des Weißen Löwen. Derartige, von Tau gespeiste Teiche gibt es auf den Downs vermutlich schon seit neolithischen Zeiten; einige Historiker meinen allerdings, sie seien viel neueren Datums. Man grub eine Senke aus und kleidete sie zunächst mit einer Schicht aus Tonerde und Stroh aus, auf die man weiteren Ton gab und so allmählich eine wasserdichte Schicht aufbaute, in der sich das Regenwasser und der allmorgendliche Tau sammelten. Die ansässigen Bauern halten diese Tau-Teiche bis auf den heutigen Tag instand – leider allerdings werden sie heute oft mit Beton ausgegossen. Aber warum sind diese Teiche hier vor mir nach einem roten und einem weißen Löwen benannt? Wir erinnern uns an die Geschichte aus Merlins Jugend, als man ihn und seine Mutter vor König Vortigern brachte. Diesem hatte man angeraten, Merlin zu opfern, um sein Blut auf die Steine eines Turmes zu streichen, an dem der König gerade bauen ließ. Galfred von Monmouth setzt die Geschichte in seinen »Prophezeiungen Merlins« wie folgt fort:

»Merlin… trat vor den König und sagte zu ihm: ›Aus welchem Grund werden meine Mutter und ich vor Euch geführt?‹ – ›Meine Zauberer‹, antwortete Vortigern, ›rieten mir, einen Mann zu suchen, der keinen Vater hat, mit dessen Blut ich meinen Bau besprengen soll, damit er auch standhält.‹ – ›Befehlt Euren Zauberern‹, erwiderte Merlin, ›vor mich zu treten, und ich werde sie einer Lüge überführen.‹ Der König staunte über diese Worte, befahl aber seinen Zauberern, sogleich herbeizukommen und sich vor Merlin zu setzen, der folgendes zu ihnen sagte: ›Da ihr nicht wißt, was die Fundamente des Turmes unsicher macht, habt ihr empfohlen, mein Blut zu vergießen, um ihn haltbar zu machen, als würde das etwas nützen. Sagt mir aber, was befindet sich unter dem Fundament? Denn es gibt dort etwas, das kein Gebäude duldet.‹ Da überfiel die Zauberer große Furcht, und sie schwiegen. Merlin, den man auch Ambrose nannte, sagte darauf: ›Ich flehe Eure Majestät an, Euren Arbeitern aufzutragen, an der Stelle zu graben, und sie werden einen Teich finden, der bewirkt, daß die Fundamente immer wieder einstürzen.‹ Das geschah auch, und man fand bald darauf tief unter der Erde einen Teich, der den Boden unsicher gemacht hatte. Da trat Merlin erneut vor die Zauberer und sagte: ›Sagt mir, ihr falschen Prophezeier, was befindet sich unter diesem Teich?‹ Doch auch diesmal blieben sie stumm. Dann sprach er zum König: ›Befehlt, daß man den Teich trockenlegt; auf seinem Grund werdet Ihr zwei hohle Steine finden und darinnen zwei schlafende Drachen.‹ Der König zögerte nicht, ihm zu glauben, da er bereits mit dem Teich die Wahrheit gesprochen hatte: Er befahl, den Teich trockenzulegen. Man fand, was Merlin vorhergesagt hatte, und nun war er voller Bewunderung für den Knaben. Auch die anderen Anwesenden staunten über seine Weisheit und meinten, dies müsse eine göttliche Inspiration gewesen sein.
Und dann, als Vortigern, der König der Britannier, am Rand jenes Teiches saß, der trockengelegt worden war, erhoben sich die beiden Drachen – der eine weiß, der andere rot. Der eine stürzte sich auf den anderen, sie umschlangen einander in einem schrecklichen Kampf, und ihr keuchender Atem wurde zu Feuer. Bald jedoch gewann der weiße Drache die Oberhand und zerrte den roten Drachen unter die Böschung des Teiches. Doch dieser wollte sich nicht vertreiben lassen, fiel erneut wütend über den anderen her und zwang ihn zum Rückzug. Während

sie so miteinander rangen, bat der König Ambrosius-Merlin um eine Erklärung dafür, was dieser Kampf der Drachen zu bedeuten habe.«

Merlin antwortet darauf mit einer Reihe von Prophezeiungen, die mit der Niederschlagung des roten Drachen (der Briten) durch den weißen Drachen (die Sachsen) beginnt und mit der Weissagung endet, wie der Eber von Cornwall (Artus) die Sachsen vernichten werde. Merlin sagt in einer ungewöhnlichen Reihe eindrucksvoller und oft obskurer Bilder die Geschichte Großbritanniens bis zum Ende aller Tage voraus, wenn sich die Bilder des Sternenkreises nicht mehr bewegen werden und die Göttin verborgen hinter dem verschlossenen Tor ihres vom Meer bedrängten Vorgebirges liegen wird. Wir kommen auf diese Prophezeiung später noch zurück; inzwischen aber überlegen wir, warum die Drachen weiß und rot sind und warum die Teiche hier nach einem roten und einem weißen Löwen benannt sind.

Die heiligen Tiere der inneren Welt begegnen einander und verschmelzen miteinander wie die Sprache – sie erzeugen Fabelwesen, die bestimmte Landschaften darstellen, menschliche wie irdische. Die Löwen in der Wappenkunde und in der Alchemie, die einst in Fleisch und Blut dieses Land durchstreiften, sind Entsprechungen des Sternbildes »Löwe«, der Sonne und des Elements Feuer. Zum geflügelten Löwen umgestaltet ist er das Symbol des Sonnenlichts und des Morgens; wir erkennen die Nähe zu dem anderen geflügelten Wesen, das das Element Feuer repräsentiert – dem Drachen –, als habe der edle Löwe sich mit dem Proto-Drachen, dem Wurm, vereinigt. Dieses Wesen ist in Großbritannien berühmt, etwa an Orten wie Lambton und Linton, und spiegelt sich in Landschaftsnamen wie etwa Worm's Head auf der Gower-Halbinsel.

Ein anderer Name des Drachen, der hier in Sussex verbreitet ist, lautet Wyvern. Dieses Wort geht auf das altfranzösische *wivere* zurück – was gleichzeitig Viper und Leben bedeutet. Und damit gibt sich plötzlich eines der Schlüsselthemen des Druidentums zu erkennen: Der druidische Begriff für Lebenskraft ist *nwyvre*, ein altes walisisches Wort mit der Bedeutung »Energie« und »Lebenskraft«. Wie in der Symbologie des Ostens wird die Schlange bei den Druiden als ursprüngliches Symbol von Lebenskraft betrachtet, die sich gleichzeitig durch das Land und durch den Menschen zieht. Wenn wir diese Lebenskraft begreifen wollen, reicht es nicht aus, sie einfach nur in sich zu entdecken – wir müssen sie auch in der Welt ringsum finden, denn wir leben nicht abgelöst von der Erde, sondern als ein Teil von ihr. Hier finden wir einen Gegensatz zwischen der nach innen gewandten Philosophie des Ostens und der nach außen gerichteten des Westens – auch wenn beide Wege zum gleichen Ziel führen. *Wivere* stammt vom alten gallischen Wort *wouivre* ab, Geist, und dies wurde in bestimmten Teilen Frankreichs zu *vouivre*, wo der Drache als ein Wesen galt, das zur Hälfte eine Frau, zur Hälfte eine geflügelte Schlange war – ein passendes Symbol für die Energie der Göttin, die das Land durchzieht.

Wie wunderbar, daß Sprache und symbolische Tiere sich wie in einem keltischen Knoten miteinander verknüpfen, um uns die Beziehung zwischen uns selbst und dem Land zu zeigen – zwischen dem Drachen im eigenen Körper und den Drachen der Erde: Inneres und Äußeres, Selbst und Andere tanzen miteinander wie die Worte *nwyvre* und *wyvern* – das druidische Kundalini und der feuerspeiende Drache, das Kundalini der Erdgöttin.

Der Sinn beider Drachen, des inneren und des äußeren, ist der gleiche: Sie übertragen das kreative Feuer, den befruchtenden Atem, der Leben und Überfluß für das Einzelwesen und das Land bringt. Aus allen möglichen Gründen, die über unser Verständnis hinausgehen, wurde diesen Drachen erlaubt zu schlafen. Doch früher, in den alten Zeiten, da waren sie wach, und die Weisen, die Druiden und Druidinnen, wußten, wie man dieses innere und äußere Feuer für kreative Zwecke richtet und nutzt. Die Suche nach persönlicher Fruchtbarkeit – an Gedanken, Kindern, Gedichten und Musik – und der irdischen Fruchtbarkeit in reichen Ernten wurden bei den Alten miteinander verbunden. Wir müssen sie wieder miteinander in Verbindung bringen bei unserem Versuch, uns der Ödnis zu entziehen, die wir in uns und um uns her geschaffen haben.

In den beiden Farben Weiß und Rot finden wir den Schlüssel zu dieser Fruchtbarkeit, die wir aufs neue entdecken müssen. Weiß und Rot symbolisieren nämlich männlich und weiblich, Sperma und Blut, Mond und Sonne. Bis auf den heutigen Tag sieht man in dem weit entfernt liegenden Land Bulgarien, einem alten Siedlungsgebiet der Kelten, im März, daß alle Leute kleine weißrote Pompons tragen, in bewußter Erkenntnis des heranziehenden Frühlings und in unbewußtem Wiedererkennen der Tagundnachtgleiche am 22. März – aus dem Bedürfnis heraus, die beiden Prinzipien miteinander zu verbinden, um ein Leben des Überflusses zu erschaffen.

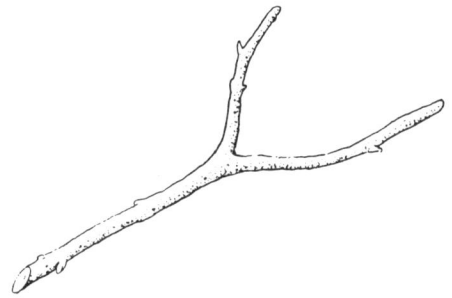

11. Hexen und Druiden

*Ich ziehe von West nach Ost
vom Ort der Erinnerung – und mein Herz
ist seltsam berührt.
Rechter Hand ist der Ort des Feuers
linker Hand der des Wassers...*

Nuinn

Die Gedanken über Weiß und Rot, über Mond und Sonne, führen uns zu einer Betrachtung der beiden größeren Zweige der Alten Religion. In Großbritannien besteht diese vorchristliche Tradition vornehmlich aus dem Druidentum und der Hexerei, der Wicca; wir finden jedoch auch Elemente aus sächsischen und norwegischen Überlieferungen. Trotz zahlreicher Gemeinsamkeiten unterscheiden sich Druidentum und Hexerei in mancher Hinsicht: Das Druidentum orientiert sich eher nach der Sonne, Wicca hingegen ist mondorientiert. Wiccaner arbeiten eher auf der intuitiven, instinktiven Ebene, während das Druidentum sich eher philosophisch, intellektuell ausrichtet: Man befaßt sich beispielsweise mit Numerologie und Geomantie. Die Druiden praktizieren »hohen Zauber«, Wiccaner »niederen Zauber«; das Druidentum ist apollinisch, Wicca dionysisch. Genau wie die meisten Verallgemeinerungen verbergen diese Unterscheidungen jedoch eine weitaus komplexere Beziehung zwischen den beiden Gruppen hinsichtlich Theorie und Praxis.

Die Ähnlichkeiten sind zahlreich. Beide Traditionen befassen sich mit den Kräften der natürlichen Welt, und beide begehen die Jahreszeitenfeste. Wiccanerinnen treffen sich in Hexenbünden, Druiden in einer Gruppe, dem »Hain«. Beide Orden treffen sich jedoch zuweilen und feiern in einem Kreis (statt in kurzen, abgehackten Reihen, wie etwa in Kirchen und Moscheen). Beide schreiben sowohl den vier Elementen Erde, Luft, Feuer und Wasser große Bedeutung zu – wie auch dem fünften Element, dem Äther, dem Geist.

Eine interessante Frage ist in diesem Zusammenhang, ob die beiden Hauptzweige ihren Ursprung in einem einzigen Stamm haben. Wir werden niemals mit Sicherheit wissen, ob es in sehr alten Zeiten nur eine einzige Alte Religion gab, die sich zu irgendeinem Zeitpunkt in diese beiden Richtungen aufspaltete, oder ob sie von Anbeginn an voneinander getrennte, aber miteinander verwandte Mysterien waren. Tim Sebastian, der Leiter des Säkularordens der Druiden, glaubt, es habe sich um eine einzige Tradition gehandelt, bis man im Mittelalter die Hexerei als ein Verbrechen »erfand«. Marian Green, die Herausgeberin von »Quest«, dem ältesten Magazin in Großbritannien für heidnische Bräuche, und Verfasserin zahlreicher Bücher über frühere Glaubensrichtungen, glaubt, die Hexen seien die »Abbrecher« der Druidenschulen gewesen. Die Ausbildung zum Druiden dauerte neunzehn Jahre und erforderte ungeheure Ausdauer und beträchtliche Intelligenz. Sie meint, viele »Lehrlinge« müßten diese Kurse abgebrochen haben, um mit dem erworbenen Wissen auf ihre Dörfer zurückzukehren. Die ersten Jahre der Druidenausbildung dienten dem Erlernen der bardischen Künste, während sich die zweite Ausbildungsebene – die der Ovaten – vornehmlich mit der Naturkunde, Weissagung und Heilkunst befaßte; sehr wahrscheinlich haben viele es vorgezogen, nicht bis zur Druidenebene weiterzustudieren, bei der es um Bildung, Philosophie und das Gesetz ging, sondern sie begannen sogleich mit ihren Fähigkeiten als Heiler und Wahrsager zu arbeiten. Dieses »Abbrechen« stellte vermutlich eine sinnvolle Entscheidung dar, um der Gemeinschaft zu dienen, und ist kaum als Scheitern zu betrachten.

Es gibt sicher Gründe, warum sich das Druidentum gegenüber den Wiccanerinnen mit ihrem eher volkstümlichen Anspruch als intellektueller versteht. Viele Menschen folgen heute beiden Wegen, um in sich Ausgewogenheit zwischen diesen beiden Richtungen zu erreichen. So wird es möglich, die beiden Strömungen miteinander zu vereinen, die auch früher einmal eins waren.

Man sieht die Hexerei oft vor dem Hintergrund einer ländlichen, bäuerlichen Umgebung – die Druiden hingegen galten als die Bildungselite ihrer Zeit, waren von Kriegsdienst und Steuern befreit, setzten die Könige in ihr Amt ein und dienten dem Adel, Rechtsgelehrten und Ärzten als Lehrer. In Anbetracht ihrer Geschichte ist es wohl angebracht, die beiden Strömungen in Elite und Bauernkultur aufzuspalten, doch wenn wir uns die heutige Mitgliederschaft von Wicca und Druidenorden ansehen, ist es keine sinnvolle Unterscheidung mehr, denn beiden gehören Männer und Frauen aller Altersgruppen, Bildungsschichten und sozialer Herkunft an. Eine Variante dieser ursprünglichen Unterscheidung zwischen Elite und Bauernkultur ist die heutige Unterscheidung zwischen städtischer und ländlicher Richtung. Wiederum gibt es dafür eine historische Begründung, da die Hexerei vornehmlich in ländlichen Gegenden praktiziert wurde, während das Druidentum zur »offiziellen« Religion wurde und an Höfen, und damit in städtischen Zentren, praktiziert wurde. Doch auch dies stellt heute keine sinnvolle Unterscheidung mehr zwischen den Gruppen dar, weil man beide sowohl in Städten als auch in ländlichen Gegenden findet.

Doch vielleicht waren Druidenorden und Wicca niemals unabhängige Zweige unseres vorchristlichen Erbes. Tim Sebastian meint, Hexen gäbe es nur aufgrund der damaligen Verbrennungen. William Gray äußert in seinem Artikel »Patterns of Western Magic« (zu finden in »Psychology and The Spiritual Traditions« und »Transpersonal Psychologies«) ebenfalls seine Zweifel an der These, es habe schon immer zwei getrennte Gruppen gegeben. »Die Anhänger des Alten Glaubens hatten keinen bestimmten Namen für ihre Religion, und sie glaubten nicht im entferntesten an etwas wie den christlichen Teufel. Ihr

Glaube ähnelte ebenfalls dem der amerikanischen Ureinwohner. Gray meint, daß

»jene demütigen, getreuen Anhänger des geheimen Glaubens entsetzt gewesen wären, wenn man sie als eine Art ›Hexen‹ beschrieben hätte. In jenen Tagen waren Hexen genau das, was das Wort bedeutet: ›boshaft wirkende Frauen‹. Erst in neueren Fehlübersetzungen und den Wiederholungen dieser Irrtümer wurde dem Wort Hexe die ambivalente Bedeutung verliehen. Ein angelsächsisches Lexikon kann diesen Punkt vollständig aufklären.«

Die meisten modernen Anhänger der Wicca stimmen nicht mit Grays etymologischer Deutung überein –, sondern glauben statt dessen, das Wort »witchcraft« – Hexerei – stamme vom altenglischen *wicca*, das wiederum auf die indoeuropäische Wurzel *weik* zurückgeht, was Objekte von Zauberei und Religion bezeichnet. Auf diese Wurzel können Worte wie *wik*, heilig, und *wikk*, Zauberei, zurückgeführt werden, die uns schließlich zu dem Verb *wiccian* führen: einen Zauber sprechen. Von *wiccian* leitet sich das sächsische *wicce* (witscheh ausgesprochen) ab, was eine weibliche Hexe bezeichnet, und *wicca* (witscha ausgesprochen) für eine männliche Hexe.

William Gray weist jedoch nach, daß die »Wiccaner« sich selbst nicht Wiccaner oder Hexen nannten. Sie hätten über sich selbst lediglich ausgesagt, daß sie den Alten Wegen folgten, und sie hätten das Wort Hexe nur für böse, männliche Zauberer benutzt. Dies widerlegt nicht, was heutige Wiccaner als Hexenkunst oder Wicca bezeichnen – sondern besagt nur, daß dies in alten Zeiten einfach nicht so genannt wurde.

Gray glaubt, daß sich die westliche Magie in zwei Richtungen entwickelte, die man seiner Meinung nach leicht als Magie der Dichter und Bauern bezeichnen könnte: Die erste Ebene ist »anspruchsvoll, intellektuell, künstlerisch und geschliffen, die andere urtümlich und instinktgemäß«. Wieder denken wir bei ersterer an die Barden und Druiden, bei der zweiten Ebene eher an Hexen. Er betont, daß beide nicht als »wahre« Erben der alten Traditionen gelten können und beide für Verzerrungen verantwortlich waren, wenngleich auf unterschiedliche Weise.

Bei den Verzerrungen der städtischen, intellektuellen »Hochzauberer« ging es um Hierarchie und Patriarchat und die Korruption, die unvermeidlich daraus folgt, wenn sich das Spirituelle mit weltlicher Macht verbündet. Die Verzerrungen der bäuerlichen »niederen Zauberer« lagen darin, daß ihre Kenntnisse über Heilkräuter und Zaubersprüche eher bei Verletzungen und Flüchen eingesetzt wurden anstatt zum Segnen und zum Heilen.

Innerhalb einer jeden Gruppe – ob christlich, wiccanisch, druidisch oder von anderer Religion – scheint es stets eine Minderheit zu geben, die das von der Gruppe überlieferte Wissen verzerrt und pervertiert. Doch das macht diese Kenntnisse, ihre Schönheit und Macht nicht wertlos.

Tim Sebastian vertritt eine Meinung, die vermutlich nicht von einer Mehrheit der Druiden getragen wird, aber die Direktheit und bewußte Überzogenheit seines Arguments zwingt uns, den unterschiedlichen Stellenwert genauer zu betrachten, den die Gruppen dem Mond und der Sonne zuweisen. Er sagt: »Früher oder später werden Hexen zu Druiden, denn sie erkennen, daß der Mond das Licht der Sonne reflektiert und das Druidentum demnach eine reifere, direktere Art von Verehrung und Entwicklung darstellt.« Die meisten Wiccaner werden dies nur mit Ärger lesen, nicht nur aufgrund der Unterstellung, daß das Druidentum Wicca überlegen sei, sondern weil der Satz wohl auch meint, daß man sich an der Sonne orientieren muß statt an der lunaren Energie. Wenn man die Sonne mit dem Maskulinen und den Mond mit dem Weiblichen gleichsetzt, scheint Sebastian die Hexen aufzufordern, eine patriarchalische Haltung anzunehmen. Doch dies ist nicht der Fall, da die Zuordnung der Geschlechter zu Sonne und Mond nichts Absolutes darstellt – wie diejenigen wissen, die die Sonnengöttinnen und Mondgötter aus anderen Zeiten kennen. Die Tatsache, daß der Mond das Licht der Sonne spiegelt, ist zudem astronomischer Natur und kein Ausdruck von männlichem Chauvinismus. So betrachtet können wir erkennen, wie sich das Hexentum möglicherweise leichter Illusionen hingibt als das Druidentum, da es sich auf das veränderliche, gespiegelte Licht des Mondes bezieht, statt auf die konstante Klarheit der Sonne. In beiden Schulen der Wicca wird ein »Buch der Schatten« benutzt, statt ein »Buch des Lichts«, und dies ist, wenn auch nur auf symbolischer Ebene, hierfür bedeutsam. Kabbalistisch gesehen reden wir vom Unterschied zwischen den Energien, die durch Yesod statt durch Tiphereth vermittelt werden.

Eine verbreitete Fehleinschätzung des Druidentums – und zwar nicht nur unter Wiccanern, sondern auch unter Nicht-Heiden – besteht darin, daß dies patriarchalisch ausgerichtet sei und die Große Göttin nicht anerkenne. Dieser Irrtum ist teilweise durch die vereinfachende Gleichsetzung der Sonne mit dem Maskulinen und des Mondes mit dem Weiblichen entstanden. Da bekannt ist, daß das Druidentum sonnenzentriert ist, wird angenommen, die Göttin, das Weibliche, sei dem untergeordnet. Doch eine der keltischen Hauptgöttinnen, Brigida oder Brigit, wurde als Göttin der Sonne und des Feuers angebetet, und in den keltischen Sprachen ist das Wort für Sonne ursprünglich feminin; im Irischen und Schottischen ist es das immer noch (*grian* oder *greine*). Wenn man den Sonnenweg einschlägt, heißt das also nicht unbedingt, einem »männlichen Weg« zu folgen, noch, daß man die Göttin verleugnet.

Wenn wir den Blick nun wieder in die ferne Vergangenheit richten, sehen wir, daß die Mysterien vielleicht geschlechtsspezifisch aufgeteilt wurden: Die Druiden waren eine vornehmlich männliche Gemeinschaft, die sich mit den Kräften der Sonne und männlichen Energien befaßte. Die Hexen waren möglicherweise eine überwiegend weibliche Gruppe, die mit den Mondkräften und weiblichen Energien arbeitete. Vermutlich überschritten nur der oberste Druide und die herausragende Hexenpersönlichkeit die Grenzen der jeweiligen Gruppe, um die Traditionen entweder in einem gemeinsamen Haushalt miteinander zu verschmelzen – oder vielleicht in einer Gruppe von wenigen Individuen. So einleuchtend dies erscheint, ist es doch unwahrscheinlich, daß die Grenzen so starr gezogen wurden – wenn es überhaupt welche gab. Wir wissen zum Beispiel, daß es Druidinnen gab – Cäsar erwähnt sie. Sie schrien und jammerten die römischen Legionen an, die sie auf Mona, einer Insel vor Anglesey in Nordwales, abschlachten wollten. Und wir wissen von männlichen Hexen. Doch diese Aufteilung scheint in gewisser Hinsicht zu stimmen, denn das erdverbundene, intuitive Gefühl der Wicca ist deutlich feminin, genau wie das gehobene, intellektuelle Gefühl des Druidenordens mit dem Männlichen verbunden zu sein scheint. Möglicherweise haben diese beiden Traditionen jede für sich die Kenntnisse dieser Mysterien gesammelt, und während es vor noch wenigen Jahren modisch gewesen wäre, sich nur mit den weiblichen Mysterien zu befassen, können wir uns heute dem Druidentum unter dem Aspekt zuwenden, daß es vielleicht ein Brennpunkt für die Mysterien der Männer war. Dieser Ansatz zeigt zwar einiges, stellt aber nicht das Gesamtbild dar – weil beide Traditionen in ihrem Kern mit dem Mysterium des Lebens zu tun haben und nicht nur mit demjenigen eines einzigen Geschlechts. Hier ist vielleicht eine Perspektive ergiebiger, die beide Traditionen im Licht ihrer Beziehung zu diesem Zentralmysterium betrachtet.

Dazu geben uns wiederum die weißen und roten Löwen oder Drachen einen Hinweis. Druidentum und Wicca befassen sich beide mit dem Leben und der Frage, wie wir uns mit seiner kraftvollen Strömung verbinden, damit wir es voll und ganz ausschöpfen können. Das Leben entsteht als Folge der Verbindung zweier Prinzipien, dem weiblichen und dem männlichen. Wicca achtet dies und erkennt es als heilig an, indem es die Vereinigung beim Großen Ritual zum Zentralpunkt erhebt: Dabei werden die beiden Prinzipien entweder symbolisch durch das Athame (einen kleinen Dolch) ausagiert, der in einen Kelch gestoßen wird, oder indem sich die Hohepriesterin mit dem Hohepriester in echter sexueller Umarmung vereinigt. Hier sehen wir, daß der Westen seine eigene tantrische Tradition hat und diese Mysterien sich nicht auf östliche Lehren beschränken. Die tantrische Tradition hat zumindest mit der keltischen eine gemeinsame indogermanische Abstammung: Es lassen sich Ähnlichkeiten in Praxis und Terminologie finden, was auf ein kulturelles wie auch ein archetypisches Erbe tantrischer Kenntnisse im Westen hinweist.

Das Druidentum legt ausdrücklichen Wert auf das Produkt dieser Vereinigung, die Kreativität in allen ihren Ausdrucksformen, statt sich auf den Akt der Vereinigung zu beschränken. Das Druidentum ist daher für eine viel größere Vielfalt von kulturellen Erscheinungsformen verantwortlich als die Wicca: Denken wir nur an die bardische Tradition, die unser westeuropäisches Erbe bis heute mit mythischen, poetischen und musikalischen Grundlagen versorgt. Doch die Konzentration auf den Akt der Vereinigung statt auf dessen Folgen ist schwierig, weil der Akt selbst eine solche Macht ausstrahlt, daß er zum beherrschenden Mittelpunkt wird. Und so erkennen wir, wie der Drachen in fast jedem von uns schlummert. Aber es wird die Zeit kommen, da immer mehr Menschen erkennen werden, daß sexuelle Energie die Energie des Lebens schlechthin ist – und daß wir in der Vereinigung die Welt erschaffen.

Trotz des Risikos, allzu besessen von der Sexualität zu werden, steigt die Gefahr noch, wenn wir uns weigern, sie als heilig anzuerkennen. Wir nähern uns einer Zeit, in der die spirituell »Erwachten« sich an die Aufgabe machen können, den Drachen zu wecken und die Großartigkeit seiner Kräfte kennenzulernen. Wir haben dieses Erwachen in den letzten fünf Jahren als ein Aufblühen in Form von Büchern und Kursen über heilige Sexualität miterlebt – das Entstehen eines Bewußtseins, das sich zeitgleich mit dem Aufkommen von mystischen Bewegungen von Männern und Frauen entwickelte.

Das Druidentum betrachtet die Sexualität als etwas Heiliges und respektiert sie als eine Kraft, die Leben und Tod spiegelt – denn ohne die sexuelle Vereinigung gibt es weder Geburt noch Tod. Das Produkt der Vereinigung von maskulinem und femininem Prinzip auf der spirituellen und psychologischen Ebene wird als Geburt – genauer, als Offenbarung oder Aufdeckung – des göttlichen Kindes in jedem Menschen betrachtet: das *Mabon*, wie es in der walisischen Tradition genannt wird. Nach christlichem Verständnis bezieht sich dies auf die Geburt oder Erscheinung des Christuskindes im Herzen des einzelnen.

So betrachtet wird die tatsächliche Vereinigung der äußeren Geschlechtsteile nicht als ein grundlegender Schritt im Prozeß der individuellen Entwicklung betrachtet, denn dann wäre die nicht-heterosexuelle Bevölkerung ebenso ausgeschlossen von diesem Prozeß der Individuation wie jene heterosexuellen

Menschen, die wegen einer Behinderung, ihres Alters oder mangels eines passenden Partners kein Kind zeugen können.

Die verbreitete Schwierigkeit mit Wicca ist, daß die angeborene Sexualität in ihrer reinen Verkörperung und deren Einsatz bei tatsächlichen oder symbolischen Paarungszeremonien nicht nur repressiven oder fehlgeleiteten Fundamentalisten oder schlüpfrigen Journalisten Argumente bietet, sondern auch viele Leute abschreckt, die sich ansonsten von der heidnischen, pantheistischen Anbetung des Lebens angezogen fühlten. Doch nicht alle Wiccaner arbeiten nackt (im Himmelskleid, wie man es so schön nennt), und nicht alle Wiccaner begehen das symbolische oder tatsächliche Große Ritual, aber im Bild der Öffentlichkeit und in vielen Bünden wird dies als ein wichtiges Kernstück betrachtet.

Das Druidentum hingegen hat ein völlig anderes Image in der Öffentlichkeit – eigentlich ein sehr gesetztes. Dies beruht vermutlich auf den Bildern der weißgewandeten Figuren, die sich alljährlich um Stonehenge versammeln. Und statt nachts zu arbeiten, wie die Hexen, versammeln sich die Druiden vornehmlich »unter dem Auge der Sonne«. Druiden treffen sich oft in privatem Rahmen, doch die Jahreszeiten können auch als öffentliches Fest begangen werden, etwa an Orten wie Glastonbury, Stonehenge oder Primrose Hill. Mein alter Druidenlehrer Nuinn betonte immer wieder, wie wichtig es sei, daß man sich offen und zugänglich trifft. »Wir sind die einzige magische Gruppe im Westen, die ihre Zeremonien in der Öffentlichkeit abhält – und das ist wichtig, weil wir so in der Welt arbeiten: Wir zeigen jenen etwas von den Mysterien, die mehr darüber erfahren wollen.« Ich konnte das als schüchterner Jugendlicher nur schwer akzeptieren, weil ich mich ständig darum sorgte, in meiner seltsamen Robe lächerlich zu wirken, aber ich begriff die Bedeutung dieses Satzes. Es scheint, daß dieses Bewußtsein auch innerhalb der größten Druidengruppe in Amerika vorherrscht, *Ar nDraiocht Fein*, die den Grundunterschied zwischen ihrer Art des Druidentums und Wicca wie folgt ausdrückt: »[Unser Druidentum] ist polytheistisch, auf Großgruppen ausgerichtet und öffentlich. Wicca ist allgemein duotheistisch, auf Kleingruppen ausgerichtet und privat.«

Es gibt Raum für beide Ansätze, denn wir brauchen sowohl private als auch öffentliche Festlichkeiten, Gelegenheiten, bei denen wir die Macht der offiziellen Zeremonien in großer Robe ausüben, sowie Anlässe, zu denen wir die Nähe zur Natur empfinden können, indem wir wandern, tanzen oder nackt unter Mond oder Sonne liegen. Vielleicht brauchen wir unsere Verbundenheit mit Hexen oder Druiden nicht länger zu polarisieren. Statt dessen können wir das Gefühl von Einheit genießen, um beide Traditionen auf eine Weise zu erforschen, die uns hilft, einen für uns einzigartigen Weg zu finden und die vielen Seinsweisen innerhalb der beiden Traditionszweige zu erkunden. Vielleicht nähern wir uns einer Zeit, in der wir, wenn William Gray recht hat, wieder einfach die Anhänger des »Alten Glaubens« sein können, der alten Weise, der alten Religion.

Interessant ist die Beziehung zwischen Druidentum und Wicca in neuerer Zeit. Bekannterweise treten Menschen, die sich für die esoterische Tradition interessieren, einer Reihe der verschiedensten, aber miteinander verwandten Organisationen bei, und diese mehrfachen Mitgliedschaften können interessante Kreuzungen hervorrufen. Rhiannon Ryall sagt über diese Version in ihrer Beschreibung der Wicca aus den vierziger Jahren: »Wir schienen keine Geschichte oder Verwandtschaft mit dem Druidentum zu haben, wie es die Systeme Gardner/Alexander so offensichtlich aufweisen.« Das scheint eine seltsame Bemerkung, bis wir erfahren, daß Gerald Gardner, der Begründer der modernen Wicca-Bewegung, ein Druide war – oder gewesen zu sein scheint –, da seine Unterschrift auf der Einsetzungscharta eines der Druidenführer, Robert MacGregor Reid, zu finden ist. Dieses Dokument mit dem Datum der Wintersonnenwende 1946, das in Leamington Spa verfaßt wurde, ist zuerst von A. J. Steer unterzeichnet, der als »Führer und Sekretär der Mutterloge und des Rates des Bundes« bezeichnet wird. Auf dessen Unterschrift folgen sechzehn weitere, unter ihnen auch Gardners – vermutlich alle Teilnehmer an der Einsetzungszeremonie; darüber hinaus finden sich dort Schreiben von drei anderen Mitgliedern, die vermutlich persönlich nicht teilnehmen konnten. Unter den Akten Gerald Gardners hat man die Kopie einer Initiation in den Alten Druidenorden gefunden sowie einen Brief an den »lieben Ross Nichols« (Nuinn, der damals Mitglied des Alten Druidenordens war), in dem scherzhaft angedeutet wird, er solle eine Gruppe Tamilen zu einem walisischen Eisteddfod begleiten und damit die Waliser und ihre Regeln herausfordern, ausschließlich die walisische Sprache zuzulassen. Bis auf den heutigen Tag akzeptiert man bei walisischen Eisteddfodau nur Walisisch, Bretonisch und Kornisch, die keltischen Sprachen. Gardner war, als er diesen Brief schrieb, offenkundig mit der Theorie vertraut, das Keltische habe indoeuropäische Wurzeln. Da viele Gardnersche (und alexandrische, dessen Abzweigung) Wicca-Versionen inzwischen eingeführt oder von Gardner selbst wiederbelebt wurden, legt seine vor kurzem bekanntgewordene Verbindung zum Druidentum die interessante Möglichkeit nahe, daß ein gewisser Teil der heutigen Wicca in Wirklichkeit auf seinen Kenntnissen des Druidentums beruht.

In der Phase der druidischen Neubelebung im 17. und 18. Jahrhundert waren viele, die sich hiervon angezogen fühlten, gleichzeitig Freimaurer, und dies hat zu Einflüssen auf das neuere Druidentum geführt, die einige als Verwässerungen oder Verunreinigungen bezeichnen. In Wirklichkeit handelt es sich aber nur um oberflächliche Erscheinungen, die lediglich einige Ritualstile und -fassungen beeinflußten, die man in einigen Orden beibehielt, in anderen aber abschaffte.

Im 19. Jahrhundert waren eine Reihe von Mitgliedern des Ordens »Goldene Morgendämmerung« gleichzeitig Mitglieder in den druidischen Orden. Ithell Colquhoun, eine Dichterin, Malerin und Druidin, diskutiert dies in ihrem Buch »Schwert der Weisheit« ausführlich. Als sie den alten Oberdruiden Robert MacGregor Reid über die Verbindung zwischen zeitgenössischem Druidentum und der »Goldenen Morgendämmerung« befragte, erhielt sie zur Antwort: »Kommt es Ihnen nicht in den Sinn, daß der Druidenorden der Abkömmling der ›Goldenen Morgendämmerung‹ ist?« Aber nicht alle teilen diese Meinung, obwohl das Druidenmaterial neuerer Zeit eindeutig Material der »Goldenen Morgendämmerung«

aufweist und unter den Mitgliedern des Ordens sicher starkes Interesse an keltischen Dingen vorherrschte – besonders bei Yeats und George Russell.

Es gibt eine interessante Verbindung zwischen dem Druidentum, der Freimaurerei und den Rosenkreuzern, auf die man stößt, wenn man erkennt, daß Robert Wentworth Little, der Freimaurer, der 1867 die »Societas Rosicruciana« gründete, 1874 auch den »Ancient and Archaeological Order of Druids« ins Leben rief. Diesem Orden trat 1908 Winston Churchill bei.

Spirituelle Traditionen sind lebendige Einheiten, wachsende Organismen, die sowohl auf einer inneren wie einer äußeren Ebene existieren. Sie haben einen Körper und eine Seele, kreatives Potential und Schattenaspekte – Überbewußtsein und Unterbewußtsein –, Bereiche, die sich des kollektiven Unbewußten bedienen und dies sowohl beeinflussen wie davon beeinflußt werden. Sie sind als solches kein geschlossenes System, das wie ein Museumsstück in einem Glaskasten existiert. Sie sind vielmehr lebendige Wesen, die einander begegnen und Beziehungen mit anderen lebenden Einheiten eingehen – anderen spirituellen Systemen. Manchmal werden diese Beziehungen als nützlich betrachtet, manchmal auch als schädlich. Aber die letztendliche Analyse einer jeden Tradition vermittelt eine Energiefrequenz und verleiht uns Zugang zu inneren Wesen und einer inneren Landschaft, die spezifisch für diese bestimmte Tradition ist. Wenn wir mit dem Druidentum arbeiten, verbinden wir uns mit der einen Frequenz, die sich von jener der Wicca unterscheidet; diese ist wiederum anders als die der Freimaurerei und des Rosenkreuzertums.

Auf den fast zwei Kilometern zwischen dem Teich des Roten Löwen und Teich des Weißen Löwen auf dem Itford Hill begreife ich die Beziehung zwischen Druidentum und Wicca ein wenig besser, denn wenn zwei Wesen gemeinsam kreativ sind und gleichzeitig ihre Einzigartigkeit behalten wollen, dann müssen sie einander begegnen, aber auch voreinander stehenbleiben. Wenn ein Paar versucht, miteinander auf alle Zeiten zu verschmelzen, statt Ganzheit zu erlangen, stellen sie bald fest, daß sie zu zwei Hälften eines Ganzen werden, und ihre Ganzheit wird zur Illusion. Sie leiden dann an einer *folie à deux*.

Doch wenn es beiden gelingt, aufrecht in sich zu stehen und den Abstand zwischen sich zu respektieren, dann werden sie bei Treffen und Vereinigungen wahrhaft kreativ sein.

12. Die Feuerprobe

Draca sceal on hlaew, frod, fraetum wlanc.
(Der Drache wird in seinem Hügel schlummern –
alt und reich an Schätzen.)

Beowulf

Nach dem Teich des Weißen Löwen begann ein neuer Abschnitt meiner Wanderung. Müßte ich es in aller Kürze beschreiben, würde ich sagen, daß es nun keinen Spaß mehr machte. Meine Kleider waren naß, der Wind wehte heftig, die Sonne war nicht zu sehen, und Himmel und Land wirkten wie große wogende Massen aus monotonem Grau. Irgendwie war ich in einen Schwarzweißfilm geraten, in dem auch noch eine riesige Windmaschine auf vollen Touren lief. Um allem die Krone aufzusetzen war es nun Mittag, und ich hatte nichts zu essen dabei.

Den gesamten Weg entlang stößt man auf Hügelgräber. Kurz hinter dem Males-Burgh-Tumulus stößt der Weg auf eine kleine Straße, die von der abgelegenen Blackcap-Farm bis zum Dörfchen Firle am Fuße der Downs führt. An dieser Kreuzung begegnete ich dem Teufel. Er sah ganz gewöhnlich aus mit seiner Wachsjacke, Gummistiefeln und einem Schal, doch auch wenn er mich anfangs täuschte, ich erkannte ihn schließlich als den, der er in Wirklichkeit war.

Er kaute an einem belegten Brot, als ich mich ihm näherte – ganz in der Absicht, ihm bloß zuzunicken und weiterzugehen –, aber da sagte er unvermittelt: »Hungrig?« – »Ja, das bin ich«, erwiderte ich, einen Moment lang in dem Glauben, es handele sich um einen freundlichen Einheimischen. »Unten in Firle gibt es eine gute Kneipe«, sagte er. »Phantastisches Essen. Harvey's Ale, ein anständiges Feuer im Kamin. Genau das, was man jetzt braucht.« – »Ja, ich weiß ... aber wenn ich dort hinabgehe«, sagte ich und wies auf das dreihundert Meter unterhalb liegende Dorf, »und gönne mir die Mahlzeit, die mir vorschwebt, dazu ein Glas Bier, dann komme ich nie wieder den Berg hinauf.« – »Na, was machen Sie überhaupt hier? Sehen Sie sich doch einmal an: Völlig durchweicht sind Sie. Gehen Sie runter und wärmen Sie sich erst mal am Feuer auf.«

Mir fiel nicht der geringste Grund dafür ein, warum ich hier oben herumzog: Es hatte mit alten Wanderwegen zu tun, mit Reisen, die innerlich wie äußerlich stattfinden, mit Toren – alles war sehr verschwommen.

»Sie wissen nicht genau, wie's weitergeht, stimmt's?« lachte der Mann, überzeugt, mich überredet zu haben, aber an diesem Punkt, kurz vor dem Sieg, besann er sich doch eines Besseren. Er trat von einem Fuß auf den anderen – und da rutschte ein riesiger, schuppiger, roter Schwanz aus seinem Jackett und fiel auf den Boden.

»Ich gehe diesen Wanderweg, weil ich das will!« schrie ich ihn an, hob einen Schiefersplitter auf und warf ihn in seine Richtung.

Dann begann ich, den Weg entlang auf Firle Beacon zuzurennen und wagte es nicht, mich auch nur einmal umzudrehen. Etwa anderthalb Kilometer bergan zu laufen, nachdem man schon den ganzen Morgen unterwegs war, dazu noch hungrig und mit nassen Kleidern, ist keine Kleinigkeit, und als ich an dem Steinhaufen ankam, hatte ich genug. Ich legte mich auf das Hügelgrab und hätte es liebend gern zugelassen, wenn man mich ans warme Feuer in Firle getragen hätte.

Aber nun ließ sich der Teufel nicht blicken. Statt dessen richtete ich mich auf und überblickte von diesem hochgelegenen Punkt aus das Panorama des Ödlandes von Ondred. An dieser Stelle befand ich mich 240 Meter über dem Meeresspiegel, und das Monochrom der Landschaft veränderte sich langsam zu einer farbigeren Palette in zarten Pastelltönen. Die Wolkendecke brach auf, und hier und dort überglänzte die Sonne einen Teil der Landschaft – die Häusergruppe der Bopeep-Farm im Westen, den Decoy-Teich und den kleinen Turm von Firle im Westen.

Es war ein wunderbarer Bilderbogen in den zartesten Farben, und beim Betrachten wurde mir klar, daß er nicht nur im Raum gewebt war, sondern auch durch die Zeit. Unten auf der Ebene sah ich die Zeichen unserer heutigen Welt: die Eisenbahnschienen zwischen Lewes und Eastbourne, die Talsperre von Arlington, einen glänzenden, großen See, hier und da Wegweiser für Straßen. Aber in dieser Gegenwart ruhte auch die Vergangenheit: Im Westen ruhte Firle Place, einst Heimat von entfernten Verwandten meinerseits, direkt unterhalb des Beacon stand Charleston, das Haus, das die Schriftsteller und anderen Intellektuellen der Bloomsbury-Gruppe häufig besucht hatten. Im Osten lag das Dorf Berwick mit einer der schönsten kleinen Kirchen der Grafschaft. »St. Michael and All Angels« in Berwick ist mit fast absoluter Sicherheit über einem Hügelgrab errichtet und liegt in der Nähe eines zweiten; darüber hinaus weist die Kirche zwei Besonderheiten auf: Die Malereien im Innern stammen von Virginia Woolfs Schwester Vanessa Bell, deren Sohn Quentin und Duncan Grant – einem Maler, der mit seinem Vetter Lytton Strachey, dem Biographen, und James Strachey, dem Übersetzer Freuds, zusammen aufgewachsen war. Er lebte bis zu seinem Tod 1978 im Alter von 93 Jahren mit den Bells in Charleston und war lange mit Leonard und Virginia Woolf, Maynard Keynes, E. M. Forster und anderen befreundet gewesen. 1942 hatte man mit den Malereien in der Kirche begonnen: Die Gemälde zeigen Christus in der Ebene, die Worte William Blakes wiedergebend, als er fragt: »Und schritten jene Füße vor langer Zeit über Englands Berggrün? Und erglänzte sein Antlitz unter jenen wolkigen

Hügeln?« Blake bezieht sich auf die Legende, daß der junge Jesus von seinem Onkel Joseph von Arimathia, dem Kaufmann, nach England gebracht worden sei. Duncan Grant und die Bells verlegten Christi Geburt an den Caburn in der Nähe von Lewes.

Die zweite Besonderheit dieser Kirche ist, daß man sich darin niedersetzen und nicht nur die Landschaft betrachten kann, die auf die Wände gemalt ist, sondern auch die echte unter dem Himmel, weil man durch die klaren Fensterscheiben auf die Landschaft ringsum blicken kann. Das ursprüngliche Buntglas wurde im Krieg zerstört und Gott sei Dank nicht ersetzt. Die meisten Kirchen schließen die Außenwelt aus, aber hier können wir von innen heraus den Kontakt mit der Natur wahren. Draußen können wir über das Hügelgrab gehen und uns auf dem Friedhof umschauen, mit dem Gefühl, daß wir hier immerhin nicht bezeugen müssen, wie sich eine fremde Religion einen von der alten Tradition geheiligten Ort angeeignet hat. Hier fühlt sich die Übernahme der Hügelgrabstätte durch eine Kirche und einen Friedhof organisch und natürlich an.

Manche Naturgläubige ereifern sich darüber, wie das Christentum sowohl die Kontrolle über die heiligen Stätten als auch die alten Weisen übernommen hat, indem sie die acht heidnischen Feiertage des Jahres in augenscheinlich christliche verwandelte. Ob wir nun meinen, diese Übernahmen seien ungerecht oder eine Evolution, fällt je nach unserer Geschichtsauffassung und der Einschätzung der Vorteile und Nachteile unterschiedlich aus. Doch egal, wie wir die christliche Aneignung unserer heiligen Feste und Stätten beurteilen, sie bleibt eine Tatsache, und da nun immer mehr Menschen sich auf die Schätze unseres vorchristlichen Erbes besinnen, kann die Herausforderung für uns so ausgedrückt werden:»Wie können wir zu diesen heiligen Tagen und Stätten Kontakt gewinnen, so daß wir dabei gleichzeitig unser vorchristliches wie unser christliches Erbe achten?« Manche Menschen können allerdings nicht unser gesamtes spirituelles Erbe respektieren, sondern nur jeweils den christlichen oder den heidnischen Teil.

Hier in Berwick scheint es keinen Konflikt zwischen der alten Religion und der neueren zu geben, und das liegt teilweise an dem klaren Glas in den Fenstern und an den Landschaftsmalereien. Aber es hat einmal Konflikte zwischen der Alten Religion und der heraufziehenden neuen gegeben, und es gibt sie immer noch – an anderen Orten.

Als ich an Konflikte dachte, fiel mir das Hügelgrab von Firle Beacon wieder ein, wo ich dem Teufel begegnet war. Ich war etwas schuldbewußt, weil ich einen Stein auf ihn geworfen hatte – immerhin hatte er vielleicht recht: Es ist hier oben sehr kalt. Und dann fiel mir die Legende um dieses Hügelgrab wieder ein.

Vor langer Zeit lebten einmal zwei Riesen, der eine hier am Beacon, der andere vier Meilen weit entfernt auf der anderen Seite des Cuckmere-Tals am Windover Hill. Ein Riese zu sein ist nicht leicht – man braucht Unmengen zu essen, man bringt die Leute gegen sich auf, wenn man nur einen Spaziergang macht, und nur wenige Menschen verstehen einen. Es überrascht daher nicht, daß Riesen manchmal schlechte Laune haben. Das Hügelgrab, auf dem ich sitze, war einst das Heim des Riesen von Firle, und der stritt sich eines Tages mit seinem Nachbarriesen, der auf der anderen Talseite am Hunter's-Burgh-Hügelgrab lebte. Sie hoben riesige Findlinge auf und schleuderten sie aufeinander. Die Krater, die bei dieser Schlacht der Felsbrocken entstanden, kann man heute noch sehen; irregeleitete Archäologen halten sie für Gruben von Feuersteinabgrabungen oder Steinbrüche, aber das wissen wir besser. Schließlich nahm der Riese von Firle seinen Hammer und schleuderte ihn auf den Riesen von Windover, traf ihn am Kopf und tötete ihn unmittelbar. Als dieser am Hang des Windover-Hügels zu Boden stürzte, schlug er so hart auf, daß man den Abdruck seines Körpers noch heute sehen kann. Die Archäologische Vereinigung von Sussex hat die Umrisse in Nähe des Dorfes Wilmington sorgfältig mit weißen Steinen bezeichnet.

Es scheint recht empfehlenswert, Leute mit Steinen zu bewerfen, die man nicht leiden mag – auch wenn es keine Riesen oder Teufel sind, sondern einfach nur schlichte Heiden, die einem den Besitz stehlen wollen. Ich denke an die Geschichte um St. Wilfrid, der im 7. Jahrhundert nach Sussex kam, um die dortigen Heiden zum Christentum zu bekehren. Das Christentum hatte in diesem Teil von Logres auch sieben Jahrhunderte nach Christus noch nicht Fuß gefaßt, weil Sussex durch die großen Wälder von Anderida und das Ödland von Ondred, die sie vom Süden Englands abtrennten, seltsam abgeschieden war. Im Jahre 666 war Wilfrid per Schiff von Frankreich unterwegs und strandete an der Küste von Sussex. Rodney Castleden meint, dies sei bei den Pevensey Levels, ein paar Meilen östlich von Wilmington, gewesen. Eddius Stephanus, Wilfrids Kaplan und Chormeister, erzählt uns die Geschichte:

»Als wir von Gallien über die englische See segelten, mit Wilfrid, dem Bischof gesegneten Angedenkens, und die Mönche Gottes Lob sangen und priesen, da erhob sich ein furchtbarer Sturm auf dem Wasser, und wie bei Jesu Jüngern auf dem See von Genezareth waren die Winde ungünstig, denn es wehte ein großer Sturm aus dem Südosten, und die tosenden Wellen warfen sie an die unbekannte Küste von Sussex. Das Meer ließ Schiff und Männer völlig ungedeckt auf dem Trockenen und zog sich in seine abgründigen Tiefen zurück.
Da kamen die Heiden mit einer großen Armee und wollten das Schiff erobern und die Geldbeute teilen, die Menschen gefangennehmen und diejenigen, die sich wehrten, unters Schwert bringen. Da sprach der große Bischof sanft und friedvoll mit ihnen, bot ihnen viel Geld und wünschte ihnen, daß ihre Seelen erlöst würden. Aber sie mit ihren strengen, grausamen Herzen wollten, wie der Pharao, die Männer des Herrn nicht ziehen lassen. Stolz verkündeten sie, daß alles, was das Meer an ihr Land spüle, ihr Besitz sei.
Der götzenverehrende Hohepriester dieser Heiden stand auf einem hohen Hügel, schritt wie Balaam auf und ab, verfluchte die Männer Gottes und wollte ihnen die Hände durch Zauberkünste binden. Da schleuderte einer der Gefährten des Bischofs einen Stein, der den fluchenden Zauberer an der Stirn traf und in sein Gehirn drang, so daß er vom Tod überrascht wurde und wie Goliath als Leichnam zu Boden stürzte.«

Darauf entwickelte sich ein Kampf zwischen den Heiden und den Christen, in welchem Wilfried fünf seiner Männer verlor. Dann kam die Flut. Ihr Schiff wurde rasch wieder zu Wasser gebracht, und sie fuhren in den sicheren Hafen von Sandwich. Beeindruckend daran ist der bodenständige Pragmatismus der Christen: Sie boten weder die andere Wange dar, noch hatten sie Skrupel, »viel Geld« zu bieten, um ihre Seelen zu erlösen. Aber ich frage mich, ob Wilfrid damals zögerte, ehe er in dem Jahr eine Reise unternahm, das durch die Teufelszahl aus dem Buch der Offenbarung regiert wurde – 666.

Es gibt also Vorgänger für Steinschleuderer, von den Tagen Davids und Goliaths an bis zu St. Wilfrids Erkundungszügen – daher fühlte ich mich nicht mehr so schuldig.

Es gibt noch eine andere Legende um diesen erhöhten Punkt Firle Beacon, die besagt, daß in diesem Hügel ein silberner Sarg vergraben läge – und in diesem Sarg befände sich ein großer Schatz. Auf dem Caburn, auf der anderen Talseite in Richtung Nordwesten, soll ebenfalls ein silberner Sarg vergraben liegen – aber in diesem Sarg soll kein Schatz aus Goldmünzen sein, sondern ein goldener Ritter. Beide Legenden sprechen vom gleichen Mysterium: daß der Weg zur Sonne über den Mond geht, genau wie das Männliche über das Weibliche führt: Wir müssen das Silber finden, ehe wir auf das Gold stoßen. Das bedeutet, daß wir uns auf der kollektiven ebenso wie auf der individuellen Ebene zuerst dem Weiblichen öffnen müssen, der Göttin, ehe wir die wahre Natur männlicher Macht erkennen können. Unsere Welt wird durch das männliche Prinzip beherrscht, aber es ist eine Männlichkeit, die in Wirklichkeit ausgezehrt ist – und da sie auf spiritueller Ebene impotent ist, ist sie gefährlich und hat die Ödnis rings um uns her erzeugt. Jemand hat dies einmal »die Tyrannei der Schwachen« genannt. Wir halten Stärke für gefährlich, während in Wirklichkeit die Schwäche die wahre Gefahr darstellt. Es gibt nichts Gefährlicheres als einen schwachen Mann: Denken wir an Hitler – ein jämmerlicher Schwächling, der unerhörte Zerstörung anrichtete.

Zeit zum Weitergehen! Ich war inzwischen fürchterlich hungrig und begann den langen Abstieg nach Alfriston – wo ich mit ein bißchen Glück etwas zu essen bekommen würde, ohne von meinem Weg abzuweichen. Der Wind wehte immer noch so heftig, daß ich mich kaum umschauen konnte. Mit gesenktem Kopf, den Blick nach vorn gerichtet, ging ich über den breiten Pfad und konnte fast die Karren, die Männer, Frauen und Kinder mit ihren zusammengerafften Kleidern vor mir sehen. Dies war einst eine Hauptstrecke gewesen, und die Spuren ihrer Wanderungen vom Lager zum rituellen Zentrum, zu Furten und Märkten, schweben immer noch in der Atmosphäre und werden von jenen erspürt, die auf den alten Zeitenwegen über die Kunst des Sehens und Hörens verfügen.

Dann begann es zu regnen – kein kurzer, scharfer Schauer wie vor dem Regenbogen, sondern eine Art Dauerregen, bei dem jeder Tropfen doppelt soviel Wasser zu enthalten scheint wie bei einem kurzen Guß. Dieser Abschnitt meiner Reise schien ewig zu dauern. Der Weg wurde häßlich – alles war nur noch grau und braun. Kreidehelle Ton klebte mir an den Stiefeln, und mein einziger Trost war die Erkenntnis, daß solche Qualen einen wichtigen Bestandteil jeder Reise darstellen. Solange wir in unserer vertrauten Welt bleiben, ist zwar alles komfortabel, aber schließlich vergehen oder verfaulen wir dort. Sobald wir beginnen, uns zu recken und neue Wege des Seins und des Handelns auszuprobieren, gelangen wir in eine Zone der Unbequemlichkeit, die aber dennoch aufregend ist. Am äußersten Rand dieser Zone des Streckens und des leichten Unbehagens kommen wir in die nächste Zone, die des Risikos. Bei Betreten dieses Gebiets gelangen wir in eine Welt, in der es in realem Sinne sehr unbequem werden kann. Wenn wir uns zu stark antreiben, nehmen wir Schaden – entweder emotional, psychisch oder körperlich. Aber wenn wir uns weit genug treiben, gerade eben weit genug, um auf eine andere Ebene des Seins vorzustoßen, dann gewinnen wir eine echte Bewußtseinserweiterung und schließlich Charakterbildung sowie spirituelles und seelisches Wachstum. Daher empfehlen alle spirituellen Lehrer, eine Prüfung auf sich zu nehmen, wenn der richtige Zeitpunkt da ist. Und daher enthalten Initiationen stets auch das Element einer Feuerprobe.

Unsere Hauptinitiationen finden in Tempeln oder Steinkreisen statt – für die meisten Menschen im Westen jedoch im Bett. Unsere machtvollsten Initiationen sind die großen Übergangsrituale – Geburt, Sterben und der erste Liebesakt –, und für die meisten Menschen finden diese zwischen den Laken ihres Betts statt. All diese Initiationen sind mit Schmerzen verbunden. Welche Feuerprobe könnte schwerer sein als geboren zu werden oder zu sterben? So gibt es in unserer spirituellen und seelischen Entwicklung Gelegenheiten, uns Prüfungen zu unterziehen: Wir können uns auf unserem Lebensweg entscheiden, Arbeitsstellen aufzugeben, umzusiedeln, die Heimat zu verlassen, uns von Partnern zu trennen, und all diese Entscheidungen befördern uns in eine neue Situation voller Belastungen, vermitteln uns aber gleichzeitig enorme Gelegenheiten für Veränderungen und Reife.

Jedes spirituelle System entwickelt für seine Anhänger Prüfungserfahrungen. Bei den amerikanischen Ureinwohnern beispielsweise gibt es den Sonnentanz, bei dem die Tänzer lange Leinen an den Brustmuskeln befestigen, die mit einem Baum in der Kreismitte, einem Maibaum ähnlich, verbunden sind. In den Hauptreligionen der Welt gibt es die Disziplinen des Fastens und der Pilgerschaft. Aber in diese Prüfungsdisziplinen des patriarchalischen Monotheismus kann sich auch etwas Seltsames, Unheimliches einschleichen. Als habe man das Verständnis dafür verloren, welchen Sinn Opfergänge wie diese haben, werden Konzepte wie Buße und Selbstkasteiung eingeführt, die – anstatt dem Gläubigen zu ermöglichen, zu neuen Dimensionen der Ermächtigung durchzubrechen – eine sadomasochistische Dynamik heraufbeschwören, die das Gegenteil bewirkt und sie zunehmend entmachtet.

Bestimmte Prüfungen, bei denen die körperlichen, spirituellen und seelischen Grenzen erweitert werden sollen, bestehen in etwas anderem als in der Beteiligung an einem Opfer. Das Christentum hat als Kernpunkt das Bild des Opfers, daher wirkt es erfrischend, wenn man im Manifest der Gemeinschaft der Isis von Irland liest, einer der größeren, göttinzentrierten Bewegungen, die auch druidische Rituale befolgt: »Die Gemeinschaft verehrt alle Manifestationen des Lebens. Die Riten schließen jede Form von Opfern aus, ob tatsächlich oder symbolisch. Verehrt und bewahrt wird die Natur. Die Gemeinschaft glaubt an die Förderung von Liebe, Schönheit und Glück. Askese soll in keiner Weise gefördert werden.«

Wenn wir einer Erdreligion folgen, werden uns also nicht Askese, Selbstqualen, Buße und Opfer abverlangt, sondern statt dessen, daß wir uns über die Alltagsgrenzen hinausrecken, um unser wahres Potential zu entdecken. Das Wandern auf den alten Wegen bietet dazu eine perfekte Gelegenheit. Normalerweise machen wir am Sonntagmorgen einen Spaziergang von zwei, vielleicht drei Kilometern. Statt dessen versuchen wir es nun mit fünfzehn bis zwanzig Kilometern. Wenn wir den Weg gut vorplanen, können wir immer noch früher abbrechen und einen Freund anrufen, der uns abholt – oder wir gehen einfach in eine Dorfkneipe. Aber wenn wir weitermachen, entdecken wir, daß wir einen zweiten Anlauf nehmen können, dann einen dritten und so weiter. Wir entdecken für uns selbst die Wahrheit, daß wir mehr können als wir uns zutrauen.

Genau das geschah mit mir auf dem Weg zwischen Firle Beacon und Alfriston. Ich war müde und bis auf die Haut naß. Am liebsten hätte ich das ganze Unterfangen an Ort und Stelle aufgegeben. Wenn wundersamerweise ein Bus vorbeigekommen wäre, ich hätte ihn angehalten und wäre eingestiegen. Zur Bewältigung der Downs bräuchte man allerdings ein großes Fahrzeug mit riesigen Reifen, das vom Riesen von Firle gesteuert wird. Wenn ich da eingestiegen wäre, hätte ich den anderen Passagieren zugenickt: Dem Teufel, der immer noch an seinem Brot kaute, St. Wilfrids Männern, die ihre Wunden verbanden, Virginia Woolf, die aus dem Busfenster starrte und von Flüssen und Meeren tagträumte. Aber es war kein Bus zu sehen. Plötzlich wurde aus dem Regen Hagel. Ich blickte nach links und sah, wie die Eiskörner auf ein frischgepflügtes Feld prasselten. In diesem kurzen Moment änderte sich alles. Die Schönheit des hellen Kalksteins in der aufgebrochenen Erde und die weißen aufspritzenden Hagelkörner sagten mir, ich müsse weitermachen, und ich wußte nun wieder, wie wichtig das sein würde.

Ich nahm meinen dritten Anlauf und stapfte mit weit ausholenden Schritten durch Schlamm und Regen. Dabei kam ich an einem Paar vorbei, das gerade in wasserdichte Hosen schlüpfte, und war froh, meine nicht mitgebracht zu haben.

Man durchweicht darin genauso, und daher wäre es reine Zeitverschwendung. Es schien nur wenige Augenblicke zu dauern, bis ich in Alfriston anlangte und das steile Sträßchen fast hinabtaumelte, das sich zu der verlassenen Straße ausweitet, an der die neueren Häuser des Dorfes liegen. Es war drei Uhr nachmittags. Vor zehn Jahren hätte nicht die geringste Chance bestanden, in einem englischen Dorf zu dieser Tageszeit eine Mahlzeit zu bekommen, aber das hat sich geändert. Da erinnerte ich mich an die Schilder, die in diesem Teil der Welt in so vielen Teestuben, Restaurants und Kneipen an der Wand hängen: »FÜR WANDERER KEIN ZUTRITT.«

Ich fühlte mich ungeheuer verwegen. Meine Stiefel waren schlammverkrustet und meine Kleider so durchweicht, daß sie wie mein Haar tropften. Einen ganzen Tag lang die frische Bergluft eingeatmet zu haben gab mir das Gefühl, drei Meter groß zu sein: So studierte ich vor dem »Tudor House« die Speisekarte. Ich entdeckte einen Tisch direkt neben der Tür – und keine Bedienung in Sichtweite. Die Gelegenheit war da – wenn ich nur meine Stiefel unter den Tisch bekam, ehe jemand auftauchte. Ich spazierte so nonchalant wie möglich in das Restaurant und fühlte mich wie der Riese von Firle: verrückt vor Freude, weil ich gerade meinen Gegner umgebracht hatte. Ich versuchte, ebenso cool dreinzublicken. Im Restaurant saß eine Beerdigungsgesellschaft – ohne Zweifel betrauerten sie das Opfer des Riesen. Unvermittelt breitete sich Schweigen in der Gesellschaft aus, und man starrte mich an, wandte aber rasch die Augen ab und nahm die Unterhaltungen wieder auf, als ich die Blicke erwiderte. Der Kellner war charmant und lächelte mich an, als wolle er sagen: »Ich weiß, daß du deine schlammigen Wanderstiefel unter den Tisch gezogen hast, aber das ist mir egal«, und nahm meine Bestellung entgegen.

Als ich mich zurücklehnte, um auf mein Mahl zu warten, wurde ich fast ohnmächtig. Plötzlich überfluteten mich die Nachwirkungen meiner Prüfung – einen solchen Marsch hatte ich seit meinen Zwanzigern nicht mehr geschafft, und die Jahre am Schreibtisch vor dem Computer verlangten mir nun ihren Zoll ab. Ich dachte daran, meine Frau von hier aus anzurufen und sie zu bitten, mich anschließend abzuholen. Aber nein ... Ich mußte diesen ersten Teil der Reise hinter mich bringen – ich mußte zum zweiten Tor gelangen. Ich mußte zum Opfer des Riesen von Firle kommen. Ich mußte zum Langen Mann.

13. Avronelle

> »... *und als ich ihn anblickte, wußte ich,*
> *daß ich ihn kannte*
> *und stets gekannt hatte*
> *als die Zeit noch Nichts war.*«
>
> Nuinn

Ebenso wie König Vortigern seinen Turm nicht bauen konnte, weil jede Nacht die tagsüber sorgfältig errichteten Steinmauern von unsichtbaren Kräften niedergerissen wurden, standen die Erbauer der Kirche von Alfriston vor einem Rätsel: Jeden Morgen stellten die Handwerker fest, daß die Steine von ihrem Platz gerissen, in die Luft geschleudert und auf ein uraltes Hügelgrab in der Nähe geworfen worden waren. Eines Tages bemerkte ein Weiser, daß auf diesem Hügelgrab vier Ochsen lagen, deren Hinterteile sich berührten und ein gleicharmiges Kreuz bildeten. Da verlegte man die geplante Kirche zu diesem Hügelgrab und errichtete an dieser neuen Stätte ein kreuzförmiges Gebäude.

Ich besuchte diese alte Kirche und ging anschließend am Cuckmere entlang, überquerte eine Fußgängerbrücke und machte bei der »Plonk Barn« einen kurzen Abstecher zur kleinsten Kirche Englands. Auch hier war wieder eine christliche Kirche an einer alten heidnischen Stätte errichtet worden; aber während die Kirchen von Alfriston und Berwick über Grabhügeln stehen, war diese Kirche mit fast absoluter Sicherheit genau im Mittelpunkt eines alten druidischen Hains gebaut worden. Der Wirbelsturm von 1987 und andere schwere Stürme haben viele der Bäume, die die Kirche umstanden, zerstört, doch man kann die Heiligkeit dieser Stätte immer noch leicht erkennen. S. F. Annett schrieb als erster in einem Artikel für das »Sussex County Magazine« im Jahre 1932, daß wir hier in Lullington vermutlich in einem der seltenen noch überlebenden *nemetons* stehen, einem heiligen Hain der Kelten.

Von der Kirche aus ging ich wieder zurück und überquerte ein breites Feld an einem Hang, von wo aus man einen schönen Blick auf das sich im Westen erstreckende Alfriston und den Windover Hill im Osten hatte. Dort stieß ich wieder auf meinen South-Downs-Wanderweg.

Ich überquerte die kleine Straße, die von dem Weiler Lullington Court nach Wilmington führt, und begann, den Windover Hill hinaufzusteigen. Der Nachmittag war inzwischen weit fortgeschritten, und ich sah die ersten Anzeichen der Dämmerung am Himmel. Ich kam an einem riesigen bunkerartigen Gebilde vorbei, das wie in den Hang hineingeklemmt schien. Auf der Karte war es als Wasserreservoir bezeichnet, aber als ich vor die riesigen Metalltüren trat und daran hämmerte, ertönte ein dröhnendes, stumpfes Echo, als versperrten sie den Zugang zu einem großen Hohlraum. Dies und die Tatsache, daß sich auf dem Dach eine Antenne befand, brachte mich auf den Gedanken, es handele sich um einen jener Orte, in denen man die Abgeordneten und Stadträte im Fall eines Atomkriegs unterbringt. Tom Graves diskutiert in »Needles of Stone Revisited« die Beziehungen zwischen dem Netz aus Energielinien und dem Mikrowellensystem der Kommunikation, das Großbritannien durchzieht und für den Fall eingerichtet wurde, daß das normale Stromnetz in einem Krieg ausgeschaltet wird. Er gelangt zu dem Schluß, daß zumindest einige dieser Mikrowellentürme auf oder sehr nahe bei den Knotenpunkten in der natürlichen Energiematrix errichtet worden sind.

Ich schob die Bilder von einem postnuklearen Wettrennen beiseite, das von Politikern und Beamten initiiert wurde, die nun langsam aus den Bunkern strömen und die ungeheure Vernichtung betrachten, und stieg weiter den Berg hinauf, bis ich auf Hunter's Burgh stand, einem langen Hügelgrab, das Rodney Castleden zufolge den Phallus des Langen Mannes symbolisiert, der darunter ohne Penis ruhen soll. Castleden belegt dieses Argument zwar ziemlich gut, aber es erscheint mir dennoch seltsam, daß der Phallus irgendwie hier heraufgeflogen sein sollte, um über dem Kopf des Mannes zu liegen, statt zwischen den Beinen zu bleiben, wo er hingehört. Hügelgräber sind keine maskulinen Phallussymbole, sie sind weiblicher Natur, Orte des Todes und der Wiedergeburt – wortwörtliche Gräber und symbolische Schöße. Wir mit unserem linearen, in Kategorien einteilenden Bewußtsein weigern uns, die Verbindung zwischen der freudigen Geburt eines Kindes und der Tragödie des Todes zu sehen. Die Verschmelzung dieser zwei Bilder ist für die meisten Menschen zuviel – ebenso, als würde man Bilder vom Geschlechtsverkehr mit der Geburt oder dem Spiel von Kindern in Verbindung bringen. Unsere Ahnen jedoch waren von dem Bewußtsein durchdrungen, daß das Leben ein Kreislauf ist, daß eine enge Beziehung zwischen den Lebensprozessen besteht, zwischen Geburt und Tod, Verkehr und Zeugung. Einer der größten Fehler früher Anthropologen war der Glaube, daß der »Primitive« keine Verbindung zwischen Kopulation und Schwangerschaft erkannte – während sich seine Religion in Wirklichkeit fast universell auf diese Mysterien bezog.

Den Gedanken, daß ein Kammergrab sowohl für Begräbnisse als auch für Initiationen benutzt werden kann, finden manche Menschen seltsam, wenn nicht sogar unmöglich. Die Lieder unserer Ahnen sind auch die Lieder unserer Kinder – es gibt keine Unterbrechung: Wir werden geboren, wir sterben, wir werden wiedergeboren. Daher werden Kirchen und Friedhöfe immer zusammen angelegt. Unsere Kultur, die den Tod verleugnet, sähe es viel lieber, wenn man die Begräbnisstätten irgendwo am Stadtrand verstecken würde, damit man beim Besuch der Kirche nicht stets an den Tod erinnert wird. Das passiert natürlich bei vielen neuen Stadtkirchen – doch keine hat diese ungewöhnlich friedvolle Ausstrahlung, die wir bei einer Kirche finden, die von einem alten Friedhof mit seinen Eibenbäumen umgeben ist. Die friedliche Atmosphäre, die solche Kirchhöfe und Kirchen durchdringt, rührt daher, daß die Linie nicht unterbrochen wird: Hier werden die Menschen getauft, getraut und begraben. Hier hat die Kirche in jedem Fall klug die Tradition der Heiden fortgesetzt, die den Lebenszyklus auf gleiche Weise verehrten.

Beim Abstieg vom Hügelgrab stand ich dem Langen Mann endlich von Angesicht zu Angesicht gegenüber, obwohl er mir – wie der »Gehängte« der Tarotkarten – auf den Kopf gestellt begegnete. Er ist wirklich riesig – an die 75 Meter groß, die zweitgrößte Darstellung einer Menschengestalt in der Welt. Nur der Riese von Atacama in Nordchile mit seinen 137 Metern ist größer.

Die Lage dieses Riesenbildnisses ist sehr bezeichnend. Es ist in das natürliche Amphitheater der Downs gemeißelt, was heißt, daß er von vielen Punkten aus dem Blick verborgen bleibt. Vom South-Downs-Wanderweg über den Windover Hill aus sieht man ihn nicht. Zu weit westlich oder östlich vom Amphitheater bekommt man ihn ebenfalls nicht zu sehen. Nur von Norden her stößt man auf ihn, wie er hinausstarrt in die nördliche Dunkelheit und über das Feld von Avronelle. Dieser sinnträchtige Name findet sich in der Domesday-Aufstellung von 1086. In Sussex teilte man das Land gewöhnlich in »Hunderter-Einheiten« auf, die etwa zwischen 19 und 32 Quadratkilometern betrugen, aber der Hunderter von Avronelle bildet mit seinen nur acht Quadratkilometern aus irgendeinem Grund eine andere Einheit, und seine Grenzen umschließen den Langen Mann und die Abtei von Wilmington.

Vom South-Downs-Wanderweg abbiegend kann man von oben herab auf den Kopf des Langen Mannes blicken, aber obwohl es einen alten Zauntritt gibt, der einem Zugang zu dem Riesen verschafft, sind zu viele Wanderer über ihn hinweggegangen und haben eine starke Erosion verursacht. Wenn man den Langen Mann daher aufrecht bewundern will, muß man zurückgehen zu dem Bunker-Reservoir und dem Pfad folgen, der schließlich zu einem flachen Teich und einem niedrigen Hügelkamm unterhalb, auf der rechten Seite des Riesen, führt. Dieser Hügelkamm besteht zwar vermutlich aus dem Abfall der nahen Kalkgrube, aber aus einer zeremoniellen Perspektive wirkt er irgendwie bedeutsam. In der gesamten Literatur um den Langen Mann bleibt dieser Hügel unerwähnt, außer bei Marian Green, in »A Harvest of Festivals«, die ihn mit einem ähnlichen Hügel unterhalb der riesigen Kreidefigur eines Pferdes in Uffington vergleicht. Diese Figur ist so anders als die üblichen Pferdedarstellungen, daß einige meinen, es handele sich um einen Drachen. Das ergibt mehr Sinn, da der Hügel unterhalb Drachenhügel genannt wird, und eine einheimische Legende besagt, daß auf genau diesem Hügel der heilige Georg den Drachen tötete.

Der Anblick des Langen Mannes erfüllt einen mit Bewunderung für diejenigen, die ihn einst in diesen Hang schlugen. Sie schufen ein riesiges Kunstwerk in der Landschaft, das vermutlich seit über 5000 Jahren besteht. Es sagt viel über unsere moderne Gesellschaft aus, daß alles, was wir an Landschaftskunst schaffen, unweigerlich vergänglich ist und unsere Besessenheit von der Form statt vom Inhalt widerspiegelt. Ein amerikanischer Künstler hat sich beispielsweise darauf spezialisiert, ganze Berge in Plastik einzuwickeln.

Eines der ungewöhnlichsten Merkmale an diesem Beispiel neolithischer Kunst ist, daß die Proportionen so gestaltet sind, daß wir erst den richtigen Eindruck von der Erscheinung des Langen Mannes erhalten, wenn wir ihn aus der Horizontalen betrachten. Doch von oben, aus einem Flugzeug betrachtet, entdecken wir, daß die Linien genau den richtigen Grad an Verzerrung aufweisen, um zu bewirken, daß vom Boden aus betrachtet der Riese tatsächlich zu stehen scheint, statt zu liegen.

Ich blickte mich im schwindenden Licht an dieser uralten Stätte um und glaubte, verschwommene Gestalten in einem zeremoniellen Kreis um den kleinen Hügel unterhalb des Riesens zu sehen. Der Teich mit seinem überhängenden Dornbusch wurde zum heiligen Teich, der die *nwyvre* des vor ihm thronenden Gottes empfing. Geheimnisvollerweise überqueren die schmalen Schaftrampelpfade den Riesen genau an den Chakras von Kopf, Kehle, Solarplexus und Grundlinie, und die Umrisse der nahen, überwachsenen Kalkgrube sehen unheimlicherweise so aus wie die eines riesigen Tänzers. Diese stillgelegte Kalkgrube und der Kalkbrenner werden wieder zum Symbol dafür, wie wir heilige Stätten verwüsten: Diese Grube entstand zwischen 1750 und 1850.

Mich überkam eine seltsame Traurigkeit und Verwirrung. Ich hatte am Morgen in großer Freude meine Wanderung durch das Tor aus Eibe und Buche begonnen. Hier stand ich wieder vor einem Tor – gebildet von den beiden langen Stäben, die der Riese in den Händen hält.

Aber ich wußte nicht, was dies zu bedeuten hatte, wußte nicht, was ich tun sollte und war einfach nur traurig. Ich schob es auf meinen Erschöpfungszustand und den sich neigenden Abend und ging weiter nach Wilmington. Als ich an der Benediktinerabtei vorbekam, betrat ich kurz den Friedhof von St. Mary und St. Peter. Neben dem Kirchtor steht eine mächtige Eibe, die so alt und ausladend ist, daß starke Pfosten und Ketten die beiden dicken Stämme sichern, die wie zwei breite Flüsse aus Rot und Braun zur Krone streben. Die Kirche ist fast tausend Jahre alt, der Baum aber ist noch älter. Er wurde vielleicht vor 2000 Jahren gesät und war schon zu der Zeit ausgewachsen, als man die Fundamente der Kirche legte. Der Umfang des Stammes beträgt unten am Boden fast acht Meter. In diesem Kirchhof standen die ersten Schneeglöckchen des Jahres, gerade rechtzeitig für das Fest Imbolc.

Beim Gang über den Friedhof stand ich unvermittelt vor einem weiteren Tor aus zwei jüngeren, aber dennoch sehr großen Eiben, die ein natürliches Tor zwischen den Grabsteinen bildeten. »Aha!« dachte ich, »hier ist das Tor, das ich durchschreiten muß.« Doch dabei erfüllte mich das starke Gefühl, daß ich dieses eine Tor nicht durchschreiten und diese eine Schwelle nicht übertreten durfte. Diejenigen unter uns, die nach dem Krieg geboren wurden und dem Wirbelwind aus Flower-Power, Gurus, menschlichem Potential, New Age und nun schamanischen Erfahrungen ausgesetzt wurden, der unsere psychische Entwicklung durchfegte, werden leicht zur Beute dieser Mentalität: »Ach, etwas Neues. Das muß ich ausprobieren.« Wir überschreiten eine Schwelle nach der anderen, aber irgend etwas fehlt immer, ist nicht ganz richtig, oder – noch schlimmer – wir nehmen Schaden und fühlen uns nur noch verlorener. Frühere Generationen wurden von den Tabus aus Respekt und Zurückhaltung eingeschränkt, während wir entdeckten, daß Veränderungen passieren, wenn wir respektlos sind und uns nicht zurückhalten. Aber nun ist die Zeit gekommen, in der wir lernen können, etwas respektvoll zu tun, wenn es angemessen ist, aber manchmal auch die absurden oder unvernünftigen Einschränkungen für unsere Erfahrungen mißachten müssen. Aus Respekt wird die Anerkennung des Subtilen und Heiligen, und aus Zurückhaltung wird das Akzeptieren, daß Macht sich durch Begrenzungen entwickelt und funktioniert statt trotz dieser.

Das Tor vor mir wirkte furchterregend, ein Tor zur Anderswelt, ein Tor, das ich nicht durchqueren konnte, solange ich mein Leben in dieser Welt noch schätzte.

Ich setzte mich ins Gras und dachte an den Langen Mann hinter mir. Auch er steht auf einer Schwelle und bewacht die Tore zur Unterwelt – zur Anderswelt. Ich ging zurück zur Abtei und setzte mich auf einen Zaun, von wo aus ich einen guten Blick auf den Gott hatte.

Und dann durchflutete etwas ganz Offensichtliches mein Bewußtsein ... erhellte meine Traurigkeit und öffnete mich für ein neues Drama, eine neue Geschichte. Winston Churchill hat einmal gesagt: »Man stolpert ab und zu über eine Wahrheit, aber die meisten Menschen stehen wieder auf und eilen weiter, als sei nichts passiert.« Das Geheimnis besteht darin, hinzusehen – und beim Hinsehen entdecken wir das, was wir suchten ... und hier, mit dem Blick auf den Langen Mann, war das Offensichtliche plötzlich nicht mehr vor mir verborgen: *Hier stand ein Gott ohne Penis.* Hier war ein Mann ohne Männlichkeit. Hier stand eine mächtige Gestalt ohne ein Zeugungsorgan.

Und genau darin liegt die Trauer, die diese Stätte durchdringt, denn wir stehen hier vor einem entmachteten Mann, einem impotenten, kastrierten Mann. Der andere Hügelriese von Logres, in Cerne Abbas in Dorset, leidet nicht unter einer solchen Würdelosigkeit – sowohl sein Eichenlaubstab wie sein Penis recken sich hoch in die Luft.

Als ich auf den impotenten Riesen starrte, spürte ich plötzlich wieder die Nähe meines Mentors Nuinn neben mir: »Erinnerst du dich an den Kreidephallus von Itford?« »Natürlich«, entgegnete ich. »Unsere Ahnen verehrten das Leben und besonders die Mittel, durch die Leben entstand. Nichts ist magischer und schöner als der Akt, bei dem ein Mann und eine Frau zusammenkommen, sich lieben und ein Kind zeugen. Phallus, Vulva und der Bauch der Frau wurden alle als heilig betrachtet, denn durch sie betrat der Geist die Welt und der Lebenskreislauf setzte sich fort. Dieser Gott hier hat seinen Phallus verloren und seine Gefährtin.«

»Wie meinst du das?« fragte ich, von seiner letzten Bemerkung verunsichert.

»In den alten Zeiten malte man nicht nur einen Gott in die Landschaft, sondern auch eine Göttin. Da drüben im Süden, hinter dem Windover Hill, liegt Hindover Hill. Und auf seiner Flanke gab es die Gefährtin des Langen Mannes – eine große, weiße Göttin, die aus dem Stein der Downs herausgeschnitten wurde. Der Phallus des Gottes war so groß wie der des Riesen von Cerne Abbas, und an Festtagen holte man Wasser in rituellen Gefäßen aus dem Teich zu seinen Füßen und trug es vier Kilometer weit über die Felder zur Göttin, während man sang und den Segen für die Fruchtbarkeit des Landes erflehte.«

»Wie ungewöhnlich! Weiß man denn über diese Göttin Bescheid? Oder hast du das gerade bloß erfunden?«

»Nein, ganz und gar nicht. Die Erinnerung an sie schwebt noch in der Luft... T. C. Lethbridge, ein alter Freund von mir, hörte als Junge von einem Schäfer, daß der Lange Mann einst eine Gefährtin hatte und daß die beiden als Adam und Eva bekannt waren. Aufzeichnungen von früher, vor den 1860ern, beweisen, daß sich die Leute in dieser Gegend an eine solche Gestalt am Hindover Hill erinnerten.«

Ehe ich etwas sagen konnte, fuhr Nuinn fort: »Die Geschichte, daß er sein Glied und seine Gefährtin verloren hat, ist ungeheuer bedeutsam. Warum meinst du, wurde so viel von unserer schönen Welt zerstört?«

»Ich weiß es nicht ... aus Gier und Dummheit vermutlich.«

»Ja, das stimmt zumindest teilweise, aber so einfach ist es nicht. Unsere Welt wird heute – und schon seit längerer Zeit – von Männern beherrscht, doch es sind Männer, die in Wirklichkeit impotent sind. Sie wirken potent und weisen alle Zeichen von Macht auf, aber sie verfügen über destruktive Macht, keine kreative. Echte, kreative Macht ist der Schatz, den der Drache bewacht. Die Männer haben nicht einmal annähernd echte Macht. Sie schreiten in ihrer glänzenden Rüstung vor dem Drachenbau auf und ab und fuchteln mit ihren Schwertern für die Fotografen, aber keiner wagt es, sich tatsächlich mit dem Drachen anzulegen.«

»Was um Himmels willen meinst du? Ich begreife überhaupt nichts mehr«, sagte ich.

»Als wir zuerst zu glauben begannen, daß Körper und Seele voneinander getrennt seien, daß unsere Körper unrein seien, begannen wir auch mit dem Prozeß, den Verstand und die Wissenschaft und die Entwürdigung der Erde zu glorifizieren. Wenn unsere Körper schmutzig waren, dann war es auch der Körper unseres Heims, unserer Erde. Wir beuteten die Erde, ihre Pflanzen und Tiere ebenso aus wie die Frauen, die dem Natürlichen, Instinktiven immer schon näher standen. Der Kelch des Landes wurde vom Schwert des Willens und des Intellekts getrennt, und das Schwert wurde zur Waffe der Zerstörung. Die Göttin wurde in ein Versteck getrieben, aber wir haben sie erwischt – wir haben Millionen von Frauen verbrannt (man schätzt, daß in Europa während der Gegenreformation über vier Millionen Frauen auf dem Scheiterhaufen verbrannt wurden). Wir und die Erde leiden, weil wir uns ihr schon so lange verweigert haben. Die Macht des Landes hat sich in die Höhlen und Hügel zurückgezogen und wird nun von den Drachen bewacht, die wir ebenfalls zu töten versuchten. Die Erde ist zur Ödnis geworden, weil unsere Schwerter nicht die Einheit suchten, sondern die Eroberung, und in einem überaus zerstörerischen Kreislauf haben wir der Erde immer mehr verweigert, je mehr sie vor uns verbarg, und je mehr sie verbirgt, um so heftiger wüten wir, weil wir ganz tief in uns nicht ihre Eroberung wünschen, sondern die Vereinigung mit ihr.«

»Jetzt verstehe ich, warum der Mensch auf so seltsame Weise die Erde vernichten will.«

»Genau. Wir kennen den seltsamen Trieb, den Vater vernichten zu wollen, den Freud entdeckte und Ödipuskomplex nannte. Aber die tiefere Schicht des Zerstörungswillens, den wir gerade erst zu erkennen beginnen, ist ein kollektiver Trieb, unsere Mutter zu vernichten, die Erde selbst. Man hat sie uns schon so lange verweigert, daß wir, ihre Kinder, versuchen, in unserer Verzweiflung in ihre Arme zurückzukehren und uns dabei geradezu zerreißen. Der Mann streift wie ein wildes Tier durch die Ödnis, die er selbst erschuf – der Phallus wild vor Zorn auf die Göttin, die sich ihm verweigert. Er teilt mit seiner Waffe Hiebe nach rechts und links aus und tötet und verstümmelt mit einer Zerstörungslust, die den Segen seines schöpferischen Organs in einen Fluch für die Erde verwandelt. Seine Saat, bestimmt dazu, die Erde mit Wesen, Pflanzen und Getier zu bevölkern, liegt nun so schwer in seinen Kornsäcken, daß sie Ungeheuer und Dämonen erzeugt, die wiederum ihre Mutter und Geschwister vergewaltigen und vernichten. Sie sind nicht nur zu Ödipus geworden, dem Vatermörder, sondern auch zu Orest, dem Muttermörder.

Nur Männer, die verrückt sind, handeln offen mit ihrem kreativen Stab des Lebens zum Zweck der Vernichtung, voller Haß, weil sie sich nicht mehr mit ihrem Gegenstück vereinen können. Das sind die Vergewaltiger, die Sadisten, die Sexualverbrecher dieser Welt. Für die meisten Männer wurde ihr Scheitern, die Vereinigung mit dem Weiblichen zu erreichen, und die daraus entstehende Destruktivität von der Genitalebene auf die Verstandesebene übertragen. Die Qual des Getrenntseins, der Schmerz, nicht umarmt zu werden, wandert wie ein trauriger, böser Impuls durch das Nervensystem und lähmt auf dem Weg zum Gehirn ihr Herz. Dort, im Gewand von Genie und Macht, benutzen sie das »höhere« Organ, um den Schleier und das Mysterium der Materie zu durchdringen. Die beiden Hirnhälften beziehen ihre Impulse aus den beiden niedrigeren, kleineren Halbkugeln der Hoden und handeln zusammen, um schließlich alle Geheimnisse zu lüften und triumphierend sagen zu können: »Ich weiß, ich habe diese Frau, die Materia, gekannt. Nun habe ich Macht über sie. Ich kann die Elemente beherrschen, zu anderen Sternen reisen, den Lauf des Schicksals ändern. Ich habe triumphiert.« Aber dieser Triumph ist ein bitterer, weil sie immer noch allein sind, weil das schwächere Geschlecht in Wirklichkeit das stärkere ist, weil die Kraft der Frau verborgen und geheimnisvoll in ihrem Körper steckt, und der Mann ist schwächer, weil er verletzlicher ist, denn der empfindlichste Teil von ihm liegt außen, und die Einsamkeit dieser Äußerlichkeit sucht immer noch die Menschheit heim.

Er steht vor dem Körper der Mutter-Materie und ist immer noch nicht mit ihr vereint. Aber es kommt noch schlimmer. Die Mutter ist nicht tot. Indem er das Geheimnis ihrer Struktur durchdrang und aufriß, hat er ihr innerstes Heiligtum verletzt, und sie muß gerächt werden.«

Plötzlich sah ich das unheimliche Bild von Robert Oppenheimers Gesicht nach dem Abwurf der ersten Atombombe vor mir. Erst da ging ihm die Ungeheuerlichkeit seiner Entdeckung, der Spaltung des Atoms, auf. »Ich bin zum Tod geworden, zum Vernichter von Welten«, hat er gesagt und zitierte damit aus der »Bhagavadgita«.

Ich blickte Nuinn ins Gesicht und dann hinaus auf den Langen Mann.

Da kam über den Weg eine Frau auf uns zu. Sie trug ein zerfetztes schwarzes Gewand und weinte und klagte. Ein Schauder überlief mich, und mich erfüllte eine furchtbare Vorahnung. Beim Näherkommen sah ich, daß sie in einer Hand einen kleinen Wald hielt, in der anderen eine Miniaturstadt.

»Sieh sie an!« rief Nuinn mit einer Stimme voller Wut und Schmerz. »Sie ist die Göttin, die man verleugnete. Sie ist die Seele von allen, die zusehen, wie die Welt vor unseren Augen zerstört wird.«

Sie blieb direkt vor uns stehen. Inzwischen schüttelte ich mich vor Qual unter ihrem Klagen und Wehgeschrei. Tränen strömten mir übers Gesicht, als ich in ihrer einen Hand den winzigen Wald sah, in der anderen die kleine befestigte Stadt.

Da fielen mir die Worte aus Merlins Prophezeiung ein:

»Ein Mädchen soll geschickt werden aus der Stadt zum Wald von Canute, um Heilung auszuüben. Wenn sie ihr Orakel ausgesprochen hat, soll sie die giftigen Brunnen austrocknen, indem sie sie anhaucht. Anschließend soll sie, sobald sie sich mit dem heilsamen Wasser erfrischt hat, in der rechten Hand den Wald von Caledon tragen, in der Linken die Festung von London. Wo immer sie auch hingeht, sollen ihre Schritte schwefelig sein und die Flammen doppelzüngig schlagen. Der Rauch soll den Ruteni hochsteigen und den Bewohnern der tiefen Meere Nahrung bieten. Tränen des Mitleids werden ihre Augen füllen, und die Insel soll von erschrockenen Rufen widerhallen.«

Wer war diese Frau, und warum ist sie vor uns getreten?

Ich blickte ihr ins Gesicht. Sie erwiderte meinen Blick und sagte: »Warum, o Mann, hast du deine Kindheit verraten? Warum hast du sie gestohlen, korrumpiert, verleugnet, sie zu weniger gemacht, als sie hätte sein können? Warum hast du unsere Welt verraten? Warum hast du all die Morde befohlen, Bomben gebaut, die Luft verschmutzt, die Schönheit verleugnet und versucht, sie zu zerbrechen?«

Ich fiel weinend und unkontrolliert zitternd zu Boden. »Ich hatte keine andere Wahl«, schluchzte ich. »Ich suchte meine Mutter. Zuerst dachte ich, ich könnte sie finden, indem ich wie wild hierher und dorthin lief, aber sie ist nie gekommen. Dann wurde ich sehr still und dachte, ich würde sterben. Aber in mir begann ein Vulkan zu brodeln. Ich beschloß, die Welt in Stücke zu reißen, um sie zu finden und wieder bei ihr zu sein.« Ich staunte über meine eigenen Worte – und begriff sie nicht einmal völlig. Ich stand auf und trat vor sie, und als ich ihr in die Augen blickte, sah ich nicht mehr ihre Wut und Vorwürfe, sondern eine Klarheit des Ausdrucks, der vom Schmerz der Trennung getrübt schien, voll Sehnsucht nach Vereinigung und brennender Liebe. Sie sagte: »Du hast mich so lange gesucht, daß ich fürchtete, du würdest mich bei deiner Suche zerstören. Du hast Armeen vor mir aufmarschieren lassen, aber nicht, um mich zu erschrecken, sondern um mich zu beeindrucken. Du hast Raketen zu den Sternen geschickt und riesige Häuser gebaut – nur für mich. Aber wir sind uns nie begegnet. Ich mußte mich verbergen. Man sagte mir, ich solle mich nun nicht mehr verstecken, denn sonst würdest du die Welt bei deiner Suche vernichten. Ich stehe hier und warte auf dich.«

Ich trat auf sie zu.

Als nächstes weiß ich nur noch, daß meine Frau mich wieder zu Bewußtsein schüttelte, nachdem sie mich ohnmächtig am Straßenrand gefunden hatte.

14. Der grüne Mann

Die Weißdornhecken sind voller Blüten,
und die Tanzenden treten vor den laubbekränzten König
»Mir geht's an den Kopf«, sagt der Grüne Mann.
»Mir geht's an den Kopf«, sagt er.

WILLIAM ANDERSON

Es dauerte mehrere Tage, bis ich mich zu Hause in Lewes wieder erholt hatte. Ich war früh an einem Dienstagmorgen im Februar aufgebrochen und gerade erst etwa 25 Kilometer, vom Tump zum Langen Mann gewandert, um mich am Nachmittags gegen siebzehn Uhr dort mit meiner Frau zu treffen. Es war ein bloßer Tagesmarsch über die Downs gewesen, aber ich hatte das Gefühl, tausend Kilometer durch den Raum und tausend Jahre durch die Zeit gewandert zu sein.

Von allem, was mir auf diesem Weg passiert war, waren die letzten Augenblicke in Wilmington die seltsamsten, verstörendsten und beeindruckendsten gewesen. Als ich in den paar Tagen darüber nachdachte, was geschehen war, erkannte ich, daß ich von der Göttin nicht als ich selbst, Philip, begrüßt worden war, sondern als Stellvertreter der Männer allgemein.

Ich hingegen hatte nicht als meine eigene Person geantwortet, sondern mit einer anderen Stimme – vielleicht mit der kollektiven Stimme der männlichen Seele.

In den folgenden Tagen schrieb ich meine Erinnerungen an diese Reise auf, und als ich zur letzten Episode beim Langen Mann gelangte, merkte ich, daß ich eines immer noch nicht richtig verstand. Nuinn hatte gesagt: »Die Tatsache, daß der Gott nicht nur seinen Penis, sondern auch seine Gefährtin verloren hat, ist sehr bedeutsam.« Ich hatte gesehen, wie die Muttergottheit sich hatte verbergen müssen und wie der Verlust von Eva, der Göttin von Hindover, eine Demonstration dieses Weiblichkeitsverlustes in der Landschaft war – aber ich begriff noch nicht die Bedeutung des Phallusverlustes.

Ich beschloß, ein wenig Forschung über die beiden großen Hügelgötter Großbritanniens zu betreiben, von denen der eine bei Cerne Abbas so eindeutig im Besitz seiner Männlichkeit ist und der andere in Wilmington ebenso deutlich entmannt.

Der Riese von Cerne Abbas ist an die sechzig Meter groß und schwenkt in der Rechten eine eichenlaubförmige Keule. Sein Phallus ist zehn Meter lang, und es herrschte einst der Brauch, daß unfruchtbare Frauen sich in der Hoffnung auf Heilung hier niederließen. Man glaubte auch, daß Unfruchtbarkeit behoben würde, wenn man sich auf dem Riesenbild liebte – sicher genau auf dem Phallus. So ein Verhalten ist leicht zu verstehen – es ist instinktiv.

Als ich einmal beim Langen Mann war, beobachteten ich und andere Spaziergänger, wie eine Gruppe junger Leute über den Riesen ging. Ein Mädchen löste sich von den Freunden und rannte hinab zu seinen Lenden. Dann legte sie sich mit gespreizten Beinen genau an die Stelle, wo eigentlich sein Penis hätte sein sollen. Wir schrien ihnen zu, die Figur zu verlassen, weil es nicht nur respektlos ist, auf einem Gott herumzulaufen, sondern weil das Begehen eine Erosion des Bodens verursacht und die Gestalt selbst beschädigt.

Oberhalb des Cerne-Abbas-Riesen gibt es eine viereckige Senke, die als die »Bratpfanne« bekannt ist. Dort wurde alljährlich an Beltane ein Maibaum errichtet – der zweidimensionale Phallus des Riesen wurde nun dreidimensional –, und man

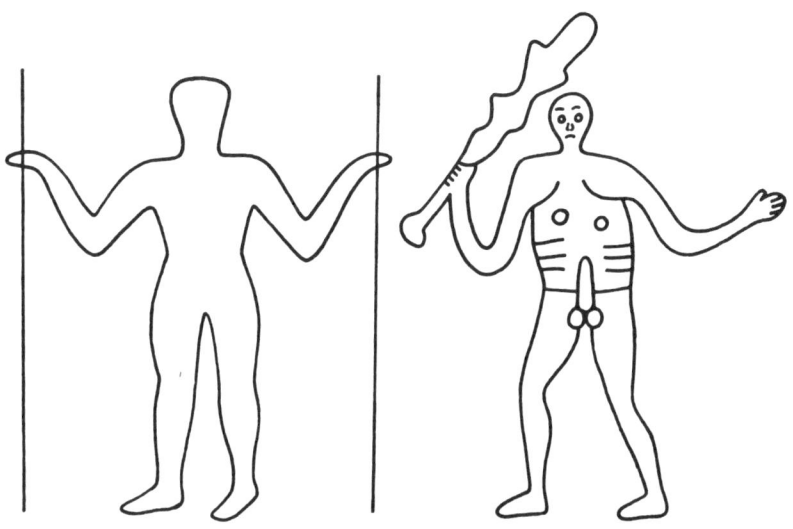

Der Lange Mann und der Riese von Cerne Abbas

konnte in der Hoffnung auf ein fruchtbares Jahr um ihn herumtanzen und ihn feiern.

Pfarrer de St. Croix verzeichnete 1772, daß es dort nicht nur die Figur des Cerne-Riesen gab, sondern zwischen seinen Füßen drei Buchstaben, über denen drei Zahlen standen. Falls diese tatsächlich jemals existiert haben, so sind sie inzwischen verschwunden, aber auf manchen Luftaufnahmen scheinen Umrisse solcher Figuren immer noch den Boden zu prägen. Walter von Coventry schrieb im 13. Jahrhundert, der Riese habe den Namen Helith, und William Stukely bestätigte im 18. Jahrhundert, daß dies sein Name in der Gegend sei. Stuart Piggott sieht eine Verbindung zwischen Helith und dem Namen eines wilden Jägers, der in einer mittelalterlichen französischen Legende als Helequin oder Hierlekin auftaucht und in England als Helethkin und Herle. Helequin wird später zu Harlekin, und Herle läßt einen an Herne denken, der auch ein Jäger ist. Es besteht eine eindeutige Verbindung zu Helios, dem griechischen Wort für Sonne, und Herkules, dem Sonnengott – mit dem der Riese von Cerne Abbas oft identifiziert wurde.

Genau wie der Lange Mann der örtlichen Legende nach ein Riese war, dessen sterbender Körper den Umriß geprägt hatte, heißt es in Dorset, daß der Cerne- Riese von den Dorfbewohnern niedergezwungen und getötet wurde, als er nach der riesigen Mahlzeit von einem Dutzend Schafen eingeschlafen war. Andere sagen, er sei gar nicht tot, sondern trinke jede Nacht aus einem nahen Bach und verspeise gelegentlich eine Jungfrau – ein phantastischer Grund für die einheimischen Mädchen, ihre Unschuld so früh wie möglich zu verlieren.

Der Lange Mann ist größer als der Riese von Cerne-Abbas – etwa 75 Meter im Vergleich zu den 60 Metern seines Riesenbruders. Um sich eine Vorstellung von der ungeheuren Größe dieser beiden Gestalten zu machen, genügt es, sich zu vergegenwärtigen, daß die kolossalen sitzenden Pharaonen in Abu Simbel nur 21 Meter hoch sind und die Freiheitsstatue nur zwei Drittel so groß ist wie der Lange Mann. Der Riese von Cerne Abbas ist ein wilder Mann und voller Bewegung, während der Lange Mann im Vergleich dazu still und gelassen wirkt und beim Betrachter eine völlig andere Reaktion auslöst. Die beiden Waffen, die Keule und der Phallus, haben sich bei ihm in Stäbe verwandelt. Diese Pfähle, die der Riese parallel zueinander hält, werden von manchen Forschern als Meßstäbe gedeutet. Der eine ist 78 Meter lang, der andere 76. Der kürzere Stab kommt der Längsseite des römischen Standardmaßes für eine Landeinheit erstaunlich nahe, dem *jugerum*, das 77,4 Meter mal 38,7 Meter betrug. Doch das kann Zufall sein, besonders da es sich um die Abmessungen der restaurierten Stäbe handelt, die nicht unbedingt die ursprüngliche Länge haben müssen. Alfred Watkins glaubte, daß der Lange Mann der »dodman« war, ein prähistorischer Landvermesser, der die zwei Meßstäbe bei sich trägt, die er braucht, um das alte, schnurgerade Wegesystem zu vermessen.

Die überzeugendste und befriedigendste Theorie für diese beiden Stäbe stammt von Rodney Castleden. Um sie aber vollständig zu begreifen, müssen wir den South-Downs-Wanderweg abschreiten, vom Riesen von Wilmington bis zum Riesenchor, dem Riesentanz auf der Ebene von Salisbury – Stonehenge.

Stonehenge ist hauptsächlich auf den mittsommerlichen Sonnenaufgang hin ausgerichtet. Daher zog die Sommersonnenwende von allen Zeremonien immer die meisten Menschen an, bis man vor wenigen Jahren verbot, dieses Fest dort zu begehen. Stonehenge scheint einfach für die Sonnwendfeier wie geschaffen. Der Sonnenaufgang im Mittsommer wird von dem berühmten Heel-Stein bezeichnet (eine Ableitung von *heol*, die Sonne), der jenseits des kreisförmigen, den Steinzirkel umgebenden Grabens steht.

Es war allen Stonehenge-Forschern allerdings lange Zeit ein Rätsel, warum der Heel-Stein die Mittsommersonnenaufgänge vor Tausenden von Jahren nicht ganz genau markierte. Bei Ausgrabungen 1980 fand man den Sockel eines verlorengegangenen Steins, der einst neben dem Heel-Stein gestanden hatte. Da war das Rätsel gelöst – man sah den Sonnenaufgang durch das Tor, das diese beiden Steine bilden – und nicht oberhalb des Heel-Steins, wie man vorher angenommen hatte.

Der Sonnengott schritt durch das steinerne Tor in den Kessel der Trilithe, in den Schoß und die Matrix des Erdtempels.

Der Archäologe Aubrey Burl glaubte mit anderen, daß die Gemeinschaft, die Stonehenge errichtete, bei Durrington Walls lebte, nur drei Kilometer weit entfernt in östlicher Richtung. Eine Fläche von etwa zwölf Hektar, umgeben von einer Böschung und einem Graben, bot dieser Gemeinschaft Schutz, die dort in großen runden Holzgebäuden wohnte, den Rotunden. Die größte dieser Rotunde ist von Archäologen ausgegraben worden: Sie hatte einen Durchmesser von 42 Metern, ein spitz zulaufendes, konisches Dach und einen Hofteil in der Mitte, der oben offen war. Die Tür ging nach Südosten, in Richtung des mittwinterlichen Sonnenaufgangs. Man entdeckte zwei riesige Löcher, die andeuten, daß zwei hohe Masten, höher als die Pfosten, die das Dach stützen, den Eingang des Sonnengottes bezeichneten.

Wir kehren von den großen Holz- und Steinsonnentoren von Durrington und Stonehenge zurück zum Tor, das der Lange Mann offenhält. Noch befriedigender als die Theorie, daß er ein prähistorischer Landvermesser ist oder römische Landeinheiten vermißt, ist das, was wir tatsächlich sehen: einen Riesen,

Die Durrington-Rotunde

einen Gott, der aus dem Süden kommt, dem Land der größten Wärme und des Sonnenlichts – und sich nach Norden wendet, zum Land der Göttin und der Dunkelheit. Er hält das Tor der Zeit offen – das Tor zur Unterwelt, aber er versperrt uns auch den Weg zu jenem Tor in den Bergen.

Wieder fallen einem hier die Prophezeiungen Merlins ein. Am Ende seiner Visionen sieht Merlin eine Zeit des Chaos und der Auflösung, sogar unter den Sternen: »Die Mondkutsche soll die Sternenkonstellationen durcheinanderbringen, und die Pleiaden brechen in Tränen und Klagen aus. Niemand soll anschließend zu seinen gewohnten Pflichten zurückkehren, aber Ariadne soll hinter dem geschlossenen Tor ihrer meerumgebenen Landzunge ruhen.«

Robert Graves vertritt in »Die weiße Göttin« die Ansicht, daß sich dies auf das Hinwegfegen der alten druidischen Religion durch das Christentum bezog. Ob dies zutrifft oder nicht, und ob Merlin von lange vergangenen Ereignissen sprach oder von künftigen, die Prophezeiung erwähnt das Verschwinden der Göttin – wie sie sich hinter dem geschlossenen Tor in den Bergen verbirgt. Und hier, an genau so einem Tor, steht der Lange Mann auf den Downs, die in der Tat eine meerumgebene Landzunge bilden, die ein paar Meilen weiter südlich in die weißen

Klippen von Beachy Head übergeht, ehe sie sich zur Pevensey-Ebene zwischen Eastbourne und Hastings absenkt.

Und betrauert der Lange Mann, der schon in früheren Zeiten unter diesem Namen bekannt war, ihr Verschwinden, wandert er des Nachts hinüber zum Hindover Hill und ruft ihren Namen? Oder hat er sie wie die meisten Männer in den Tiefen seiner eigenen Welt verborgen, sie auf ihrem eigenen Territorium gefangengenommen und hier im Hindover Hill festgesetzt? Steht er am Tor und hindert uns daran, das Geheimnis zu durchdringen oder die Göttin zu verletzen? Oder steht er Wache, um ihre Flucht zu vereiteln und sie daran zu hindern, daß sie die Wahrheit über die Welt verbreitet?

Wir könnten verallgemeinernd, vereinfachend und überspekulativ behaupten, daß das frühe Druidentum, das megalithische Protodruidentum, vermutlich matriarchalisch ausgerichtet war und ein Gleichgewicht zwischen den maskulinen und den femininen Kräften anstrebte, ehe es als offizielles Druidentum patriarchalisch wurde und unter der unvermeidlichen Korruption zu leiden begann, die immer erfolgt, wenn Staatsdinge mit religiösen Dingen vermischt werden.

Das Druidentum kannte wie die meisten Religionen Phasen des Wachstums und des Verfalls, von Reinheit und Korruption, vom Zunehmen der weiblichen Kraft über die männliche Macht hinaus. Heute bezeugen wir innerhalb des Druidentums und im weiteren Kontext der Gesellschaft eine Rückkehr des Weiblichen, eine Wiederbelebung des Bewußtseins von der Göttin, die das Gleichgewicht in der kollektiven Psyche wiederherstellt.

Die vom Weiblichen abgeschiedene Menschheit ist zersprengt und uneins. Langsam sammelt die Weltseele, wie Isis die Teile von Osiris' Körper wieder zusammensuchte, auf der Erde die Teile unserer zerfetzten Menschheit wieder, damit wir wieder ganz und heil werden.

Osiris wurde von Seth getötet und in Stücke gehauen, die dann in ganz Ägyten verstreut wurden. Isis fand alle Teile seines Körpers wieder, nur seinen Phallus nicht, der in den Nil gefallen war und von Fischen verspeist wurde – in einigen Versionen auch von einem Krebs.

Und hier, auf einem Berghang in England, steht ein Gott, der ebenfalls keinen Phallus hat. Das Fehlen eines derart wichtigen Teils könnte auf gewisser Ebene eine ganz einfache Erklärung haben. Unser Hinweis auf den Zeitpunkt, wann er vielleicht verschwand, stammt aus dem Bericht von J. S. Phené, der den Langen Mann um 1870 »entdeckte« und anregte, die Umrisse des Riesen auf Kosten des Herzogs von Devonshire und unter Anleitung des Pfarrers de St. Croix mit gelblich-weißen Ziegeln zu markieren. Als er den Cerne-Riesen aufsuchte, konnte er »nur mit Mühe seine Abscheu beim Anblick dieser Figur überwinden«. Der Cerne-Riese war damals wie heute von Einkerbungen im Rasen markiert, und alles von ihm ist und war auf diesem Hang zu sehen: Das kann man abstoßend finden, wenn man will.

Der Einsame, Lange oder Schlaksige Mann (so wird er in der Gegend auch genannt) war eigentlich ein Grüner Mann, ehe man ihn mit den hellen Steinen markierte. Man hatte das alljährliche Roden des Rasens, der die Umrisse bewuchs, vermutlich schon vor Jahrhunderten aufgegeben, und daher war er ein Gott, der nur unter bestimmten Bedingungen auf dem Hang zu sehen war. Bis zum 9. Jahrhundert kannte man ihn auch als den Grünen Mann von Wilmington.

Der grüne Gott war von Gras überwachsen und erschien nur morgens und abends an bestimmten Tagen, wenn die Sonne in einem bestimmten Winkel stand. Wenn es geschneit hatte, erschien er flüchtig, wenn der Schnee schmolz, denn in den flachen Gräben hielt er sich ein wenig länger als auf dem umgebenden Gras.

Ann Downs, die von 1850 bis 1860 gegenüber dem Langen Mann in der Pfarrei von Wilmington lebte, fand, daß die dauerhaftere Markierung seiner Umrisse unsensibel sei. »Tag für Tag blickte sie hinüber zu der geheimen Talmulde, wo der Riese unter seiner Decke aus Erde und Gras lag, sah, wie er im wechselnden Licht auftauchte und verschwand. Sie meinte, der Riese sei ein verborgenes Wesen, das man nur zu bestimmten Zeiten sehen dürfe«, schreibt Rodney Castleden.

Als aus dem grünen Riesen ein weißer Riese wurde, beging man einen Irrtum beim Umriß des einen Fußes: Sowohl Ann

Downs' Aufzeichnungen als auch Fotografien vor der eiligen Festlegung von 1874 belegen, daß der Riese ursprünglich beide Füße bergab gerichtet hatte, als käme er den Berg herab oder stünde auf Zehenspitzen. Aber bei der Restaurierung drehte man den einen Fuß nach links – und so wirkt es, als stamme die Figur aus einem ägyptischen Fries. Da den Restauratoren schon bei einem Fuß ein so großer Irrtum unterlaufen konnte und da Dr. Phené den Phallus des Cerne-Riesen so abstoßend fand, scheint es sehr wahrscheinlich, daß bestimmte Markierungen im Gras um die Lenden des Langen Mannes herum übersehen worden sind. Bis heute gibt es an dieser Stelle des Riesen eine eindeutige Senke, und es ist eigentlich bemerkenswert, daß man an dieser Stelle niemals Ausgrabungen vorgenommen hat.

St. Croix wie auch Phené glaubten, daß der Lange Mann in Wirklichkeit als eine Umfriedung für Massenexekutionen oder druidische Opfer benutzt worden sei. Dieser Schluß erscheint zwar irrwitzig, aber wir können die Logik begreifen. Caesar und Strabo erwähnen beide, daß die Gallier Riesen aus Korbweide herstellten, in die sie Menschen trieben und anzündeten. Doch ein Weidenriese ist eine recht unwahrscheinliche Struktur, die rasch zusammengebrochen wäre, sobald das Feuer die unteren Teile verbrannt hätte. St. Croix und Phené meinen, der Lange Mann sei ein solcher Riese gewesen. Sein Umriß sei von einem Weidenzaun gebildet worden, der als Umgrenzung für die Opfer diente. Cäsar landete nur sechs Meilen weit entfernt, in Pevensey, und wurde vielleicht zum Zeugen eines solchen Vorfalls. Doch wenn wir nachhaken, erkennen wir, wie absurd diese Idee ist. Am Nordhang des Windover Hill, in einem Winkel von 28 Grad gelegen, hat der Lange Mann auch unter besten Bedingungen eine zu starke Schräglage für einen solchen Zweck, und Rodney Castleden weist ebenfalls darauf hin: »Zu einem komplizierten wiederholbaren Ritual gehört das Bewegen der Gefangenen, der Bau eines hölzernen Palisadenzauns, der den Fluchtversuchen der Opfer standhalten kann, und das Herbeischaffen von Feuerholz, um innerhalb der Umfriedung Scheiterhaufen zu errichten, und das wäre auf einem so steilen Hang lächerlich schwer gewesen. Es bestünde zudem eine gute Chance, daß beide Zäune und das Feuer den Hang herabrutschten und die Opfer freigäben. Schon geringe archäologische Arbeit an dieser Stätte hätte Anzeichen von Brand und Holzkohle am Umriß gefunden. Man braucht gar nicht zu erwähnen, daß dies nicht der Fall war.«

Wenn St. Croix und Phené für das Verschwinden – besser: das Nichtrestaurieren des Riesenpenis veranwortlich waren, dann waren sie nicht die einzigen Akteure beim Penis-Versteckspiel, das sich zu dieser Zeit hier zutrug.

In den 1890ern kaufte ein reicher Amerikaner aus Neuengland, Edward Warren, Lewes House und gründete eine »Bruderschaft der Ästheten«, die Antiquitäten sammelte; diese wurden zum Grundstock der großen klassischen Sammlungen des Boston Museum for Fine Art und des Metropolitan Museums New York. Zu einer bestimmten Zeit wohnten sechs Mitglieder dieser Bruderschaft in Lewes House, teilten sich Hüte und Überröcke, schwammen nackt im Teich und ritten auf Araberpferden, gefolgt von einer Meute Bernhardinerhunde. Einer von ihnen verblüffte die Bürger von Lewes, indem er auf der Hauptstraße einen türkischen Fez trug und jedermann in Arabisch anredete. Doch trotz dieser Exzentrizitäten stand die Bruderschaft mit vielen Schriftstellern und Künstlern jener Tage in enger Verbindung und lud sie nach Lewes House ein: Henri Matisse, Gertrude Stein, Oscar Wilde, Augustus John, Evelyn Waugh, H. G. Wells, Rebecca West und die Sitwells gehörten dazu. Der Bildhauer Auguste Rodin war ebenfalls ein Gast des Hauses und erhielt den Auftrag zu seiner berühmten Statue »Der Kuß« von Edward Warren. Dieser bestand darauf, daß die Skulptur in spätestens 18 Monaten fertiggestellt werden müsse und die Genitalien des Mannes »in voller Größe« sichtbar zu sein hätten. Rodin brauchte schließlich vier Jahre bis zur Fertigstellung, und der Penis des Mannes ist zwar sichtbar, aber nicht deutlich. Man bewahrte die Skulptur im Kutschenhaus von Lewes House auf, bis Warren sie 1914 in der Stadthalle aufstellen ließ. Ursprünglich wollte er sie der Stadt Lewes vermachen. Man stellte sie in eine Ecke des Versammlungsraums, den man für Konzerte benutzte, doch sie wurde bald mit einem schwarzen Tuch verhüllt. Bei den Konzerten waren oft junge Soldaten anwesend, und die Stadtväter meinten, eine solche Statue habe eine anregende Wirkung auf sie. Ihr Gewicht – vier Tonnen – verhinderte, daß man sie vorzeitig wieder entfernte, daher dauerte es drei Jahre, bis sie schließlich wieder ins Kutschenhaus zurückgebracht wurde, von wo aus sie 1953 an die Tate-Galerie verkauft wurde.

Der Bildhauer Eric Gill lebte im nahen Ditchling. 1932 entwickelte sich ein seltsamer Streit über die Figur des Ariel, die Gill über den Eingang zum BBC-Sendehaus in London gemeißelt hatte. Bei einer Vorbesichtigung des Frieses hinter einer Plane hatten die schockierten Vorsitzenden der BBC Gill gebeten, unverzüglich den Penis des Ariel zu verkleinern. Eine weitere seiner Figuren wurde aus einem Laden in der Bond Street verbannt, weil auch sie einen Penis aufwies. Gills Freund Jacob Epstein stieß ebenfalls auf Probleme, als sein Fries mit nackten Männern und Frauen für die Britische Ärztevereinigung nach der Enthüllung von einem öffentlichen Aufschrei begrüßt wurde. Ungebrochen verbrachten Gill und Epstein einen Sommer damit, ein Stonehenge des 20. Jahrhunderts in der Landschaft von Sussex zu planen. Sie wollten eine Reihe riesiger nackter menschlicher Gestalten erschaffen, die wie Götter und Riesen in dem hügeligen Downland stehen würden. Sie bestimmten sogar einen Ort dafür, ein hektargroßes Gelände etwa vier Meilen von Lewes entfernt, aber aus diesem Plan wurde nie etwas.

Man stößt in der Kunstgeschichte auf viele Fälle, in denen männliche Genitalien versteckt, verkleinert oder entfernt wurden, und daher können wir oberflächlich und prüde zwar sagen, der Lange Mann habe keinen »Baum des Lebens« (einer von etwa einem Dutzend Kosenamen in der englischen Sprache für den Penis), aber hier liegen noch tiefere Geheimnisse verborgen. Der Narr der amerikanischen Indianer konnte seinen Phallus abnehmen und in einer Schachtel umhertragen, aber in England wurde diese Fähigkeit vom Mann auf die Frau übertragen. Hexen sollten den Penis eines Mannes entfernen können, um ihn eine Weile in einem Vogelnest oder einem Kästchen zu verstecken. In der Schachtel blieb der Penis lebendig, bewegte sich und ernährte sich von Hafer und Mais. Dann wurde er an die männlichen Mitglieder des Bundes verliehen, um bei Zeremonien benutzt zu werden.

Wir haben es hier mit einer eindeutigen Darstellung der Weigerung zu tun, die Verantwortung für die kreative und generative Kraft anzunehmen und auszufüllen: Die Genitalien werden von der Person entfremdet – beim Mann offensichtlich, auf verdeckte Weise bei der Frau, da Kästchen und Vogelnester bekannte Symbole tür die Vulva sind.

Reginald Scot erzählt im 16. Jahrhundert in »Die Entdeckung der Hexerei« eine Geschichte, in der ein junger Mann, der von einem Zauberer entmannt worden ist, eine Hexe aufsucht, um geheilt zu werden. Sie trägt ihm auf, auf einen bestimmten Baum zu steigen und sich von den Organen zu bedienen, die er dort in einem Nest finden wird. Er befolgt dies und sucht sich das größte, schwerste Exemplar aus, worauf ihm die Hexe sagt, er könne alle anderen haben, nur nicht diesen Penis – denn er sei für den Priester der Gemeinde bestimmt. »Das«, sagt Scot, »war kein Scherz, denn es wird von Richtern bestätigt, die jene zum Tode verurteilten, die von dieser großen Schatzkammer wußten.«

Unsere Belustigung über diesen Scherz mit dem Priester verwandelt sich aber in Verzweiflung, wenn uns klar wird, daß Frauen für solche Handlungen von Männern verbrannt wurden: Wegen einer so unglaublichen Anklage, daß wir kaum glauben können, daß sie jemals ernst genommen wurde. Es ist ein klassisches Beispiel für »falsche Konkretisierung«: Die emotionale Erkenntnis von Männern, daß sie von Frauen psychologisch kastriert und entmannt werden können, wurde aus dem Reich der Phantasie auf eine konkrete, körperliche Ebene gehoben, mit der absurden, schlimmen Folge, daß die Frauen umgebracht wurden.

Wer also hat die Wurzel alles Bösen, den Verwüster, Sucher, Einbrecher, Schieber, Stoßer des Langen Mannes fortgenommen? Hat er ihn wie der Narr in ein Kästchen gelegt und versteckt, oder hat eine böse Hexe ihn abgehackt und in ihrer eigenen Schachtel versteckt, wo sie ihn mit den Körnern der Felder ringsum ernährt?

Das Thema des abgehackten Penis ist universell. Vor einigen Jahren kam ich in die heruntergekommene Stadt Ica in der Wüste südlich von Lima, um die berühmten Nazca-Linien von Peru zu sehen. Auf dem Hauptplatz stieß ich auf ein sehr seltsames Museum. Es wurde von einem Mann namens Cabrera und seiner Assistentin geleitet und ist vollgestopft mit schwarzen Steinen, in die ungewöhnliche Bilder geschnitten sind. Dr. Cabrera zufolge wurden sie in einer Höhle in der Wüste gefunden. Die Zeichnungen stellen dar, wie Herztransplantationen durchgeführt und Schädel angebohrt werden (eine Operation, bei der man ein Loch in den Knochen bohrt, die von ein paar modernen Fanatikern wiederholt wurde), und, am ungewöhnlichsten, wie Männern der Penis entfernt wird. Cabrera glaubte, diese Operation habe zu »spirituellen Zwecken« stattgefunden – und einem ähnlichen Zweck gedient wie die Schädeldurchbohrung. Wenn Menschen bereit waren, sich ein Loch in den Kopf bohren zu lassen, um »high« zu werden, dann haben wohl einige auch erwogen, aus dem gleichen Grund ihre Genitalien zu entfernen. Ganz gewiß trifft dies auf den Kirchenvater Origenes zu, der in einem weiteren ungewöhnlichen Fall von falscher Konkretisierung Jesu Worte buchstäblich nahm: »Es soll Männer geben, die sich um des himmlischen Königreichs willen zu Eunuchen machen« (Matthäus 19,12). Die Skopzen, eine obskure christliche Sekte in Rußland, die bis zu Beginn dieses Jahrhunderts existierte, nahmen Jesu Worte ebenfalls wörtlich. Ich frage mich, wie sie es aufgenommen hätten, wenn man ihnen erzählt hätte, daß statt Jesus eine Hexe sie beeinflußt hätte und sie ihre Genitalien aus einem nahen Vogelnest wieder abholen konnten?

Man kann die Entfernung des Penis durch Archäologen, Stadträte, Arbeiter, alte Peruaner, Hexen und Christen also auf einer bestimmten Ebene als falsche Konkretisierung abtun – als ein Scheitern bei dem Versuch, den Unterschied zwischen Innen und Außen wahrzunehmen, zwischen interner Dynamik und einem bestimmten Körperorgan.

Aber auf einer anderen Ebene repräsentiert das Auftauchen und Verschwinden des Phallus die zyklische Natur der Fruchtbarkeit. Im Frühling wird der erigierte Phallus als Maibaum verehrt, denn mit ihm erfolgt das Versprechen der Ernte. Im Herbst wird die Ernte geschnitten und damit auch der Mann – diesmal als John Barleycorn symbolisiert, als Strohpuppe. Der Gott wird beschnitten, der Mann geopfert, der Penis welkt dahin, von einem starken Baum zu einem schrumpeligen Herbstblatt. Die Erde ruht, bis sich der Kreislauf wiederholt. Aus dieser Perspektive ist der Riese von Cerne Abbas der Riese von Frühling und Sommer, während der Lange Mann der Riese von Herbst und Winter ist.

Aus dieser Sicht können wir auch das zyklische, veränderliche Wesen der männlichen Sexualität oder der Psyche des Mannes betrachten. Aufgrund der einschränkenden Verbindung des Mannes mit der Sonne und der Frau mit dem Mond neigen wir dazu, männliche Sexualität als konstant zu betrachten wie das Sonnenlicht, und die Weiblichkeit als veränderlich wie den Mond. Aber diese Verbindung hat Männer mit dem Gefühl belastet, keine ganzen Männer zu sein, wenn sie nicht ständig hypermännlich sind, genau wie die Frau die Bürde auferlegt bekam, sie sei von Natur aus launisch und veränderlich. Wir denken immer, daß Frauen Perioden haben und Männer nicht, aber das stimmt nicht. Forschungen der Stanford Universität über den Testosteronzyklus haben ergeben, daß Männer regelmäßige hormonelle Zyklen haben, die in ständiger Verbindung zu ihren wechselnden Launen und Emotionen stehen. In Wirklichkeit ist die Sexualität des Mannes in vieler Hinsicht viel flüchtiger und fragiler als die der Frau. Vor dem Orgasmus ist er ein wilder Hirsch, anschließend eine Waldmaus. Bei jedem Verkehr zwischen Mann und Frau wiederholt sich die Geschichte der Erde: Die Springflut des Frühlings und die aufgehende Sonne fließen durch seinen Penis, aber nur, um dem schwindenden Licht des Sonnenuntergangs und dem herannahenden Herbst und Winter Platz zu machen. Männer, die dieses Gefühl in sich empfinden, erleben es manchmal als »postkoitale Traurigkeit« – ein Gefühl von Trauer, das von dem antiken Dichter unsterblich gemacht wurde, der schrieb: »Post coitum omnia animalia trista sunt« – nach dem Koitus sind alle Tiere traurig.

Aber genau wie die beiden Riesen Britanniens die zwei Gesichter des Mannes zeigen, die den jahreszeitlichen und bäuerlichen Zyklen entsprechen, haben wir im Bild des Langen Mannes ein Symbol der Androgynie. Wir sehen ihn als einen Mann, aber objektiv betrachtet könnte die Gestalt ebensogut die einer Frau sein. Seltsamerweise scheint sie, wenn man vom Teich an ihr hochblickt, zwei Brüste zu haben, und die Hüften wirken auch weiblicher als die eines Mannes.

Ist die Hindover-Göttin tatsächlich vom nahe gelegenen Hang verschwunden, weil sich Gott und Göttin schließlich im Hieros gamos vereinigt haben und nun eins geworden sind? Ist der Lange Mann vielleicht eine mächtige Botschaft, die in die Erde geschnitten wurde, um uns an die Notwendigkeit zu erinnern, die Gegensätze zu vereinigen? Er scheint uns dieses große Ziel der spirituellen Entwicklung zu zeigen, indem er seine Stäbe neben sich hält wie die großen Säulen des Lebensbaums, aber vielleicht zeigt er uns das auch in seinem fehlenden Phallus. Und deutlicher als wir es in unserer Zeit erhoffen können, zeigt er uns einen Weg über die Begrenztheit und Getriebenheit der Geschlechter hinaus.

Doch es gibt noch ein anderes Bild, das wir bedenken müssen. Vielleicht ist der Phallus ja auch vorhanden – nicht verleugnet, abgelöst oder in Androgynie verwandelt, sondern verletzt. In der heutigen Zeit ist dies das beeindruckendste Bild vom Mann, und es ist bestimmt kein Zufall, daß man dieses Bild als Kernpunkt der Gralsgeschichte findet. Der Fischerkönig liegt mitten im Ödland schwer verwundet in seiner Gralsburg, unfähig, sich selbst oder das Land zu heilen, indem er aus dem Gral trinkt.

In einigen Texten heißt es, daß er an der Hüfte verletzt ist, aber in anderen wird dieser Euphemismus deutlich: Er ist an seinen Geschlechtsteilen verwundet, und seine Hoden werden von einem Pfeil durchbohrt, der nicht entfernt werden kann. Hier sehen wir den Mann, den Gott, der seine Gefährtin verloren hat und damit praktisch sein Glied. Er kann sich nicht mit dem Weiblichen, dem Gral vereinigen, und er besitzt keine Zeugungskraft mehr. Wenn sein Samen stirbt, verdirbt auch das Land.

Dieser Glaube an eine Verbindung zwischen der Fruchtbarkeit des Königs und der Fruchtbarkeit des Landes ist kein bloßer Aberglaube eines primitiven Stammes. Unsere Vorfahren erkannten in der Verbindung zwischen dem menschlichen Samen und dem Samen der Erde unsere wechselseitige Abhängigkeit und betrachteten es als dumm, die beiden als voneinander getrennt zu betrachten. Wenn wir die Saat der Erde bewahren wollen, müssen wir auch den eigenen Samen bewahren. Einer der Gründe, warum Krieger, wie etwa die Barden, die Genealogie der Stämme auswendig lernen mußten, war, daß sie damit ihre Feinde *kennenlernten*. Der Ehrenkodex hielt den Krieger davon ab, einen Mann zu schlagen, dessen Abstammung er nicht kannte, denn erst dann hatte er das Recht, dessen Samen zu vernichten und dessen Reise durch die Zeit aufzuhalten. Wenn er aufgrund seiner Kenntnisse der Genealogie wußte, daß der Samen dieses Mannes schlecht war, hatte er das Recht, diesen Mann zu töten. Aber wenn sein Samen, seine Nachkommen, gut waren, dann durfte er ihm nur Narben zufügen oder ihn verwunden. Welche Verantwortung einem Krieger mit einer solchen Tradition auferlegt wird! Und wie können wir uns in unserer modernen »Zivilisation« damit vergleichen, die den Feind statt dessen ohne ihn zu kennen, mittels Fernbedienung umbringt.

Aber kehren wir zum Bild des Fischerkönigs zurück: Ein kurzer Sprung bringt uns zu der Erkenntnis, daß das Thema Wunden nicht auf die Gralsgeschichte beschränkt ist. Jean Houston führt in »The Search of the Beloved« über ein Dutzend mythologische Verwundungen auf, wenn sie sagt:

»Verschiedenste Verletzungen stellen den Kern aller großen Mythen des Abendlandes, ihrer verantwortlichen Götter und Menschen dar: Adams Rippe, Achilles' Ferse, Odins Auge, Orpheus' Enthauptung, Inannas Folter, Prometheus' Leber, Zeus' gespaltener Schädel, Pentheus' Entleibung, Jobs Geschwüre, Jakobs gebrochene Hüfte, Jesajas versengte Lippen, Persephones Vergewaltigung, Eros' verbrannte Schulter, Ödipus' Erblindung, Jesu Kreuzigung. All diese Wund-Mythen haben etwas Unheimliches, Mysteriöses an sich, *die Verkündigung, daß das Heilige in die Zeit eintritt.* Jeder Verwundung folgt eine Reise, eine Wiedergeburt, ein Wendepunkt im Leben der Götter und Sterblichen. In der heiligen Psychologie scheint die Möglichkeit zu Therapie, zu Heilung und Ganzheitlichkeit auf der Kenntnis und dem Verständnis unserer tiefsten Wunden zu beruhen.«

Jean Houston rät, unsere Wunden zu akzeptieren, da durch sie nicht nur unsere Grenzen erweitert werden, sondern unsere Seele sich öffnet und »neue Fragen danach gestellt werden, wer wir in unserer tiefsten Tiefe sind«.

»Wie die Samenlegung mit der Verletzung des Eis durch das Sperma beginnt, beginnt die Seelenwerdung mit der Verwundung der Seele durch die größere Geschichte. *Seelenwerdung heißt, daß man in der einen Geschichte stirbt, um in einer umfassenderen wiedergeboren zu werden.* Eine Wiedergeburt erfolgt nicht nur, weil alte, archetypische Symbole auftauchen. Ein Wiedergeburt vollzieht sich auch, weil die Seele hervortritt.«

Wir müssen in dieser besonderen Zeit begreifen, daß die Verwundung nicht nur in uns stattfand, sondern auch in der Welt. Es ist nicht nur das Selbst, das verletzt wurde, sondern auch der Andere. Wir müssen diese radikale Veränderung im Geiste vornehmen. Wie Janus müssen wir nun in beide Richtungen schauen: nach innen und nach außen, denn sowohl unsere innere wie die äußere Welt sind verletzt, und wenn wir akzeptieren, daß die eine verletzt ist, finden wir auch die Fähigkeit, zu erkennen, daß auch die andere verwundet ist. Wie sehr ähnelt die leugnende Haltung der Politiker gegenüber der Bedrohlichkeit unserer Umweltkrise, der Haltung eines Individuums, das sich eindeutig in einer psychologischen Krise befindet, sich aber weigert, dies zuzugeben: »Fat Charlie the Archangel« muß in dem Song von Paul Simon entdecken, daß sein Leben in Gefahr ist, als er es in den Abendnachrichten hört. Fat Charlie der Politiker wird entdecken, daß er nicht mehr atmen kann, wenn seine Assistenten ihn davon unterrichten. Den Schäfern in Patagonien gibt man Sonnenbrillen, damit sie nicht blind werden. Den Schafen gäbe man ebenfalls Sonnenbrillen, aber es gibt zu viele, und sie sind bereits blind. Einer von vier Australiern entwickelt Hautkrebs. Die Ozonschicht über Europa wird gefährlich dünn. Wir erkennen die Wunden unseres Planeten nicht, weil wir auch unsere eigenen Wunden nicht erkennen. »Sag ihm ja nicht, daß er sterben wird!« mahnen wir die Besucher am Totenbett im Krankenhaus – und fördern damit die Feigheit und Dummheit der Verleugnung.

Mit der Erkenntnis unserer Verwundung haben wir die Vorbedingung für Heilung und Ganzheitlichkeit gewonnen und können nun die bestimmte Art von Verletzung betrachten, die sich uns in den Bildern und Geschichten von Männern, Göttern und Riesen darbietet, die an den Genitalien verletzt sind, denn nicht nur der Fischerkönig hat eine solche Wunde. Kronos schnitt den Penis seines Vaters Uranus ab und warf ihn ins Meer. Attis, der einem Mandelbaum entspringt, entmannt sich im Wahnsinn. Adonis wird tödlich an der Lende verletzt, ebenso wie Cheiron und Jakob an der »Hüfte« – was oftmals einen Euphemismus für die Genitalien darstellt.

Woher um alles in der Welt kommen solche Geschichten? Es gibt sicher eine Reihe von Interpretationsebenen, die innerhalb der eigenen Parameter Gültigkeit haben, aber in die Irre führen, wenn sie unangemessen angewendet werden.

Die Freudsche Psychologie würde in diesen Mythen einen Beweis für die Kastrationsangst sehen, die demzufolge eine führende Rolle in der männlichen psychosexuellen Entwicklung spielt. Die Theorie lautet, daß der kleine Junge bemerkt, daß seine Mutter und die Mädchen keinen Penis haben. Er bemerkt vielleicht auch, daß seine Mutter während der Menstruation blutet. Sicher hat sie und mit ihr alle anderen Frauen ihren Penis abgeschnitten bekommen. Die beste Strategie heißt, sich mit dem Vater zu verbünden, der seinen noch hat und daher stärker ist, statt mit der Mutter, die verletzt ist. Zuvor hatte der Junge eine leidenschaftliche, aber unbestimmt sinnliche Bindung an seine Mutter, aber der Vater schmuste mit ihr im Bett. Daher haßt er ihn und will ihn umbringen, damit seine Mutter ihm gehört und nur ihm – der Ödipuskomplex! Aber dann kam der Kastrationskomplex, der Freud zufolge dem Jungen half, sich mit dem eigenen Geschlecht zu identifizieren und ein Bündnis mit dem Vater zu suchen statt mit der Mutter. Auf diese Weise bildet der Kastrationskomplex gewissermaßen eine Lösung des Ödipuskomplexes.

Für viele sind diese Gedanken eine Farce – besonders die damit verbundene Theorie des Penisneides, den Freud in Frauen sah, da er glaubte, sie wären als kleine Mädchen zum gleichen Schluß gelangt wie die Jungen – daß sie kastriert seien. Die psychologische Forschung der letzten vierzig Jahre hat allerdings gezeigt, daß es zwar gute Beweise für die Existenz des Ödipuskomplexes und des Kastrationskomplexes gibt, aber keinen eindeutigen Beweis für den Penisneid. Obwohl die Forschung die Existenz eines Ödipus- und Kastrationskomplexes bei Männern bestätigte, sollte man berücksichtigen, daß Freuds Erklärung der Ursprünge dieser Komplexe deshalb nicht unbedingt richtig sein muß.

Ob die Freudsche Theorie nun stimmt oder nicht, sie kann zumindest eine Bedeutungsgeschichte der männlichen Psychologie in Verbindung mit diesem mächtigen Symbol erklären. Auf einer tieferen, universellen Ebene geben uns Mythen Allegorien von jahreszeitlicher Erneuerung: Im Winter ist die Göttin in der Unterwelt verborgen und der Gott entmannt – die Kräfte der Fruchtbarkeit sind allem Anschein nach tot, um im Frühjahr wieder zu erscheinen. Mit diesem Verständnis sind die Götter Personifikationen natürlicher Kräfte. Entmannte Götter wie Attis und Adonis werden als Götter des Wachstums betrachtet. Ob ihnen das Glied abgeschnitten ist oder ob sie als Korngötter insgesamt dahingemäht werden, sie symbolisieren die Notwendigkeit des Todes, durch den allein eine Wiedergeburt stattfinden kann. Einige Historiker sagen, das Kreuz sei ursprünglich ein phallisches Symbol gewesen, und das legt den Schluß nahe, daß der Tod Jesu eine ähnliche Geschichte darstellt vom Absterben der Zeugungskräfte, damit sie neu geboren werden.

Eine weitere Bedeutungsebene eröffnet sich uns, wenn wir das Bild des kastrierten, penislosen Mannes als Symbol für Sublimierung betrachten statt für den jahreszeitlichen Tod. John Layard hat in »A Celtic Quest« die Themen des ursprünglichen Grals und der arthurischen Legende aus dem »Mabinogion« und der Geschichte von Culhwch und Olwen in allen

Einzelheiten analysiert. Die Geschichte, die von Kastrationsbildern nur so strotzt, handelt von Culhwch, der Olwen als Braut gewinnt, indem er mit Hilfe von König Artus scheinbar unmögliche Aufgaben erfüllt, die ihm Olwens Vater stellt, der Riese Ysbaddaden Penkawr. Am Ende der Geschichte wird der Riese von einem Ohr zum andern rasiert und gibt seine Tochter Culwhch her. Nach dieser symbolischen Kastrierung sagt der Riese: »Es ist höchste Zeit, mir das Leben zu nehmen«, worauf er enthauptet wird. »Und in jener Nacht schlief Culhwch mit Olwen, und solange er lebte, war sie seine einzige Frau. Und Artus' Armeen versprengten sich, ein jeder zurück in sein Land.« Layard meint, die Kastration könne symbolisch positive wie negative Bedeutung haben. Negativ betrachtet ist sie das unfreiwillige Opfer, aber positiv ist sie das freiwillige Opfer der ungezügelten, natürlichen Libido zugunsten innerer Kontrolle und letztendlicher spiritueller Vereinigung (Hieros gamos) mit der Anima. Hier sehen wir den Akt der abgelehnten Männlichkeit im Sinne von nach außen gerichteter männlicher Sexualität, als Mittel, die fruchtbarkeitsspendende Kraft nach innen und oben zu richten. Die Gefahren, entweder im Sinne einer falschen Konkretisierung zu handeln (das Glied tatsächlich abzuschneiden) oder in der Unausgewogenheit und Täuschung, die unausgedrückte männliche Sexualität erzeugen kann, sind alle nur zu gut nachgewiesen.

Statt ein Symbol für den Mann zu sein, der »innere Kontrolle und letztendliche spirituelle Vereinigung« anstrebt (oder seinen »stärksten, äußerlich ausgedrückten, natürlichen Trieb eindämmt, um eine innere Erfahrung zu erzeugen«, wie Layard es formuliert), kann der entmannte Mann zu einem Symbol für den Entmachteten werden – den Mann, der seiner natürlichen Funktion beraubt ist, seiner Natur als fruchtbares Wesen. Wie ein Wallach wird er gefügig und umgänglich. Er wird gezähmt. Wenn der Lange Mann der Wallach ist, dann ist der Riese von Cerne Abbas sein Gegenpart – der wilde Mann.

Weitere Interpretationsebenen eröffnen sich uns, wenn wir, wie bereits angesprochen, an die Bilder des geschlechtslosen Mannes als Hermaphroditen oder Androgynen denken. William Blake sagte: »Die Alten schrieben es in die Erde.« Gäbe es eine elegantere Wendung für unsere Sehnsucht nach Erfülltheit als das Bild des Langen Frau-Mannes von Wilmington? Hermaphroditen haben auf Bildern entweder keine Brüste oder keinen Penis – oder ihnen fehlt beides. Haben vielleicht diejenigen, die das Abbild 1874 wiederherstellten und die Spuren eines Phallus übersahen, auch die Umrisse der Brüste übersehen?

Wir können uns gut vorstellen, daß Phené, der den Penis abstoßend fand, es noch viel abstoßender gefunden hätte, an ein und derselben Gestalt Brüste und einen Penis vorzufinden. Aber ob das nun zutrifft oder nicht, der gegenwärtige Status des Langen Mannes als der Geschlechtslose ist eine wichtige Aussage für unsere Zeit. 1968 gab es 3,5 Milliarden Menschen auf unserem Planeten, zwanzig Jahre später 5,3 Milliarden. Unser Problem ist nicht mehr notwendige Fruchtbarkeit, sondern, daß wir als produktive Lebewesen extrem effizient sind.

Für den eigenen Nutzen und den anderer erzeugen wir zu viele Autos, Bomben und Gegenstände – wie auch zu viele Menschen. Die Statistiken über die zunehmende Unfruchtbarkeit im Westen in Verbindung mit der Beobachtung, daß AIDS zu einer modernen apokalyptischen Plage geworden ist, sowie die Wirkung der zunehmenden Sonneneinstrahlung durch die dünne Ozondecke auf menschliche, tierische und pflanzliche Fruchtbarkeit zeigen uns alle nur, daß unser Samen uns zwar befähigt hat, die Bevölkerung auf einen unfaßbaren Umfang anwachsen zu lassen, sich aber nun weigert, diesem Selbstmordpakt zuzustimmen – oder dazu völlig unfähig wird. Der Schriftsteller Michael Poynder glaubt gar, daß wir alle bald unfruchtbar werden. Wir stehen vor dem Paradox, daß wir nun, um das Leben insgesamt zu bewahren, versuchen müssen, es nicht fortzusetzen. Jeder agiert den Mythos des Wachstums, des Korn- oder Opfergottes auf eigene Weise aus: Ob wir nun feststellen oder uns entschließen, daß wir schwul sind, AIDS haben, unfruchtbar sind, uns für eine Sterilisierung entscheiden oder im Sterben liegen. Jeder von uns, ob Mann oder Frau, wird am Ende zum Korngott: »Der Mann, der von einer Frau geboren ist, hat nur eine gewisse Zeit zu leben ... er wächst heran und wird geschnitten wie eine Blume.« So betrachtet wird der Lange Mann zum Symbol des zeitgenössischen Bedürfnisses im repoduktiven Sinne: Daher werden die Zeugungsorgane nicht gezeigt. Die Zeugungskraft wird auf die Hände übertragen, die die Stäbe halten. Die Hände haben immer schon sublimierte oder verwandelte sexuelle Energie symbolisiert, denn die Hände befruchten die Welt der Kultur statt die menschliche Rasse, indem sie schreiben, malen, bildhauern und dirigieren.

Wir neigen dazu, Symbole und Mythen als in der Zeit erstarrt zu betrachten und versuchen, sie aus der Entfernung heraus zu verstehen. Lévi-Strauss schlägt in seinem klassischen Essay »Die Struktur der Mythen« jedoch vor, alle Varianten eines Mythos in einem einzigen, imaginären Raum zusammenzubringen, ohne Rücksicht auf den historischen Kontext: »Wir definieren den Mythos als aus allen seinen Versionen bestehend ... daher sollte nicht nur Sophokles, sondern auch Freud selbst in alle aufgezeichneten Versionen des Ödipusmythos eingeschlossen werden – gleichrangig mit früheren oder scheinbar ›authentischeren‹ Versionen.« Mit anderen Worten, der arthurische Mythos enthält nicht nur die Werke Malorys, sondern auch Marion Zimmer Bradleys und das Artus-Gedicht, das Sie selbst vielleicht einmal verfaßt haben. Der Lange Mann ist ursprünglich mit oder ohne Penis gestaltet worden, heute hat er jedenfalls keinen, und als solcher spricht er auf bestimmte Weise zu uns. Gleich, wie wir diese Botschaft empfangen und deuten, sie wird zum Teil der Geschichte, Teil des Mythos, den diese bestimmte Landschaft für uns alle webt.

Wir haben gesehen, wie der Korn- und der Wachstumsgott entweder als Toter oder als Penisloser dargestellt werden kann – beide Bilder zeigen, daß er kein Leben mehr schenken kann. Der Lange Mann von Wilmington kann daher heute ebenso betrachtet werden: als ein Erntegott, ein Korngott. Die Traurigkeit, die mich in Wilmington überfiel, beruhte darauf, daß dieses Symbol des Mannes, der sich nicht fortpflanzen kann, voller apokalyptischer Anklänge für die Jahrtausendwende ist. Zum ersten Mal in der Geschichte der Menschheit besteht die Möglichkeit, daß der Korngott vielleicht zum letzten Mal dahingemäht wird. Wir, die wir in diesen Zeiten leben, stehen wahrhaftig vor einem Tor und können nicht mehr sicher sein, wohin der Fluß des Lebens fließen wird. Im nahen Kirchhof gibt es ein durchdringendes Gefühl für diesen Strom des Lebens, der von den jüngsten Tagen an bis zur Gegenwart verläuft. Und hier ist die Gegenwart, nicht die Zukunft, am machtvollsten, denn der Gott sagt uns, daß wir an einem besonderen Punkt in der Geschichte angekommen sind – dem Moment der Ernte, in dem wir die Folgen der jahrelangen Entweihung des Landes ernten, von Jahren der Entweihung unserer Körper und Seelen.

Und das Tor zwischen den Eiben auf dem Kirchhof ist wahrhaftig ein Tor, das wir hoffentlich nie zu durchschreiten brauchen.

SCHAMANE
(Für John Agard)

Kommt so der Morgen
in dein Land –
ein stilles Beugen
und Ausatmen der
vergessenen Götter?

      Mit deinen Schlangenaugen
      deinen zuckenden Händen
      wie knotige Blitze
      beschwörst du
      die einzelne, scheue Blüte
      aus deinen Wüsten.

Mit deiner Rabenstimme
deinem Pantherschweigen
singst du
die grünen Geister der Kindheit herbei
die wir verbannten.

      Dichtung ist ein Wort dafür
      das wir nicht gesucht.
      Es gab etwas Neues
      in diesem Zimmer
      das mit uns geht –

Seele, Nacktheit, unser
abgelöstes Wissen.
Heute nacht in Brixton
brennen und morden sie
und plündern aus Seelenmangel.

> Im heutigen Iran
> blühen die Gasbomben
> über Ruinen, die einst
> das Orakel waren.
> Unsere Geschichte ist
> zu dem geworden:

Herz, ohne dich
ist unsere Welt kleiner
und tödlicher als
eine Messerspitze.
Sie darf nicht kleiner werden.

> Auf dem Heimweg unter
> eisigen Sternen bete ich:
> Schlange, Rabe, Panther,
> Fluß der tiefen Schatten
> verlaß uns nicht.
> STEPHEN PARR

15. Die Göttin

Ich warte im Zwielicht auf meinen Liebsten,
im Halbschatten
der süßen Wiesendüfte
Heckenrosen und schnaubendes Vieh,
weiche Flanken im Dämmerlicht.

NUINN

In den Tagen nach meiner Rückkehr nach Lewes suchte mich ununterbrochen das Bild des Langen Mannes heim – noch stärker aber das Bild der Göttin, die zu mir gesprochen hatte. Immer wieder sah ich ihr tränenüberströmtes Gesicht und hörte, wie Nuinn mich anschrie: »Sieh sie an! Sie ist die Göttin, die man verleugnet hat! Sie ist die Seele von allen, die zusehen, wie die Welt vor unseren Augen vernichtet wird.«

Eines Abends beim Einschlafen wurde mir vom Langen Mann selbst ein Weg gezeigt, wie ich in die Anderswelt reisen und die Göttin wiedersehen konnte. Ich begann meine Reise in den Schlaf mit dem Gedanken an den seltsamen einsamen Riesen auf dem Wiesenhang – sah ihn vor meinem inneren Auge und überlegte, in wie vieler Hinsicht er eine substanzlose Gestalt ist, ein perfektes Bild, das Material aus dem Unbewußten zutage fördert – eben weil es ihm an Substanz fehlt. Einer der Tricks der Psychoanalyse besteht darin, daß der Analytiker sich substanzlos macht, zum leeren Blatt, ein Langer Mann oder eine Lange Frau, die daraufhin das Unbewußte des Patienten öffnen. Da es scheint, daß wir keine Leere, keine Unbeschriebenheit aushalten können, liefern wir den Inhalt – weil der Analytiker es nicht tut.

Doch während die konventionelle Psychologie jede Erfahrung im Unbewußten als persönlich und auf die persönliche Erfahrung beschränkt betrachtet, erkennt die esoterische, heilige oder transpersonelle Psychologie die Existenz anderer »Bereiche« an, »innerer Reiche«, *die von dem sie erlebenden Individuum unabhängig sind.* Und als ich so zwischen Wachen und Schlafen schwebte, sagte der Lange Mann zu mir, er könne das leere Blatt für mein eigenes unbewußtes Material sein, ein Türhüter und Wegweiser zu den inneren Reichen, die von meinem eigenen inneren Reich unabhängig und getrennt waren. Ich fragte, ob er mir diese zweite, interessantere Arbeitsmethode zeigen könne, und er sagte: »Du brauchst nur meine beiden Stäbe anzuschauen.« Als ich dies versuchte, fand ich es anfangs unmöglich – ich konnte mich nur auf jeweils einen Stab konzentrieren. Aber bald entdeckte ich eine Möglichkeit: Ich mußte mein inneres Auge direkt auf die Mitte zwischen den beiden Stäben richten – und dann konnte ich sie beide zusammen sehen. Dazu brauchte ich meinen Blick nur zu entspannen und gehen zu lassen, denn mit fokussiertem Blick ging es nicht. Ich mußte auch mein »Gesicht« empfänglich machen und irgendwie nachgeben. Dabei starrte ich plötzlich in eine Innenwelt, die dunkel vor mir aufglühte. In dieser samtenen Dunkelheit sah ich die Gestalt der Göttin auf einem Thron.

In diesem köstlichen Zustand zwischen Wachen und Schlafen ist es für uns am leichtesten, andere Reiche zu betreten, und ob ich »meinen Körper verließ« und die Anderswelt betrat, oder einfach einschlief und träumte, weiß ich nicht, aber gleichgültig was geschah, ich stand nun vor der Göttin. Sie trug zwar die gleichen dunklen, zerfetzten Kleider, in denen ich sie ein paar Tage zuvor in Wilmington erblickt hatte, wirkte aber älter und größer.

Wieder begann ich in ihrer Gegenwart unvermittelt zu zittern: »Wer bist du?« fragte ich.

»Ich bin die verleugnete Göttin«, begann sie. »Zahllose Männer und Frauen kennen mich unter vielen verschiedenen Namen. Ich bin Brigid und Ana, Isis und Astarte, Venus und Diana. Du mußt wissen, daß du erst dann wahrhaft zum Manne wirst, wenn du zu mir kommst und mich tief im Herzen annimmst.« Danach weiß ich nicht genau, was geschah – mein Gefühl, in dieser Welt ein abgegrenztes Individuum zu sein, löste sich auf. Ich schien mit allem zu verschmelzen und eins zu werden. Der Unterschied zwischen Ich und Nicht-Ich, zwischen Subjekt und Objekt, verschwand für eine Weile, während ein Bewußtsein der gesamten Welt und der Menschheit meine Gedanken überflutete, ehe ich in tiefen Schlaf sank.

Als ich am nächsten Morgen erwachte, stellte ich fest, daß ich in der Nacht etwas auf meinen Notizblock beim Bett gekritzelt hatte: »Geh zurück nach Wilmington – es gibt dort etwas, das du noch nicht entdeckt hast.«

In ein paar Wochen würde es Alban Eiler sein, das Licht der Erde – Frühjahrs-Tagundnachtgleiche. Ich beschloß, dann noch einmal nach Wilmington zu gehen.

Es war ein wunderbarer Tag. Die Sonne strahlte, und nur hier und dort zeigten sich am klaren blauen Himmel weiße Wölkchen. Als ich mich von der Abtei aus auf den Weg machte, waren der Lange Mann und die ihn umgebende Landschaft in helles Licht getaucht und leuchteten weiß und grün. Diesmal herrschte hier keine Traurigkeit. Ich begann an meinen bedrückten Endzeitgefühlen von damals zu zweifeln – vielleicht hatte das an meiner Erschöpfung und meinem damaligen Geisteszustand gelegen. Bald stand ich wieder am Rand des flachen Teiches. Zur Linken bemerkte ich einen Hain aus Buchen, der aus der Entfernung wie ein kleiner Wald wirkte. Als ich hinüberging, stellte ich fest, daß es eigentlich kein Hain war, sondern eine Gruppe von Bäumen mit einem ganz eigenen Kraftfeld oder einer Aura und einem starken, einheitlichen Energiefeld, das ein Druide den Baumgeist nennen würde, das kollektive Wesen, das sich auch individuell in jedem einzelnen Baum manifestiert.

Innerhalb dieser magischen Baumgruppe gab es einen kleinen Kreis aus Feuersteinen, den ein früherer Besucher dort sorgfältig angelegt hatte. Jeder Stein sah mit seinem rundlichen Fuß und den knolligen Vorsprüngen aus wie eine antike Statue der Muttergottheit, die man vom Meeresboden heraufgeholt hat. Ich sprach ein Gebet an die Muttergöttin, setzte mich auf einen Stamm und starrte zurück auf den Langen Mann. Aber er war nicht mehr da.

Der alte Druide Winston Churchill hat einmal gesagt, daß die meisten Menschen über die Wahrheit stolpern, wieder aufstehen und dann weitergehen. Das Geheimnis liegt darin, stehenzubleiben und genauer hinzublicken. Aber selbst dann noch können wir uns täuschen, weil die Realität vielschichtig ist. Wir müssen immer und immer wieder hinschauen. Als ich das letzte Mal auf den Langen Mann geblickt hatte, war mir das ganz Offensichtliche aufgefallen: Er war kein richtiger Mann. Aber als ich nun hinsah, blickte ich hinter das Offensichtliche, das für uns alle deutlich »in die Erde geschrieben« ist: *Der Lange Mann ist gar kein Mann – er ist eine Frau. Er ist ein mächtiger Gott, den jemand in den Berghang gekerbt hat – er ist eine Gottheit.* Gehen Sie selbst dorthin, und Sie werden es leicht erkennen: Im Lendenbereich gibt es eine kleine Senke in der Erde wie eine Vulva, und auf dem Torso sind zwei Brüste zu erkennen; die Hüften sind eindeutig weiblich geformt und nicht männlich. Vielleicht half das frühe Morgenlicht der Tagundnachtgleiche, diese Züge zu beleuchten, aber ganz gleich, wo die Sonne steht, sie sind vorhanden. Die Brüste sehen zwar aus wie zwei kleine Hügel, sind aber in Wirklichkeit Senken von der Größe eines Mülleimerdeckels. Das ganze Bild bestand natürlich ursprünglich aus Vertiefungen – Einschnitten in die Erde.

Ob die Gestalt nun ursprünglich als Mann oder Frau angelegt worden ist, ist nicht so wichtig wie die Tatsache, daß die Figur heute – hier in Wilmington – eine Frau darstellt und keinen Mann.

Wir machen einen Fehler, wenn wir unser Erbe – sei es die Druidentradition oder unsere alten Monumente – als in der Zeit erstarrt betrachten. Lévi-Strauss' Verständnis von Mythen kann auf jeden Aspekt unseres Erbes angewandt werden – alles ist lebendig, wächst und ist veränderlich. Heute, hier in Sussex, haben wir eine mächtige Göttin auf einem Hügelhang. Sie ist die Lange Frau von Wilmington. Genau wie der Psychoanalytiker zur Person wird, die wir brauchen, weil sie sich in der Beziehung unverbindlich verhält, so ist diese großartige Figur zum Bild geworden, das wir brauchen, weil auch wir uns auf der Erde sehr zurückhalten müssen.

Wie gut das alles paßt: Während das Patriarchat ringsum abstirbt, steht die Göttin aus der Erde und dem Gras selbst wieder auf.

Voller Überschwenglichkeit hielt ich diesen Ort nun nicht mehr für eine Stätte der Verleugnung und der Diskontinuität, der Entmannung und der Kastration oder des sterbenden Korngottes, sondern vielmehr für einen Ort des Überflusses und der Schönheit, wo die sanft geschwungene Weiblichkeit der Downs der Weiblichkeit der in sie eingekerbten Gestalt entsprach.

Da die Figur auf keiner Fotografie existiert, die ich zu Gesicht bekommen hatte, und in keinem Buch erwähnt wird, fühlte ich mich angeregt, dieses Phänomen zu untersuchen, obwohl es verboten ist, die Gestalt selbst zu betreten. Als ich auf dem Torso anlangte, entdeckte ich bedrückt, daß die vermeintlichen Brüste mit ziemlicher Sicherheit neu waren – es schien, als sei der Grasboden erst vor kurzem bewußt entfernt worden. Als ich mich jedoch auf der Brust der Riesin niederließ und auf das Panorama unter mir schaute, begriff ich, daß dieser Vandalismus zwar neueren Datums war, man ihn jedoch am besten als eine Reaktion auf den Zeitgeist verstand, als eine Regung des kollektiven Unbewußten.

Bei der Planung des nächsten Abschnitts meiner Reise in der Vorwoche hatte ich beschlossen, zum Hindover Hill zu gehen – der nun High and Over heißt –, um die Gefährtin des Langen Mannes zu suchen. Vielleicht konnte ich dort Spuren der Göttin finden. Aber schon ganz zu Anfang, hier an diesem Frühlingsmorgen, dem Morgenlicht der Erde, hatte ich sie in gewisser Weise bereits gefunden, wie sie aus der Erde herausglänzt.

Da es schien, daß diese Göttin neueren Datums war, was ich zunächst nicht angenommen hatte, beschloß ich, die Suche nach ihrer älteren Gefährtin fortzusetzen.

Ich stieg den Hang links an der Langen Frau vorbei hinauf und war bald wieder auf gleicher Höhe wie der Falke. Dann betrachtete ich das Panorama ringsum über Avronelle und Anderida weit unter mir. Ich bog ein kurzes Stück vom South-Downs-Wanderweg ab und folgte einem anderen Pfad, der mich bald zu einem Tumulus führte. Von dessen Spitze aus konnte ich in der Ferne gerade eben Lewes sehen, das sich weit im Westen an den Caburn schmiegte, während ich rechts unter mir bis zur Pevensey-Ebene sehen konnte – jener weiten, flachen Ebene, die sich fast bis nach Hastings, weit hinten am östlichen Horizont erstreckte. Hier enden die South-Downs, und ich erkannte, daß die Lange Frau von Wilmington genau am Ursprung dieser Bergkette Wache steht. Sie steht da, die Hände auf Säulen gestützt, als ein Tor zu diesem alten Wanderweg, der zu den anderen Toren im Herzen Logres' führt – auf der Ebene von Salisbury. Vielleicht wollte man mit einer solchen Figur eine Markierung für die Pilger setzen, die unterwegs nach Stonehenge waren.

Ich kehrte auf den South-Downs-Wanderweg zurück und ging über die breite Kuppe des Hügels bis zum Friston Forest und dem oberhalb gelegenen Naturreservat von Lullington Heath. Beide können als Beispiele für gelungene Naturerhaltung gelten. Man verfängt sich leicht in der Annahme, der moderne Mensch habe sich gierig seine Umwelt untertan gemacht, während frühere Menschen immer eins mit ihr gewesen seien. Doch diese idealistische Betrachtung unserer Ahnen wird nicht durch Beweise gestützt: Die Hopi-Indianer haben zum Beispiel ihre *sämtlichen* Wälder zerstört, und der Mensch der frühen Eisenzeit hatte schon um 500 v. Chr. fast die Hälfte der englischen Wälder abgeholzt. Unser Vernichtungszug gegen die Bäume ist so alt wie die Menschheit.

Aber hier in Friston hat die Regierung einen riesigen Wald angelegt, teils mit dem Ziel, die wichtigen unterirdischen Wasserreserven vor Umweltverschmutzung zu schützen. Nördlich des Waldgebiets liegt das Naturschutzgebiet, das eine Heidelandschaft für seltene Vögel bietet, wie den Hänfling, die Heckenbraunelle, die Goldammer und das Schwarzkehlchen, für Schmetterlinge wie den Adonisfalter und den Schwalbenschwanz. Man sieht dort Veilchen zwischen den Brombeerranken und Gräsern, und Kohlweißlinge tanzen über dem Stechginster, der bereits in Blüte steht.

Und dann ragt der Wald vor einem auf... alles ringsum strahlt eine Besonderheit aus, als beträte man auf der Suche nach der Göttin von Wilmington deren Reich, ihre innere Landschaft. Ich wollte an einem so sonnigen Tag nicht den dunklen Wald betreten und stellte erfreut fest, daß er kreuz und quer von breiten grasbewachsenen Schneisen durchzogen war. Das bedeutete allerdings auch, daß ich ständig an Kreuzungen stand und jedesmal eine Entscheidung treffen mußte, in welcher Richtung ich weitergehen wollte.

Bei jeder Entscheidung an einer solchen Schneisenkreuzung hatte ich das Gefühl, tiefer in die Göttin einzudringen, tiefer und tiefer in mein weibliches Selbst. Der Weg zum Weiblichen hat mich schon mein ganzes Leben lang beschäftigt: Jahrelang war es die Suche nach meinem weiblichen Gegenstück in der Welt, der geliebten Frau. Allmählich wurde das ersetzt durch die Erkundung des Weiblichen in mir, und nun scheint es, als suchte ich die Weiblichkeit in der Landschaft selbst.

Man begreift die Bedeutung der männlichen Suche nach seinem inneren, weiblichen Selbst am besten, indem man erkennt, daß jeder Mann eine weibliche Komponente in der Psyche hat, die als innere Gefährtin und Inspiration für ihn da ist. Diese Gefährtin wird in den Mythen als schönes Mädchen dargestellt; im kreativen Leben eines Mannes ist sie die Muse, in seinem Sexualleben der Aspekt seiner Psyche, der ihm zeigt, sanft, subtil und offen in seinen Handlungen, Gefühlen und der Liebe zu sein.

Seine Männlichkeit ist tatkräftig statt sanft, offen statt subtil, und konzentriert und penetrierend statt empfänglich. In der Jungschen Psychologie heißt diese weibliche Komponente die *Anima*, in Mythos und Geschichte begegnen wir ihr als Dantes Beatrice, Parzivals Blanchefleur und als Don Quichottes Dulcinea.

Über den Autor des Don Quichotte herrschen heute Zweifel. Einer Theorie zufolge war er englischer Abstammung und nicht der Spanier Miguel de Cervantes, der das 900 Seiten starke Werk 1605 veröffentlichte. Eine ganz Reihe von Aspekten weist auf eine englische Szenerie hin statt auf Spanien.

Zu Beginn der Geschichte wird Don Quichottes Bibliothek von dem Priester und Barbier des Dorfes verbrannt, während seine Nichte und die Köchin zuschauen und Don Quichotte selbst schläft. Das erinnert an die Plünderung von Dr. John Dees Bibliothek im Jahre 1583 bei Mortlake in Surrey. John Dee, der Hofastrologe Elisabeths I., hatte ebenfalls ein lebhaftes Interesse an unserem nationalen Erbe. Als er in Wales lebte, in Nant-y-Groes, legte er Lord Burleigh eine Petition vor, nach der man ihm alle Schätze zusprechen solle, die er bei der Ausgrabung der örtlichen Grabhügel finden mochte. William Aubrey, Großvater von John Aubrey, dem Tagebuchschreiber, der in vieler Hinsicht für die Neubelebung des englischen Druidentums im 17. Jahrhundert verantwortlich ist, war ein Freund und Nachbar von Dee, als dieser noch in Kew lebte. Als Dee ins Ausland reiste und dem Rat von Geistern folgte, mit seinem alchemistischen Freund Kelley die Frauen zu tauschen, beschloß die Bevölkerung in seinem Heimatdorf, seine Bibliothek sei zu gefährlich; man vernichtete zwar nicht den gesamten Bestand, doch einen großen Teil der Bibliothek, die eine der vollständigsten Sammlungen Großbritanniens jener Zeit an wissenschaftlichen, magischen und esoterischen Büchern darstellte.

Als Don Quichottes Bibliothek zerstört wird, sagt seine Nichte, ein »Zauberer« sei in der Nacht auf einem Drachen hergeritten, und Don Quichotte weiß sofort, wer dieser war: »Friston, ein sehr weiser Zauberer«.

> »Es war nicht der Teufel, sagte seine Nichte, sondern ein Zauberer, der des Nachts auf einer Wolke hergeritten kam, am Tag, als Sie hier abreisten. Er stieg von einer Schlange, auf der er geritten. Er trat in die Studierstube, doch was er darinnen tat, weiß ich nicht, und nach einer Weile flog er zum Dach des Hauses wieder heraus, und das Haus war voller Rauch, und als wir nachschauten, was er getan, da konnten wir weder die Bücher noch die Studierstube sehen, sagte die alte Frau. Ich erinnere

mich gut, daß der böse alte Mann bei seinem Abzug mit lauter Stimme gesagt hatte, daß er als verborgener Feind dem Herrn die Bücher genommen habe und alles im Haus so zugerichtet hätte; sie würden schon sehen, wenn er wieder verschwunden sei. Er fügte hinzu, sein Name sei der weise Muniaton, Freston, würde man sagen, sprach Don Quichotte. Ich weiß nicht, sagte die alte Frau, ob er Freston heißt oder Friton, aber ich weiß wohl, daß sein Name mit -ton endete. Das ist wahr, sagte Don Quichotte, und er ist ein sehr kluger Zauberer.«

Mit der Betonung der Endung -ton lenkt der Autor unsere Aufmerksamkeit auf die Namen Muniaton und Freston, aber auch auf einen englischen Wortstamm, denn kein Personen- oder Ortsname im Spanischen hat eine solche Endung, während sie im Englischen verbreitet ist, da sie dem angelsächsischen Wort für »Bauernhof« entspricht. Freston war der alte Name für Friston, und das seltsame Wort Muniaton war vielleicht eine Kombination aus dem spanischen *muniaco* – männliche Gestalt – und *Aton* oder *Asten*, dem ägyptischen Sonnengott. Der Lange Mann erinnert auch auf seltsame Weise an ägyptische Relieffiguren, wozu Rodney Castleden meint, da seit dem Bronzezeitalter lebhafter Handel zwischen Südengland und dem östlichen Mittelmeer bestand, erschiene es durchaus wahrscheinlich, daß die Vorlage für den Langen Mann aus Ägypten stamme. Man kann ihn sicherlich als Sonnengott betrachten, denn er kommt aus dem Süden, und um ihn zu betrachten, müssen wir uns der vollen Kraft der Mittagssonne stellen. Muniaton – der Sonnengottmann – scheint ein höchst passender Name für den Hügelgott in der Nähe Fristons.

Bald nachdem wir von Muniatons oder Fristons Vernichtung der Bibliothek erfahren haben, lesen wir von der berühmten Begegnung zwischen Don Quichotte und den Windmühlen, die er für Riesen hält. Sancho Pansa versucht ihm beizubringen, daß es sich nicht um Riesen handelt, sondern um Windmühlen, aber er versteht die Welt seines Herrn nicht:

»Ich flehe euch an, zu begreifen, sagt Sancho Pansa, daß jene, die dort erscheinen, keine Riesen sind, sondern Windmühlen, und daß das, was wie Arme erscheint, ihre Flügel sind, die der Wind herumdreht und die auch die Mühle antreiben. Es scheint mir aber, sagt Don Quichotte, daß du noch nicht recht mit Abenteuern vertraut bist: Das sind Riesen und wenn du Angst hast, dann geh beiseite und bete, während ich mich dem grausamen, ungleichen Kampf mit ihnen stelle.«

Das Unvermeidliche geschieht: Don Quichottes Lanze wird von den herumwirbelnden Flügeln zerbrochen, er und sein Pferd werden hoch in die Luft gerissen und anschließend zurück auf den Boden geschleudert. Sancho eilt voller Wut über diese Dummheit zu seinem Herrn, aber Don Quichotte bleibt gelassen, denn er weiß, wer hinter dem schurkischen Trick steht, der die Riesen im letzten Augenblick in eine Maschine verwandelt. »Friede, Sancho«, sagt Don Quichotte, »denn die Angelegenheiten eines Krieges sind mehr als alles andere Gegenstand ständiger Veränderung: Je mehr ich mir das ansehe, um so überzeugter werde ich, daß der kluge Freston, der meine Studierstube ausraubte, diese Riesen in eine Mühle verwandelt hat...«

Die Downs waren einst eine Gegend zahlreicher Windmühlen – ihre hochaufragenden, dem Wind ausgesetzten Flügel hatten hier einen idealen Standort. Allein in Sussex gab es 1724 über sechzig Mühlen. Auf dem Windover Hill stand einst auch eine Windmühle – oberhalb des Langen Mannes –, die um 1880 niederbrannte, aber die Grundmauern sind immer noch als ein kreisförmiger Erdwall zu sehen. Die Riesen von Firle in Windover hatten sich zu der Zeit, als »Don Quichotte« geschrieben wurde, tatsächlich von den Charakteren einer einheimischen Legende in riesige Maschinen verwandelt, die ihre Arme im Wind drehten. Der berühmten Episode, so typisch für den Mythos des Don Quichotte, gelingt es, uns in einem einzigen Vorfall den Übergang von einer mythologischen zu einer wissenschaftlichen Weltsicht klarzumachen. Wenn wir dies auf die hiesige Landschaft beziehen, stellt das Bild auch genau die gleiche Metamorphose der vertrauten Riesen in die Riesenmaschinen dar, die ihren Platz einnahmen.

In der Nähe des Friston Forest liegt Friston Place, das im 15. Jahrhundert gebaut wurde und schon existierte, als »Don Quichotte« geschrieben wurde. Es ist ein verführerischer Gedanke, daß der Autor sich hier aufhielt, über die Downs spazierte und dort seine Inspiration in den Windmühlen und Geschichten über Riesen und Drachen fand.

Unterwegs im Wald geriet ich auf den Snap Hill und glaubte, den klugen Friston, den Zauberer, zu sehen, wie er gerade seinen Drachen bestieg, denn dort erhob sich eine Rauch- und Luftwolke – und war wieder verschwunden. Vom Kamm aus auf Alfriston hinabblickend konnte ich nur den bläulichen Schimmer der Waldes vor den Downs erkennen, gerahmt von einer Allee aus Buchen und Kiefern. Durch diese Allee ging ich hinab nach Charleston Bottom und wandte mich nach links zur weiten grünen Flur des Tales.

Der Wald selbst scheint fast ausschließlich aus Buchen und Kiefern zu bestehen, aber hier und dort sah ich auch Wacholder und Weißdorn. Kiefern haben eine starke Ausstrahlung, und ihre Größe und individuelle Gestalt scheinen sie zu natürlichen Landmarkierungen an bestimmten Stellen des geraden Weges zu machen. Alfred Watkins fiel es als erstem auf, wie man diese Bäume, entweder einzeln stehend oder in Gruppen, als Markierungen für Energielinien benutzte, und sie haben nicht nur in Großbritannien besondere Bedeutung. Mirov und Hasbrouck berichten in »The Story of Pines«, daß die »Buriats, ein mongolisches Volk, das am Südende des Baikalsees in Ostsibirien lebte, die Kiefern oft als heilig betrachtete. Diese ›Schamanenwälder‹ standen verstreut auf der trockenen Steppe. Vor der russischen Revolution von 1917 pflegte man sich diesen Hainen stets schweigend zu nähern und sie zu durchqueren, damit die Götter und Geister der Bäume nicht beleidigt würden.«

Hier im Zauberwald von Friston sind viele Kiefern zudem von Geißblatt umrankt. Geißblatt, *Uilleand* auf irisch, gehört ebenfalls zur Familie der heiligen Bäume nach dem Ogham-Alphabet, der heimlichen Baumsprache der Druiden, die in den poetischen und esoterischen Zirkeln von Robert Graves »Weißer Göttin« popularisiert wurde. Die Ogham-Liste ein Baumalphabet zu nennen, ist eigentlich falsch, da mindestens sechs Pflanzen in dieser Gruppe keine Bäume sind, nämlich der Stechginster, das Heidekraut, Efeu und Weinranke, Binsen und Geißblatt. Einige Autoren schließen auch den Herbstginster ein, die Brombeerranke, Stachelbeere, Farnkraut und den Alant (eine Art Sonnenblume). Hernan Turner in Irland löst die Namensprobleme, indem er Ogham ein Waldalphabet nennt, kein Baumalphabet. Hier in diesem Waldgebiet haben wir eine ganze Reihe von Nichtbäumen in dieser Sondergruppe: Brombeere, Stechginster, Heidekraut und Efeu. Ein paar Kilometer von hier gibt es unzählige Weinranken: in Breaky Bottom: Heimat eines der besten englischen Weine.

Das Geißblatt windet sich bis in die höchsten Zweige der Kiefer und erinnert mich damit an die prüden Mütter von Norfolk, die es aus den Gärten verbannten, weil die sich eng umeinander windenden Stengel einen so eindeutig an die Umarmung von Liebenden erinnern, und man glaubte deshalb, junge Mädchen bekämen erotische Träume davon. Doch wenn man den inneren Sinn versteht und die Pflanze zur Wahrsagung benutzt, weist sie auf die Möglichkeit hin, ein verborgenes Geheimnis zu entdecken, und sagt, daß wir unsere Urteilsfähigkeit benutzen sollen, um bei der Suche nicht abgelenkt zu werden. Der mit dem *Uilleand* verbundene Vogel ist der Kiebitz, der in der Nistzeit bei jeder Störung auffliegt und dabei einen klagenden Schrei ausstößt, der die Aufmerksamkeit des potentiellen Nesträubers von den Eiern fort auf den Vogel lenkt. Die Eier stehen für das Geheimnis, den Schatz. Ich staunte, wie weich und zärtlich der *Uilleand* die Kiefern umwand und sah es als ein Zeichen, aufmerksam zu sein und auf alle verborgenen Schätze zu achten, die vielleicht vor mir lagen.

Der Pfad hinab nach Charleston Bottom führt schließlich zu einer Straße, die ich überquerte und damit einen weiteren Wanderweg betrat, der am Cuckmere entlang verläuft. Hier, in einem Rinnsal, das man zuerst auf dem Weg selbst antrifft, finden wir ein weiteres Mitglied der Ogham-Familie: *Ngetal*, die Binse. Liz und Colin Murray sagen im »Keltischen Baumorakel«: »Die Binse ähnelt, so dünn wie sie ist, einem Pfeil, der mit silberner Spitze hoch in die unbekannte Luft fliegt und genau an der Quelle dessen landet, was man schon jahrelang gesucht hat.«

Ich stieg über einen Zauntritt und ging weiter über den weidengesäumten Pfad neben dem Bächlein her, das in den Cuckmere mündet: Ein träger Fluß, dessen Wasser so langsam fließt, daß es fast unnatürlich glasig wirkt. Er schlängelt sich durch ein breites, völlig flaches Tal, das auf beiden Seiten von den Downs begrenzt wird.

Ich hatte nur wenig Hoffnung, die verlorengegangene Gefährtin des Langen Mannes zu finden, die Göttin von Hindover. Unter all den Aufzeichnungen über den Langen Mann und dieses Gebiet, die ich studiert hatte, war ich nur auf wenige, flüchtige Hinweise auf sie gestoßen, und zwar in einem Buch über örtliche Folklore, das ich in einem Winkel der Bibliothek der Archäologischen Gesellschaft von Sussex versteckt gefunden hatte. Es war unwahrscheinlich, daß in der Landschaft selbst noch Spuren vorhanden waren.

Doch als ich neben dem Cuckmere herging, dem Schlangenfluß, wie er auch genannt wurde, blickte ich über das Wasser zum Hindover Hill hinüber, und da war sie – ganz und gar nicht verborgen …

16. Die Sehnsucht nach der Rückkehr

*Und da wußte ich, warum ich mich danach sehnte,
meinen Kopf zwischen deine Beine zu schmiegen –
es ist die Sehnsucht nach der Rückkehr.
Und ich wußte, warum du es liebst,
dich von der weißen Milch der Generationen zu nähren –
es ist die Sehnsucht nach Manna.
Möge ich wiedergeboren werden,
mögest du dich ewig nähren,
möge die Schlange Ouroboros uns auf immer zeigen,
daß Nähren und Geben ewig gleich bleiben.*

Hindover Hill, heute High and Over genannt, ist für das Kreidepferd bekannt, das 1925 (und davor 1838) dort in die Erde gekerbt wurde – abgesehen von dem prächtigen Blick vom Kamm aus über das Cuckmere-Tal mit seinem schlangengleichen Fluß, der sich zum Meer und den weißen Klippen der Seven Sisters windet.

Vor dem Hügel stehend sieht man unterhalb des Kamms das Pferd – inzwischen ein wenig überwuchert, aber immer noch deutlich zu erkennen. Rechts wölbt sich der Hang einwärts, ehe er in einer weiteren Flanke vorspringt. Diese Senke bildet ein natürliches Dreieck, das von einem Wald bestanden ist. Auf beiden Seiten erstreckt sich das kahle Grasland wie die mächtigen Schenkel einer Gottheit hin zum Schlangenfluß. Wo die Schenkel zusammentreffen, befindet sich ein geheimnisvoller Ort, eine verborgene Stelle, ein üppig bewuchertes Reich, in dem wir bei der Geburt auftauchen, und in das sich so viele zurücksehnen.

Ich überquerte den Schlangenfluß und ging an diese offensichtlichste, intimste aller Manifestationen der Göttin. Ich beschloß, die angenehmste Kunst der Alten zu praktizieren, den meditativen Schlaf. Alle alten Traditionen scheinen sich dieser Technik bedient zu haben. In Indien übt man immer noch »Tempelschlaf« aus, und in Griechenland gab es mindestens dreihundert Tempel, die der Heilung durch den Gott Äskulap geweiht waren, in denen jene, die Heilung suchten, in bestimmten Zellen, *abaton* genannt, schliefen. Der Schlaf hier sollte bedeutsame Träume erzeugen, die dann von *therapeutes* gedeutet wurden (daher der Begriff Therapeut). Derartige Praktiken waren auch den Druiden bekannt. Die keltischen Seher wickelten sich in Stierhäute, legten sich neben einen Wasserfall oder eine Quelle und hofften auf einen bedeutungsvollen Traum. Wenn der Nachfolger des Hochkönigs von Irland bestimmt werden sollte, bedienten sich die Druiden ähnlicher Techniken.

John Matthews erläutert in dem Artikel über Träume bei den Kelten in Großbritannien und Irland Mortimer Wheelers Behauptung, daß der römisch-britische Tempel, den man bei Lydney in Gloucestershire entdeckte, als Heiltempel angelegt war, mit *abatons*, welche die heilsamen Träume herbeiführen sollten. Die Forschung interessiert sich mittlerweile für die anregende, heilende Kraft solcher Orte in Großbritannien. Oft bieten sich Freiwillige an, an heiligen Stätten zu nächtigen. Wenn sie in der Nacht Anzeichen von Traumaktivität zeigen, weckt sie ein Forscher auf, um die Einzelheiten aufzuzeichnen. Man hofft, daß nach genügend Experimenten ein eindeutiges Muster an Erfahrungen zutage tritt, das sich an anderen derartigen Stätten bestätigt.

Da ich keine Stierhaut dabeihatte, begnügte ich mich mit meinem Jackett und rollte mich neben der Göttin am Fluß zusammen.

Wenn man mit einem bestimmten Ziel im Kopf in den Schlaf sinkt, weil ein Teil des Bewußtseins noch nach einer Antwort sucht, einem Punkt jenseits der Schleier der Logik, wacht man manchmal mit einer bewußten Erkenntnis, einem Bild, einem eindrucksvollen Traum wieder auf.

Da war ein Tor. Daran erinnere ich mich. Und Herzschlag. Und ich ging hindurch, und es herrschte Licht. Dann schien es, als hätte ich sehr lange geschlafen. Doch darauf erfolgte plötzlich Lärm und eine Art Pochen, und ich sah einen breiten Blutstrom.

Ich erblickte eine hohe Gestalt, die zwei riesige Türflügel aufstieß, und ein Fluß ergoß sich hinaus auf die Ebene. Darin schwammen Tiger und Hirsche und Frettchen und Antilopen, große, unbeholfene Bussarde und leuchtend bunte Eisvögel. Während die Tiere sich noch halbwegs ordentlich auf die erste Arche begeben hatten, taumelten sie in großer Unordnung aus dieser heraus – es gab zwar von jeder Sorte ein Paar, aber von manchen Arten waren Dutzende vorhanden. Es gab unzählige Ameisen und Spinnen und auch zahlreiche wollige Mammuts, die in die Ferne wanderten, entschlossen, zu Fossilien zu werden. Ich wachte von Babygeschrei auf.

Ein junges Paar mit einem Baby ging auf dem Weg an mir vorbei und warf mir besorgte Blicke zu. Vielleicht dachten sie, ich sei verrückt, weil ich in der noch ziemlich kalten Jahreszeit im Freien schlief.

Ob es diesen dreieckigen Wald schon seit den Tagen der ersten Zeichnung des Langen Mannes gab, wissen wir nicht, aber heute finden wir unweigerlich an diesem Ort der legendären Gefährtin des Langen Mannes dieses große Bildnis der Göttin in der Landschaft. Obwohl das weiße Pferd unterhalb des Kamms hier erst in neuerer Zeit erschaffen wurde, kann es kaum Zufall sein, daß man genau diesen Berghang dazu auswählte. Es gibt hier überall Hügel, aber auf diesen Hang und keinen anderen kerbten sie das Symbol der Göttin ein – ein Pferd. Vielleicht gab es schon seit Jahrhunderten oder Jahrtausenden das Bild eines Pferdes auf dieser Bergflanke. Nachdem das alljährliche Abbrennen aufgegeben worden war, verschwand das Bild wie das des Langen Mannes wohl ganz.Und jene, die die neueren Bildnisse gestalteten, hatten dann bewußt oder unbewußt das Bild neu angelegt.

Das Pferd ist nicht nur das Emblem der Göttin, sondern auch eines der Totemtiere der Britischen Inseln. Vom königlichen Haushalt bis zum Wettbüro an der nächsten Straßenecke ist diese Nation von Pferden besessen. Auf den Berkshire Downs tänzelt das weiße Pferd von Uffington über die Landschaft; in der Nähe gibt es jenes langgezogene, mysteröse Hügelgrab von Wayland Smithy. Auf dem Kontinent verspeist man sie, doch hier ist ihr Fleisch tabu. Das Pferd wird zwar in Großbritannien besonders verehrt, aber der Kult von Epona, der Pferdegöttin, findet sich in ganz Europa. Die einzige schriftliche Aufzeichnung über diese Göttin findet sich im Werk von Pseudo-Plutarch: »Ein gewisser Phouloniuos Stellos, der Frauen haßte, hatte Verkehr mit einer Stute. Nach einer Weile gebar sie ein wunderschönes Mädchen namens Epona, die Göttin der Pferde.« Diese seltsame Geschichte erinnert uns an den bizarren Brauch bei der Einsetzung neuer Könige in Donegal, wie sie im 12. Jahrhundert von Geraldus Cambrensis aufgezeichnet wurde: Der neue Monarch badete in der Brühe von einem weißen Pferd und trank von der Flüssigkeit, nachdem er in aller Öffentlichkeit mit dem armen Tier Verkehr gehabt hatte.

Unsere modernen Geister und Herzen lehnen sich zwar gegen solche Riten auf, aber sie bieten uns oft die deutlichsten Beschreibungen der indogermanischen Wurzeln unserer keltischen Ahnen. Denn in Indien erforderte das vedische Asvamedha-Ritual, daß die Königin mit einem Hengst den Verkehr simulierte, nachdem dieser rituell geschlachtet worden war.

Es ist für unser modernes Bewußtsein schwer, die Bedeutung solcher Handlungen zu begreifen, aber wir wissen, daß das Pferd für die Alten ein Symbol des Landes war. Ein Herrscher, der mit einem Pferd verkehrte, symbolisierte die Vereinigung des Königs oder der Königin mit dem Land selbst. Indem er seine Sexualität und seinen Tod teilte, brachte er das Leben schlechthin unter seine Gewalt.

Wir erkennen die geheimnisvolle und enge Verbindung zwischen Pferd, Sexualität und Tod in der Tatsache, daß solche

Manifestationen der Pferdegöttin in der Folklore immer noch vorhanden sind und an den zwei Tor-Tagen im Jahr begangen werden, die den Tod und die Sexualität feiern: An den keltischen Feuerfesten Samhuinn und Beltane. Zur Maizeit oder in den Wintermonaten zwischen Samhuinn und dem neuen Jahr ritt man Steckenpferde. Die großen Pferdemärkte in England und Wales ereignen sich immer noch um diese Tage herum: Padstow und Minehead finden im Mai statt, Hooden Horse und die Wild Horses in Cheshire und Shropshire sowie Mary Llwyd in Wales läuten den Winter ein.

Die Psychoanalyse vertritt die Ansicht, daß das Pferd die Sexualität, die Libido eines Menschen symbolisieren kann, aber schlimme Träume von Tod und Unglück nennt man auch »Nachtmahr« – die Nachtstute, und es heißt, der Tod reite ein fahles Pferd.

Die Tore des Lebens, die sich an Beltane öffnen, lassen eine Flut stürmischer Energien ein, die die Männer zu Hengsten macht, so daß sie von den Frauen oft als »Deckhengste« bezeichnet werden. Beim Schließen der Tore zu Samhuinn tragen sie die gleiche Kraft zurück in die Unterwelt, zu den Sommerinseln, um sich im Winter dieser Welt zu erneuern…

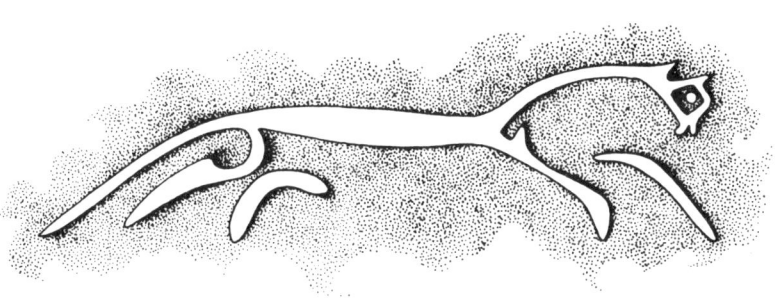

17. Lucie

Und als sie sich niederließen, sahen sie eine Frau auf einem großen, prächtigen weißen Pferd in einem Gewand aus glänzendem Seidenbrokat über den Weg heranreiten, der an dem Berg vorbeiführt. Das Pferd ging mit langsamen, gleichmäßigen Schritten ... und kam auf gleiche Höhe mit dem Berg. »Männer«, sagte Pwyll, »kennt einer von euch die Reiterin?« – »Nein, Herr«, antworteten sie.

»Pwyll, Prinz von Dyfed«,
Das Mabinogion

Ich nahm meine Jacke und den Rucksack und stieg den steilen Pfad neben dem dreieckigen Waldstück hinauf, um mich schließlich oberhalb des weißen Pferdes niederzusetzen und den sich schlängelnden Cuckmere unter mir zu betrachten. Die Sonne kam heraus, und in der warmen Luft konnte ich leicht in die Welt der Großen Mutter zurückgleiten – die Welt der großen Tore, die sich öffnen, um die Kinder und Tiere der Erde in den hellen Tag hinaustaumeln zu lassen. Als ich über meinen Traum nachdachte, an die Tiere und Vögel, die mit einem Strom aus Blut aus dem großen Tor herausgedrungen waren, erkannte ich, daß der Schlangenfluß tatsächlich noch heute zu einer ganzen Ansammlung verschiedener Spezies führt – denn bei Alfriston, in Drusillas, befindet sich einer der besten Kleinzoos Englands. Dort nehmen Flamingos und Otter, Lamas und Ziegen die Besucher mit größtem Desinteresse zur Kenntnis.

Von dieser netten Verbindung zwischen dem Archetypischen und dem Wirklichen amüsiert, erkannte ich, wie wichtig es für unsere Ahnen gewesen sein muß, einen Fluß so dicht bei der Hügelstätte ihrer Göttin gehabt zu haben. Von Mór, der großen Mutter des Meeres bei den Seven Sisters, fließen die grauen Wasser am Göttinnenschrein vorbei zum Gott nach Windover und dann nach Anderida – dem Ödland von Ondred.

Doch als ich da lag und an den Fluß, das Meer und die Göttin dachte, glitt ich in einen Tagtraum, und die Mutter zeigte mir ihr anderes Gesicht. Der helle Tag verdüsterte sich und wurde zur Dunkelheit der Erde, aus der Erd-Bauch-Initiationskammer wurde die Grube, das Grab des Übergangs, aus den Schreien der Neugeborenen wurden die Klagen der Sterbenden. Ihr Gesicht war nicht mehr das einer liebenden Mutter und Gattin, sondern das einer faltigen, von der Zeit angenagten Alten. »Ich gebe das Leben und ich nehme es«, sagte sie. »Das ist das größte Mysterium von allen. Ihr alle kennt die Freude und die Schönheit, die ich in euer Leben bringe, aber nur wenig von der Trauer und den Tränen. Ich weiß, warum das Leben auf Erden gegeben und genommen werden muß – aber ihr nicht, und solange ihr auf der Erde lebt, werdet ihr es niemals vollständig begreifen.« Ich öffnete die Augen und versuchte recht erfolglos, das Gefühl von Verzweiflung abzustreifen, das mich überkommen hatte.

Ich ging weiter über den Comp Track am Cradle Hill entlang und bewunderte den riesigen glatten Hang, auf dem nur eine Handvoll Schafe und ein einsames Bauernhaus zu sehen waren. Anschließend wählte ich nicht den Green Way, sondern entschied mich für den Feldweg, der an Norton Top vorbei und am Grabhügel der Five Lords entlangführt und mich bald hoch oben auf die Downs brachte – mit einem Blick auf Meer und Klippen hinter mir und die sinkende Sonne im Westen. Am frühen Abend war ich in Firle und saß nun endlich in der Kneipe, die ich auf meinem Hinweg so angestrengt gemieden hatte.

An jenem Abend klingelte bei uns zu Hause das Telefon. Die Stimme am anderen Ende der Leitung schien aus weiter Ferne zu kommen: »Lucie ist tot« war alles, was ich verstehen konnte.

Während ihre Mutter weitersprach, konnte ich immer und immer wieder nur diesen einen Satz hören.

Lucie war siebzehn. Sie war an jenem Morgen mit vier anderen Mädchen zu einem Picknick zu dem Reitstall gefahren, wo sie alle arbeiteten. Das Auto hatte einen Unfall gehabt, die vier anderen Mädchen hatten überlebt, aber Lucie nicht.

Alle Eltern leben vom Augenblick der Geburt ihrer Kinder an in einem Alptraum von Angst. Die meiste Zeit hält sie sich bedeckt, obwohl wir Woche für Woche die Gesichter von Eltern auf dem Fernsehschirm sehen, für die dieser Alptraum Wirklichkeit geworden ist: in Mogadischu, Sarajewo, in Ulster.

Das Pferd, das Lucie jeden Tag über die Wege und Sträßchen des Ribble-Tals getragen hatte, war zu einem fahlen furchterregenden Pferd geworden und mit ihr in ein anderes, fernes Land durchgegangen. Dort konnten wir sie nicht mehr erreichen.

Sofort nach diesem Anruf, mit den Worten ihrer Mutter noch in meinen Ohren, halb ungläubig, es aber innerlich genau wissend, ging ich zum Tump und gelangte kurz darauf zum Gipfel. Ich sah den Mond und die Sterne, kniete mich auf die Erde und legte mein Gesicht auf den Boden. Ich betete zur Mutter aller Wesen darum, daß Lucie eine gute Reise zur Insel der Gesegneten gewährt würde. Immer wieder sprach ich zu Lucie, als säße sie neben mir: »Du bist geliebt, du bist gesegnet.« Vor drei Monaten war es angemessen gewesen, still und ruhig mit Boris zu kommunizieren, jenem Freund, der zur Wintersonnenwende sanft im Alter von 92 Jahren aus diesem Leben verschieden war – doch jetzt erschien es mir wichtig, mehr zu tun. Ohne die Hemmungen, die durch Schock, Trauer und das Gefühl, unbeobachtet zu sein, verschwunden waren, trat ich von Norden nach Westen, Süden und dann gen Osten und bat die Geister einer jeden Himmelsrichtung um ihren Segen für Lucie. Dann ging ich spontan mitten durch den Kreis von Ost nach West und wandte mich nach außen zur Richtung der sinkenden Sonne, des Abends, des Herbstes und des Abschieds. Bei allen Druidenzeremonien geht man sonst im Uhrzeigersinn um den Kreis aus Zeit und Raum, doch jetzt durchschritt ich ihn. Nach Westen, zu den Inseln der Gesegneten gewandt, wünschte ich Lucie noch einmal alles Gute und schloß damit die Zeremonie.

Als ich an jenem Abend einschlief, spürte ich Lucies Gegenwart nahe bei mir. »Wie geht es dir?« fragte ich. Sie sagte, sie sei »in Ordnung«, aber es sei als ein ziemlicher Schock gekommen. Wie sprachen über die Reise, die vor ihr lag, und daß sie sich jetzt nur noch darauf einstimmen müsse, auf das Licht zuzuwandern. Nach einer Weile verabschiedete sie sich und fügte mit einem leisen Lächeln hinzu: »Sag Mum, daß sie meine Reitstiefel nicht verkaufen soll.« Ich lag in meinem Bett und dachte: »Was für ein seltsamer Abschiedssatz...« Aber dann erinnerte ich mich daran, daß sie als kleines Kind orthopädische Schuhe getragen hatte, und ihre Eltern hatten die kleinen roten Stiefel immer als Erinnerungsstück behalten. Es waren ihre ersten Schuhe – und die Reitstiefel waren ihre letzten – in diesem Leben.

Am nächsten Tag bat mich ihre Mutter, den Trauergottesdienst im Krematorium abzuhalten. Wir dachten gemeinsam daran, daß sie und Lucies Vater vor zwei Jahren die Zeremonie zur Namensgebung für unsere Tochter Sophie auf Iona abgehalten hatten. Sie hatten unsere Tochter bei ihrem Eintritt in diese Welt begrüßt – und nun wurde ich gebeten, allen dabei zu helfen, ihrer Tochter alles Gute zu wünschen, wenn sie unsere Welt verließ. Stundenlang wütete ich gegen die Ungerechtigkeit dieser schrecklichen Symmetrie und kämpfte mit starken Wellen der Verzweiflung. Doch schließlich überkam mich die große Ruhe, die nach langem Weinen eintritt, und sie blieb lange genug, um zu erkennen, daß diese beiden Zeremonien sich in Wirklichkeit nicht sehr voneinander unterschieden.

Bei einer Namensgebung, einer Taufe, begrüßen wir die sichere Ankunft einer Seele, die vor kurzem durch das Tor von einer Welt in die andere getreten ist. Bei einer Beerdigungs- oder Abschiedszeremonie bitten wir um die sichere Ankunft einer Seele, die vor kurzem durch ein Tor getreten ist – allerdings in der anderen Richtung, von dieser Welt in die nächste. Unser Wissen über den Zustand nach dem Tode, das allen möglichen spirituellen Traditionen entstammt, vor allem aber der keltischen, ägyptischen und tibetanischen, in Verbindung mit Informationen, die wir durch den Spiritualismus gewonnen haben, sowie neueren Studien über Todesnähe sagt uns, daß der Tod in einem sehr realen Sinne und auf der körperlichen Ebene eine Geburt in die spirituelle Welt hinein bedeutet. Studien über Todesnähe zeigen uns durchgängig die Parallelen. Die Seele wandert durch einen dunklen Tunnel auf ein Licht zu, genau wie ein Baby sich durch einen dunklen Tunnel auf das Licht der Welt zukämpft. Aus diesem Grund muß eine Abschiedszeremonie eine Feier des neuen Lebens sein, in das die Seele nun eintritt, ebenso wie eine Ehrung ihrer Zeit auf Erden. Man erkennt aber dabei auch respektvoll die Tatsache an, daß dieser neue Schritt auf der Seelenreise für uns große persönliche Trauer bedeutet.

Lucies Eltern wußten dies, und trotz ihrer Verzweiflung und Trauer wußten sie auch, daß wir Lucie bei der Abschiedszeremonie gehen lassen mußten – zum nächsten Abschnitt ihrer Reise. »Wir wollen, daß die Trauerfeier eine Feier von Lucies Leben ist«, sagte ihr Vater zu mir.

Drei Wochen später stand ich mit Lucies Eltern am Strand von Iona, und wir sprachen über Lucie und ihre Reise, die wir alle durchs Leben machen. Wir sprachen darüber, daß der Tod eine Initiation darstellt, nicht nur für diejenigen, die durch das Tor treten, sondern auch für jene, die auf dieser Seite der Schwelle bleiben müssen. Wir sprachen über Lucies Schritt in die andere Welt, der so viele Menschen auf eine Weise getroffen hatte, wie wir uns nie hätten vorstellen können. Chris und Bill wußten, daß diese Tragödie für sie zwar sehr persönlich war, aber dennoch eine, die zahllose andere Menschen jedes Jahr erdulden müssen. Jeden Tag werden weltweit eine Viertelmillion Menschen durch Autos getötet. In Großbritannien sterben alljährlich viertausend Menschen an den Folgen eines Autounfalls. Ob der Tod durch einen Unfall, durch Alter, Krankheit oder Gewalt eintritt, wir treten durch jenes Tor, und dabei lassen wir die geliebten Menschen in unserem Leben vor Schock benommen zurück. Die Art und Weise, wie wir das Durchschreiten unserer Kinder oder Eltern, unserer Freunde oder Verwandten achten, beeinflußt nicht nur deren Reise in die Anderswelt, sondern auch die Reise derjenigen, die in dieser Welt zurückbleiben.

An jenem Tag in Schottland, als wir über die Meerenge von Iona auf die schneebedeckten Berge von Mull auf der anderen Seite blickten, waren wir uns einig, daß wir die Zeremonie, mit der wir Lucies Schritt in die Anderswelt begingen, mit anderen teilen wollten.

LUCIES ZEREMONIE

O großer Geist, Mutter und Vater von uns allen,
wir bitten um deinen Segen bei dieser Zeremonie der Danksagung
und der Ehrung und Segnung von Lucie.

Wir stehen vor einem Tor, einem Tor, durch das ein jeder von uns eines Tages treten muß. Lucie ist bereits durch dieses Tor getreten. Ihre Seele ist ins strahlende Licht der Reinheit getaucht, das Mutter und Vater für uns alle ist.

Die Trauer und der Schmerz, den wir empfinden, ist Teil unseres Wissens und unserer Erfahrung der Tatsache, daß wir diese Schwelle noch nicht überschreiten können, um bei ihr zu sein, sondern erst, wenn unsere Zeit gekommen ist – bis auch wir das beginnen können, was man als das große Abenteuer beschrieben hat.

Lucie war so jung, und ihr Durchschreiten des Tors kam so plötzlich, daß wir jetzt wünschen, ihr noch viele Dinge gesagt zu haben, die wir ihr hätten geben wollen – alles, was wir ihr wünschten und für sie erhofften. Lucie hat das Lied, das wir nun hören werden, sehr geliebt, und es spricht genau davon. Wenn wir ihm zuhören, können wir uns erlauben, all das zu empfinden, was wir ihr sagen wollen und unsere Herzen noch erfüllt.

Musik (»The Woman's Work«*, von Kate Bush)*

Obwohl Lucie viel früher ihr großes Abenteuer begonnen hat, viel früher, als wir alle geahnt haben, können wir trotzdem begreifen, wie jedes Leben auf dieser Erde in sich vollständig ist. Die bloße Vergänglichkeit macht es schön, und wir erkennen und sehen, respektieren und feiern die Schönheit und die Vergänglichkeit von Lucies Leben hier auf der Erde.

Lucie liebte Abenteuer – sie war ein freier Geist, der die Grenzen der Konvention und der Konformität verabscheute. Vor allem liebte sie die Natur und die Tierwelt – ihre größte Freude war es, mit ihrem Pferd in die Landschaft hinauszureiten, fort von dem Lärm und der Häßlichkeit der Städte, hin zur Sonne, zu Wind und Regen.

Diese Welt der Natur, die sie so sehr liebte, ist nicht auf die Realität begrenzt, wie wir sie hier erleben – sondern ein großes, kontinuierliches Feld des Lebens, und eine Religion nach der anderen und heute eine wissenschaftliche Untersuchung nach der anderen zeigen uns, daß das Leben nicht vom körperlichen Tod unterbrochen wird, sondern bloß eine Verwandlung durchmacht. Der körperliche Tod ist für die Person, die ihn erleidet, eine Geburt, eine Befreiung des Selbst von den Grenzen des Körpers, damit die Seele wachsen und lernen und sich in einer helleren Welt bewegen kann, einer Welt voller Licht und Tiefe, Sinn und Pracht. Lucie befindet sich nun in dieser Welt, und wir können mit ihr feiern und ihr für ihre Zeit hier auf Erden danken, danken für die Freude und das Lachen und die Liebe, die sie erlebte und die sie uns gab.

Verharren wir einen Moment in Schweigen, während wir jeder auf unsere Weise Lucie für alles danken, was sie uns gegeben hat.

O große Mutter aller Lebewesen, wir danken dir für das Gegebene, wir danken dir für alles Genommene. Auch wenn wir es nicht begreifen. Auch wenn wir es nicht verstehen.

Pelargius, ein britischer Theologe, der vermutlich gleichzeitig ein Druide war, führte im 4. Jahrhundert die Doktrin des ursprünglichen Segens ein, die besagt, jeder Mensch stünde bei seinem Tod und seiner Geburt unter dem Segen Gottes. Um an diese Doktrin zu glauben, brauchen wir nur in die Augen eines kleines Kindes zu schauen, brauchten wir nur in Lucies Augen zu blicken. Das fiel mir an Lucie immer am stärksten auf – das

Funkeln in ihren Augen. Es schien immer, als habe sie einen lustigen Witz über die Welt begriffen, dessen Pointe mir völlig entging ... und das war einfach ansteckend. Sie brachte mich immer zum Lachen und Lächeln, auch wenn ich nicht wußte, warum. Als sie letzten Sommer bei uns wohnte, beschenkte sie uns mit witzigen Geschichten über ihren Bruder und ihre Eltern, von jener lockeren Albernheit, die wir alle gern haben, aber als sie uns die Geschichten erzählte, wußte sie genauso wie wir, daß sie uns eigentlich mitteilte, wie sehr sie sie liebte und wie sehr sie sich über die Eigenschaft freute, die diese auszeichnete, nämlich ihre Menschlichkeit.

Ich möchte Chris und Bill noch etwas sagen, obwohl ich weiß, daß sie es wissen. Doch es muß trotzdem gesagt werden: Der Schmerz und die Trauer, die wir alle heute empfinden, ist das Wissen, daß ihr den größten Schmerz erleidet, den ein Mann oder eine Frau auf dieser Erde erleiden können. Das wissen wir. Und wir stehen hier mit euch und werden immer neben euch stehen.

Bei druidischen Zeremonien steht man in bestimmten Augenblicken immer auf und hält einander im Kreis an den Händen und spricht die folgenden Worte:

Wir schwören beim Frieden und der Liebe, hier Herz an Herz und Hand in Hand zu stehen. Erkenne uns, o Geist, und höre uns an und bestätige diesen unseren heiligen Schwur.

Faßt euch ein Herz und schöpft Mut und wißt, daß wir euch lieben und ehren.

In dem großen Kreislauf des Lebens halten wir nicht nur unsere körperlichen, gegenwärtigen Gefährten an der Hand, sondern auch den Geist aller Tiere und Blumen, der Steine und Sterne, und wir halten alle an der Hand, die wir auf dieser Seinsebene lieben.

Chris, Bill und Nolan, Lucie ist nicht mehr körperlich bei euch, aber sie wird im Geiste immer bei euch sein. Sie lebt in euren Herzen, wie ihr in ihrem lebt.

Denn es gibt keine Trennung.

In gewissem Sinne hat sie sich auf eine große Reise begeben, in das Große Abenteuer, und reitet auf ihrem weißen Pferd zu den Sommerinseln, den Inseln der Gesegneten. Aber in einem anderen Sinne wissen wir, daß diese große Reise sie nicht von uns fortführt, sondern statt dessen näher zu uns – ins Zentrum, das uns alle vereinigt.

Liebe Lucie, möge deine Reise zu den Inseln der Gesegneten, ins Zentrum Gottes, ins Land der Freiheit und der Pracht, rasch und sicher vonstatten gehen. Möge dein Pferd dich mit den Flügeln des Sonnengottes tragen, mögen deine Steigbügel dich sicher auf dem Rücken deines Tieres halten. Du bist gesegnet, du bist gesegnet, du bist gesegnet. Du bist rein, du bist rein, du bist rein. Deine Reinheit ist die Reinheit der Göttlichkeit des heiligen Tempels, daher wird dir kein Unheil mehr zustoßen.

Wir bitten darum, daß du bei dem Namen geleitet wirst, den deine Mutter und dein Vater dir gaben, denn Lucie heißt Licht. Möge das Licht dein Führer auf dieser Reise sein.

Wir bitten den Segen der Geister des Stammes und Ahnen, den Segen von Zeit, Raum und Reise, dich zu begleiten.

Wir bitten, daß der Segen der Geister von Norden und Süden, Osten und Westen bei dir sein möge. Wir bitten darum, daß du mit Feuer und mit Wasser, mit Erde und Luft und dem Geiste gesegnet bist.

Wir bitten um den Segen des Herrn und der Herrin der Tiere und der Wälder, der Berge und der Flüsse.

Wir bitten um den Segen des Ungeschaffenen, dessen Sohn und Tochter, das geschaffene Wort, und des Geistes, der alles anregt – mögen sie auf immer bei dir sein.

In aller Stille senden wir Lucie nun unsere Segnungen für ihre sichere und fröhliche Reise in die andere Welt – erfüllt von Frieden und Klarheit und Liebe.

Bei der Schönheit der Felder, der Wälder und des Meeres, bei der Pracht von allem, was besteht, schicken wir dir unsere Liebe und Segenssprüche, liebe Lucie.

Da die Sonne im Osten aufgeht und im Westen untergeht, so werden auch wir geboren und so sterben wir. Doch genau wie die Sonne, die jeden Tag aufs neue erscheint, kehren auch wir erfrischt und erneuert auf die Erde zurück. Liebe Lucie, wisse, daß du, genau wie in die spirituelle Welt, auch auf Erden wiedergeboren wirst – wenn dein Zeitpunkt gekommen ist. Nun zieh dahin in Sicherheit und Wohlsein. Unsere Herzen begleiten dich. Es gibt keine Trennung.

Leb wohl, liebe Lucie.

Musik (»On your Shore« *von Enya*)

18. Rhiannon

*Das Mädchen blieb stehen und wartete und zog jenen Teil
ihres Kopfputzes beiseite, der ihr Gesicht verhüllen sollte,
richtete ihren Blick auf ihn und begann mit ihm zu sprechen:
»... meine Dame«, sagte er, »würdet Ihr mir sagen, was Ihr wollt?« – »Ja,
zwischen mir und Gott«, gab sie zurück,
»mein Hauptanliegen ist es, dich zu sehen.«*

»Pwyell, Prinz von Dyfed«,
Das Mabinogion

*Man stellt sich Rhiannon als eine prächtige Königin
mit dunklem Haar vor –
oder aber als pferdeköpfige Frau mit einem Fohlen an der Seite.
Sie ist die Schutzpatronin aller Mütter, die Fehlgeburten erlitten
oder ihre Kinder auf unangemessene Weise verloren.*

Aus dem Lehrmaterial der Druiden: The Order
of Bards, Ovates and Druids

Es war unmöglich, meine Reise fortzusetzen. Genau wie der Kreis auf dem Hügel in jener Nacht mit meinem Durchschreiten in direkter Linie von Ost nach West gespalten worden war, war die Reise vom Berg und zurück über Wilmington durch Lucies Tod gespalten worden.

Aber die alten Fabeln geben uns in Zeiten der Verzweiflung immer Halt – das ist einer der großen Werte von Mythen und Geschichten.

Die Geschichte von Jesu Leben und Kreuzigung gibt uns schon seit Generationen diesen Halt, aber viele andere müssen weiter und tiefer in unsere Geschichte zurückblicken – geographisch näher als in den Nahen Osten, und näher als an das Ufer des Sees Genezareth und auf den Ölberg.

Eine der größten Quellen für die Inspiration aus druidischen und keltischen Mythen findet sich in der Sammlung magischer walisischer Geschichten mit dem Titel »Mabinogion«. Sie wurden erst im 12. Jahrhundert schriftlich aufgezeichnet, aber es ist klar, daß die Geschichten des »Mabinogion« sich auf vorchristliche Quellen stützen.

Die erste dieser Geschichten, als »Der erste Zweig des Mabinogion« bekannt, heißt »Pwyll, Prinz von Dyfed«, und berichtet uns von der Hochzeit des Prinzen mit einer Frau aus der Anderswelt – Rhiannon – und dem geheimnisvollen Verschwinden und Wiederauftauchen ihres Sohnes Pryderi.

Nachdem der Prinz ein Jahr und einen Tag in der Unterwelt verbracht hat, beschließt er, sich auf den Berg Arberth zu setzen, einen Zauberberg, der die Edlen, die es wagen, ihn zu besteigen, entweder verletzt oder ihnen Wunder zeigt. »Pwyll erhob sich und begab sich auf den Gipfel des Berges, der oberhalb seines Hofes lag und Gorsedd Arberth hieß. ›Herr‹, sagte einer von seinen Höflingen, ›dieser Berg hat die Besonderheit, daß jeder Hochgeborene, der darauf sitzt, nicht wieder fortgeht, ohne eines von beidem zu erhalten: Wunden oder Hiebe – oder er sieht ein Wunder.‹«

Vom Gipfel aus sieht er eine »Dame auf einem großen, prächtigen weißen Pferd...« den Weg entlangreiten, der am Berg vorbeiführt. Ein Reiter wird ihr entgegengeschickt, und obwohl ihr Pferd mit langsamem, stetigem Schritt geht, kann dieser Reiter sie nicht einholen. Das passiert dreimal hintereinander. Schließlich reitet Pwyll auf sie zu und ruft ihr zu, stehenzubleiben. Sie folgt dem mit den Worten: »Das tue ich gern, und es wäre für das Pferd besser gewesen, wenn du das schon früher gesagt hättest.« Manche Männer brauchen eben lange, um zu begreifen, daß eine Frau nicht nur Taten braucht, sondern auch Worte.

Sie gesteht Pwyll, daß sie ihn und nur ihn liebt, doch sie sei gegen ihren Willen einem anderen Mann zugesprochen worden. Sie lädt ihn nach einem Jahr und einem Tag in die Burg ihres Vaters ein, um ihren ungewollten Ehemann auszustechen. Anschließend schlafen sie miteinander und kehren zusammen nach Dyfed zurück, wo Rhiannon einen Sohn zur Welt bringen soll. Sie warten weitere drei Jahre auf diesen Erstgeborenen, doch am Abend seiner Geburt wird das Baby auf geheimnisvolle Weise aus seiner Krippe geraubt, während seine Mutter und deren sechs Zofen schlafen.

Als die Zofen aufwachen, bekommen sie Angst, daß man ihnen das Verschwinden des Kindes anlasten wird. Sie töten einen jungen Hund, streichen der schlafenden Rhiannon dessen Blut auf Gesicht und Mund und legen ein paar Knochen auf ihr Bett. Als sie erwacht, fragt sie: »Frauen, wo ist mein Kind?« – »Herrin«, antworten sie, »fragt uns nicht nach dem Kind. Wir sind grün und blau vom Ringen mit Euch. Ihr selbst habt Euren Sohn vernichtet.«

Pwyll steht aber trotz des öffentlichen Aufschreis zu seiner Frau. »Dann rief Rhiannon ihre Lehrer und Weisen zusammen. Und da sie lieber eine Strafe erduldete, als sich mit den Frauen anzulegen, nahm sie die Strafe auf sich.« Sie bestand darin, Tag für Tag sieben Jahre lang neben dem Aufsitzstein vor dem Hoftor zu Arberth zu sitzen. Jedem Besucher mußte sie die Geschichte erzählen und ihm anschließend anbieten, ihn auf ihrem Rücken in den Hof zu tragen.

Sie mußte nicht nur den Verlust ihres Kindes ertragen, sondern auch jeden Tag aufs neue die Lüge von sich geben, daß sie selbst es ums Leben gebracht habe, und zum Reittier werden, das die Besucher zum Hof trägt.

Aber je tiefer die Trauer und je härter die Ungerechtigkeit und Würdelosigkeit, die wir ertragen müssen, um so größer wird am Ende unsere Belohnung sein.

Der Tag, an dem das Baby der Mutter entrissen wurde, war Beltane, der Maitag, und in einem anderen Teil des Landes bereitete sich ein Mann namens Teyrnon auf die Entdeckung vor, warum er jedes Jahr an Beltane das Fohlen verlor, das seine Stute zur Welt brachte. Er beschloß, die ganze Nacht bei ihr zu wachen. Als das Fohlen zur Welt kam, fuhr eine riesenhafte Klaue durch das Fenster, um es zu rauben, aber Teyrnon schlug rasch mit dem Schwert zu und trennte die Pranke mit einem einzigen Hieb ab. Es erfolgte ein Schrei, dann ein Getümmel, und er eilte nach draußen, um das Ungeheuer zu verfolgen. In der Schwärze der Nacht konnte er nichts sehen, doch dann fiel ihm ein, daß er die Tür offengelassen hatte. Er rannte zurück und entdeckte »ein Baby in Windeln, um die ein Tuch aus Seidenbrokat gewickelt war«.

Teyrnon und seine Frau zogen das Kind groß und nannten es Gwri – Goldhaar. Mit zwei Jahren war er schon so groß wie ein Sechsjähriger.

Als Teyrnon die traurige Nachricht von Rhiannon und ihrer Strafe hörte, erkannte er, daß Gwri Pwyll sehr ähnlich sah. »Und da überkam ihn große Angst, denn es war nicht recht, daß er den Jungen behielt, wenn er wußte, daß er der Sohn eines anderen war. Sobald er mit seiner Frau allein war, sagte er, es sei nicht recht, den Jungen zu behalten und zuzulassen, daß eine so gute Frau wie Rhiannon eine so schlimme Strafe erduldete.«

Am nächsten Tag ritten Teyrnon und Gwri nach Arberth. Als sie sich dem Hof näherten, trat Rhiannon auf sie zu und sagte: »Großer Stammesältester, tu keinen weiteren Schritt, denn ich werde euch beide zum Hof tragen. Das ist meine Strafe, weil ich mit den eigenen Händen meinen Sohn getötet und vernichtet habe.«

Sie weigerten sich jedoch, sich tragen zu lassen, und verkündeten ihr statt dessen vor dem versammelten Volk am Hof die Nachricht von der Rückkehr ihres Sohnes. In großer Freude wurde der Junge in Pryderi umbenannt, und man bot Teyrnon die »schönsten Edelsteine und feinsten Pferde und ausgesuchtesten Hunde an, aber er wollte nichts davon«.

Diese Geschichte verkündet uns die ewige Wahrheit, daß wir niemals wirklich getrennt sein können von jenen, die wir lieben. Irgendwann werden wir wieder vereint, und die Zeit, die uns zu trennen schien, verschwindet in einem Moment.

Diejenigen, die von ihren Kindern durch Tod, Scheidung oder andere Umstände getrennt werden, müssen lernen, mit dem Wissen zu leben, daß unser Gefühl von Trennung nur vorübergehend ist und auf der tiefsten Ebene sogar illusionär, auch wenn es uns tief ins Mark schneidet. Rhiannon, die Königin der Anderswelt, wird doppelt verletzt – durch ihren Verlust und die falsche Anklage. Aber sie kennt die Wahrheit und wartet auf die Zeit der Rückkehr. In aller Würde, Erhabenheit und Integrität steht sie da als Göttin, und all jene, die fälschlich beschuldigt wurden oder denen Kinder geraubt wurden, können sich an sie wenden.

Rhiannon und Pwyll wandern zwischen dieser Welt und der Anderswelt hin und her. Für die meisten Menschen ist diese Reise nicht so einfach, und erst im Tod befinden wir uns am Eingang zur Anderswelt. Zur Ausbildung in den Schulen der Mysterien, darunter auch des Druidentums, gehört unter anderem die Entwicklung der Fähigkeit, in gewissem Grade zwischen diesen Reichen zu wandeln, ohne jedesmal körperlich zu sterben.

Die Trauer, wenn ein Nahestehender stirbt, beruht auch auf dem Wissen, daß er sich auf eine Reise begeben hat, auf der wir ihn nicht begleiten können, gleich, wie vertraut wir durch Meditation und innere Reisen mit der Anderswelt geworden sind. Aber der Tod ist wie das Leben voller Paradoxe, und obwohl wir in gewissem Sinne durch die Erfahrung des körperlichen Todes eine Reise beginnen und zum Wanderer in einer größeren, helleren Welt werden, entdecken wir in anderem Sinne vielleicht, daß gar keine Reise stattfindet – nur die fortwährende Offenbarung des stillen Zentrums – Gott/Göttin – im Herzen des Seins. Wir entdecken eine große Wahrheit, wenn wir erkennen, daß wir uns auf einer Reise durchs Leben befinden. Wir entdecken eine große Wahrheit, wenn wir erkennen, daß es überhaupt keine Reise ist.

... werden wir nicht aufhören in unserem Kundschaften
Und das Ende unseres Kundschaftens
Wird es sein, am Ausgangspunkt anzukommen
Und den Ort zum ersten Mal zu erkennen.
Durch das unbekannte, erinnerte Tor,

Wenn der letzte Fleck Erde, der zu entdecken bleibt,
Jenes ist, das den Anfang gebildet;
An dem Quellengrund des längsten Stromes
die Stimme des verborgenen Wasserfalls,
Und die Kinder im Apfelbaum,
Unerkannt, weil nicht erwartet,
Aber gehört, halbgehört, in der Stille
zwischen zwei Wellen der See.

T. S. Eliot*

---

* Aus: Gesammelte Gedichte, © Suhrkamp Verlag, Frankfurt am Main 1988. »Werden wir nicht nachlassen in unseren Kundschaften«, S. 335 (Übers. Nora Wydenbruck).

19. Der Weg zurück

*Ich sah den Turm im Wald und die blühenden Disteln
auf den buschgesäumten Wegen,
und die strengen, vom Krieg gefällten Stämme,
und erkannte einen Glauben, der auf den trägen Lippen des Volkes brannte
unter ihren schlummernden Gedanken und steten Wiederholungen;
den alten Zeilen des Wissens um das Leben, das sich gewiß erneuert;
ohne das letztendliche Ziel zu wissen, sind wir zufrieden.
Ich erkläre mich schuldig, mein eigener Ahne zu sein.*

NUINN

Lucie war am 10. April gestorben, kurz nach der Frühlingssonnenwende. An Beltane waren wir auf Iona und feierten den Maitag mit einem Feuer am Strand, beim Geräusch der sich brechenden Wellen und der knisternden Flammen, die sich in unserem Bewußtsein vereinten, als wir neben den Flammen die Augen schlossen. Nach Lucies Tod war ich unfähig, meine Reise weiter fortzusetzen, und schreiben konnte ich auch nicht. Nach der Rückkehr von Iona glaubte ich, aufs neue beginnen zu können: den Weg zu Ende gehen und dieses Buch abschließen zu können. Der letzte Teil der Reise bestand zwar nur aus den acht Kilometern, die Firle von Lewes trennen.

Aber diese acht Kilometer schienen mir wie eine unendlich lange Entfernung – eine Ewigkeit an Zeit.

Am 10. Juni wurde unsere zweite Tochter geboren – und löste all das Staunen und die Freude aus, wie es nur ein neues Kind in die Welt bringen kann. Am 22. Juni begingen wir auf dem Primrose Hill in London die Sommersonnenwende, die in der druidischen Tradition als Alban Heruin bekannt ist, Licht am Ufer.

Zweihundert Jahre zuvor hatten sich Druiden aus Wales und England hier auf Einladung des walisischen Barden Iolo Morganwg hin versammelt. Und nun, bei der Zweihundertjahrfeier, trafen sich hier Druiden aus Wales und England, Irland, Schottland, der Bretagne, Frankreich, Amerika und Australien, Finnland, Ungarn und Holland auf dem gleichen heiligen Hügel, um nicht nur die Erinnerung an diesen historischen Augenblick der druidischen Erneuerung vor zweihundert Jahren zu begehen, sondern auch die Tatsache, daß das Druidentum in diesem letzten Jahrzehnt des zweiten Jahrtausends sowohl in der traditionellen Heimat eine Wiederbelebung erfährt als auch weltweit.

Auf dem Höhepunkt der Zeremonie trat ein Paar, das bei einer Druidenhochzeit an Imbolc getraut worden war (die Zeremonie dazu findet sich am Schluß dieses Buches) in den Kreis, um sich die Hände zu reichen. Sie sprachen für die Liebe. Der Schreiber fragte: »Wer spricht für das Land?« Aus dem Kreis ertönte die Antwort: »Wir sprechen für das Land«, und anschließend traten die Vertreter der zahlreichen anwesenden Länder aus dem Kreis vor und gaben sich zu einem kleineren, inneren Kreis die Hände, der das Paar in der Mitte umgab. Diejenigen im ursprünglichen Kreis sprachen für die Menschen dieser Länder, und die Wächter einer jeden Himmelsrichtung sprachen für den Frieden. Darauf sagte ich als Leiter der Zeremonie: »An diesem Tag des höchsten Lichtes stehen wir hier, drei in einem, um zu feiern: die Liebe, die Länder und die Menschen, umgeben von Frieden. Möge die Sonne, unser aller Inspiratorin, in unseren Herzen scheinen, damit wir diesen Ort in dem Wissen verlassen, daß wir als Ein Volk auf der Einen Erde leben, die unsere Heimat ist.«

Die Zeremonie schien abgeschlossen, doch dann rief der Herold: »Dort steht noch jemand, der unserer Bruderschaft beitreten will. Der Mabon bittet darum, ihn anzuhören.« Der Mabon, der Vertreter des göttlichen Kindes, hielt eine Kerze hoch und sagte: »Ich komme als Kind künftiger Generationen an diesen Ort. Mein Geschenk ist die sanfte Flamme der Hoffnung, die jedes neue Leben in diese Welt bringt. Ich und alle, die mir folgen, bitten diejenigen unter euch, die für die Liebe, die Länder und das Volk sprechen, diese heilige Flamme zu beschützen. Das ist meine Bitte für die Kinder dieser Welt!«

Wir hatten den Kern der druidischen Erneuerung auf das Heute gelenkt – er lag nicht mehr in der Vergangenheit. Trotz aller Pracht und Fülle des Erbes lag der Blick in die Zukunft gerichtet, auf das Bedürfnis, diesen schönen Planeten für unsere Kinder zu bewahren. Der Ruf des heutigen Druidentums ist ein Ruf von der Zukunft her, auch wenn er in der Vergangenheit und in der Autorität der Tradition wurzelt. Es besitzt, wie ein großer Baum, Wurzeln, die weit in die Zeit zurückreichen, bis zu unseren präkeltischen Vorfahren, vielleicht sogar zu Atlantis. Und da er so gut verwurzelt ist, reichen seine Äste hoch in die Luft und tragen reichlich Früchte. Es besteht eigentlich kein Abstand in der Zeit, genau, wie es keinen Abstand im Raum gibt: Die Lieder unserer Ahnen sind auch die Lieder unserer Kinder. Dieses reine, durchdringende Lied unserer Kinder hören wir, wenn wir hinaus in die Welt schauen und wissen, daß es unsere Generation und keine andere ist, die der Zerstörung unseres Planeten Einhalt gebieten muß.

Nach der Sonnwendzeremonie konnte ich erneut beginnen und die Reise beenden, die genau sechs Monate zuvor ihren Anfang genommen hatte, zur Wintersonnenwende auf dem Tump. Aber es dauerte weitere sieben Wochen, bis der richtige Zeitpunkt kam. Am 1. August fuhr mich meine Frau Stephanie zum »Ram« in Firle, und als das Auto fortbrauste, war ich wieder allein mit meinem Rucksack und meiner Landkarte. Diesmal hatten wir uns nicht irgendwo verabredet – ich würde nach Hause wandern, nachdem ich die letzten Ausläufer der Downs überquert hatte, die Firle von Lewes trennen.

Als ich hinter der Kneipe auf das offene Feld trat, spürte ich wieder jenes ungewöhnliche Gefühl von Freiheit, das sich einstellt, sobald man sich zu Fuß auf den Weg macht. Die anderen Stadien der Reise hatten im Winter oder im Vorfrühling stattgefunden – jetzt war es Hochsommer. Beim Betrachten der Karte konnte man leicht auf den Gedanken kommen, daß die Straße, die die beiden Dörfer Firle und Glynde miteinander verbindet, das Gefühl völlig zunichte machen würde, sich in der freien Natur zu befinden, aber als ich neben den weiten Feldern mit hüfthohem Korn herging, konnte ich die Straße weder sehen noch hören. Statt dessen erblickte ich links den langgezogenen Rücken der South-Downs mit dem Firle Beacon im Osten und dem Itford Hill im Westen. Vor mir lag Swanborough Hill, gekrönt von bedrohlich dunklen Wolken, und rechts lag der Caburn im hellen Sonnenschein und schien mir zuzuwinken. Ich blieb stehen, um die Aussicht zu bewundern, und kniete mich nieder, so daß das wehende Korn zu einem goldenen Meer wurde. Der Dun vor mir wirkte nun wie ein großes, grünes Boot. Am Bug stand der Riese von Firle auf seinem Gipfel und ließ lachend kleine Steine über die Weizensee auf mich zuschnellen. Auf der Brücke des Schiffs erhoben sich die beiden Sendemasten von Beddingham Hill wie ein Symbol für Ausgewogenheit und Kommunikation.

Als dieses Riesenboot von der Isis zum Snake River segelte, drehte ich mich gerade rechtzeitig um, um den Riesen von Gill am Caburn zu sehen, der von seiner Hügelfestung herüberschaute. Als er mich sah, hob er den rechten Arm und schleuderte einen riesigen Hammer, der sich in der Luft drehte und herumwirbelte, ehe er mit einem lauten Aufprall im Weizen neben mir landete. Ich rannte darauf zu und hob ihn auf. Doch es war kein Hammer, es war eine Axt. Mir fiel ein, daß man früher Äxte oft als heilige Objekte neben Wegen vergraben hatte. Ich dankte dem Riesen und benutzte die Axt, um neben dem Pfad ein Loch auszuheben und sie wieder zu vergraben, ehe ich weiterzog.

Beim Weitergehen erinnerte ich mich an Brian Bates' Geschichte über den angelsächsischen Zauberer Wyrd, die im alten Sussex spielt. Bates, Psychologiedozent und Leiter des

Schamanenprojekts an der Universität von Sussex, hatte im Britischen Museum ein tausend Jahre altes Manuskript aus der angelsächsischen Periode entdeckt. Darin waren die medizinischen Geheimnisse heidnischer Zauberer verzeichnet: Kräuterrezepte, Rituale, Anrufungen und Zaubersprüche. Statt aber eine akademische Abhandlung über dieses Manuskript zu verfassen, verwob Bates das entdeckte Material lieber mit einer erfundenen Geschichte über das Leben von Wat Brand, eines christlichen Schreibers, der bei einem Zauberer namens Wulf in die Lehre geht.

Bates geht davon aus, daß Ansichten aus früherer Zeit unser Verständnis von Medizin, Heilen, Ökologie und persönlicher Verwandlung vervollständigen können und daß die Erforschung unseres eigenes Erbes wie auch das des Ostens uns wertvolle Erkenntnisse geben kann, die uns zwingend und provokativ klarmachen, welche Bedeutung sie für unser heutiges Leben haben. Sein Buch befaßt sich insbesondere mit den Theorien und Praktiken der angelsächsischen Zauberkunst, die ihre Inspiration vorwiegend aus der nordischen Mythologie erhält. Der britannische Baum der Tradition hat jedoch viele Wurzeln: Von unserem heutigen Standpunkt aus haben die keltischen und vorkeltischen, die megalithischen, christlichen und nordischen Wurzeln alle zusammen zum Zentralstamm, der britannischen Materie beigetragen, dem Erbe aller spirituellen Praktiken und Überzeugungen. Dieser Stamm ist so massig, daß wir kaum erst seine Oberfläche erfaßt haben. Früher hatte ich immer geglaubt, nur in anderen Kulturen fände sich ein riesiges Reservoir an authentischen spirituellen Praktiken und Traditionen. Es schien mir, als seien die indische, die tibetische oder die amerikanische Eingeborenenkultur vielleicht die einzigen Hüter der wahrhaft echten, intakten alten Spiritualität. Je mehr ich aber lerne und erfahre, um so klarer erkenne ich, daß wir in Wirklichkeit hier in Britannien auf einem solchen Schatz an spirituellen Traditionen sitzen, daß es für den einzelnen fast unmöglich ist, die Fülle dieses Erbes zu erfassen. Hier ein Beispiel: 1992 war lediglich ein Viertel der Manuskripte über die druidische und keltische Tradition in Irland ins Englische übersetzt. Der Rest, 75 Prozent aller Aufzeichnungen über dieses Erbe, liegt unübersetzt in irischen Bibliotheken.

Die megalithischen, präkeltischen, keltischen, nordischen und sächsischen Traditionen begegneten sich und vermischten sich, wurden verändert und verwandelt. Als Wulf, der angelsächsische Zauberer in der Geschichte von Wyrd, diese Hügel und Täler durchstreifte, muß sein Verständnis von den verborgenen Kräften dem der Druiden sehr ähnlich gewesen sein, die vor ihm auf diesen Spuren gewandelt waren.

In diesem kleinen Teil von Logres zwischen dem Ödland von Ondred und dem Meer finden wir auch die Spuren von vier Riesen – den Riesen von Firle und Hunter's Burgh, wo sich heute der Lange Mann erhebt, vom Gill-Riesen auf dem Caburn und dem namenlosen Riesen in Lewes selbst. Der Gill-Riese liegt im Gills-Grab verborgen, einer Grube in der Nähe von Glynde, und der namenlose Riese von Lewes war für die Senken in den großen Kämmen der Downs hinter der Stadt verantwortlich.

Wulf erklärt seinem christlichen Freund Brand, wer diese Riesen sind:

> »Die Riesen sind die Götter der Alten. Die Welt wurde im allerersten Winter von den Riesen erschaffen. Ein ungeheurer Riese entstand aus Rauhreif. Und als das Feuer kam, da schmolz er. Aus seinem riesigen Körper bildeten sich die Welten. Aus seinem Blut floß das Meer, aus seinen Knochen entstanden die Berge, aus seinem Haar die Wälder und aus seinem Schädel der Himmel. Und aus seinen Wimpern, welche die alles erblickenden Augen bedeckten, wurde die Mittelerde gebildet, Land der Menschen, Zauberer und Geister. Und im Kern von Mittelerde, auf Hügeln, die so hoch wie Berge sind, leben die Götter, und unter ihnen brodelt die Unterwelt, das Land der Toten und all ihrer Geheimnisse...
> Aber die Riesen sind heute Ausgestoßene, die im Exil am Rand der Erde leben und vom mächtigen Ozean rundherum dort gehalten werden.«

Die Riesen, die ich gesehen hatte, waren also nicht wirklich da – sie waren die Geister von Riesen, Echos aus einer anderen

Zeit, einer Zeit vor Windmühlen und Autos, vor Sendemasten und Satelliten. Oder etwa nicht? Genau wir wir Menschen sterben, um wiedergeboren zu werden, kommen vielleicht auch die Riesen zurück, um die Straßen und Eisenbahnschienen aufzureißen und die Fabriken und Raketensilos zu zerstören, mit denen wir die Erde verunziert haben.

Aber warum sind unsere Volksmärchen und Mythen so eindeutig von Riesen beherrscht? Manche meinen, daß Geschichten von Riesen auf Erinnerungen an echte Riesen schließen lassen – an Ungeheuer vielleicht, oder einfach an eine größere Rasse. Auf der psychologischen Ebene ist das Bild des Riesen und der Riesin als das Bild der Erwachsenen durch Kinderaugen erklärbar. Für unsere Kinder sind wir wahrhafte Riesen, wenn wir sie von Kniehöhe aus hochheben, sie uns auf die Schultern setzen oder sie durch die Straßen tragen, auf denen sich Hunderte anderer Riesen drängen. Sogar das Thema des Einsamen Riesen können wir begreifen als die gewisse männliche Entfremdung und Einsamkeit, die der seelisch oder körperlich abwesende Vater ausstrahlt: Stellen wir uns nur die Gefühle eines Kindes von einem Matrosen vor, der nach Monaten auf See zurückkehrt, Monaten, die dem Kind wie Jahre erscheinen. Vielleicht trägt dieser bärtige, grobschlächtige Fremde, der durch seine Abwesenheit und seinen Aufenthalt in anderen Kulturen völlig von der eigenen Familie abgeschnitten ist, sein Kind auf den Armen, bis er wieder zur See fährt und das Kind mit Erinnerungen an seine Wärme und Traurigkeit zurückläßt – mit einer Einsamkeit, die für das Kind eins mit dem Riesen ist, welcher vielleicht eines Tages zurückkehrt, vielleicht aber auch nicht.

Diese Erklärung hilft vielleicht ein Stück weiter, aber sie kann nicht vollständig die Präsenz von Riesen in unseren Mythen begründen. Es gibt noch eine andere Ebene der psychologischen Dimension: Anstatt nach außen zu blicken, schauen wir nach innen und entdecken Riesen in uns selbst. Wenn uns sexuelle oder kampflustige Gefühle durchfluten, verhalten wir uns, als seien wir größer als unser eigentliches Selbst und körperlich stärker. Die Amazonen wurden oft als Riesinnen abgebildet – zwar nicht an Körpergröße, so doch an Kraft. Sie waren das Sinnbild für die Macht der Sexualität und des Kampfes. Auf der am weitesten entfernten Insel Großbritanniens, St. Kilda, wo 1705 die ersten christlichen Missionare landeten, lebten Stallir der Druide und eine Druidin, die als »die Amazone« bekannt war. Sie liebte die Jagd und hetzte ihre Hunde bis nach Harris und Lewes hinter dem Rotwild her, denn damals gab es noch eine Landbrücke zwischen St. Kilda und den Äußeren Hebriden. Diese Kombination von offen zur Schau getragener sexueller Macht und einem kämpferischen Geist beim Mann werden beim Riesen von Cerne Abbas mit seinem hochgereckten Penis und seiner Keule deutlich dargestellt. Wenn wir in uns selbst auf den Wilden Mann oder die Wilde Frau stoßen (oder andere archetypische Teile unseres Selbst), fühlen wir uns oft größer, kräftiger und stärker als unser Alltagsselbst.

Aber diese Riesengeschichte hat uns noch mehr zu sagen. Wenn wir den Blick nach oben richten, sehen wir die Gestalten von Riesen in den himmlischen Konstellationen, und wenn sie wütend werden, schleudern sie Steine herab, die als Meteoriten auf die Erde aufprallen. Rings um uns her sehen wir Riesen in der Landschaft: Felswände, die aussehen wie riesige Köpfe, Gebirge wie Profile von Riesen, die auf dem Rücken faulenzen, sanfte Hänge, die an die Form von Brüsten, Schenkeln und schwangeren Bäuchen denken lassen. Auf dem Cliffe Hill bei Lewes wird der Blick von den Kleingärten zwischen den großen Schenkeln aus Land zu einer bewaldeten Spalte gelenkt, dann den Bauch hinauf zu den zwei Brüsten, die Kamelhöcker genannt werden – zwei Grabhügel, die neolithische Menschen ästhetisch und geomantisch wohl bewußt so gestaltet haben, um das Bild zu vervollständigen, das die Natur so großzügig anbot. Und der Beweis, daß solche Ideen nicht nur das Produkt eines modernen, von Körperlichkeit und Sexualität besessenen Geistes sind, ist, daß die alten Leute in den Kleingärten sich daran erinnern, daß man den Berg immer schon »Die dicke Frau« genannt hatte und die Erde hier nicht von ungefähr besonders fruchtbar ist.

Man kann sich darüber streiten, ob wir in der Landschaft tatsächlich Riesenfiguren sehen können, genauso, wie wir in den Wolken und im Feuer Gestalten zu sehen vermeinen. Interessanterweise hat man jedoch festgestellt, daß das Land ein Chakra- System besitzt, eine Reihe von sieben verschiedenen Energierastern – genau wie der menschliche Körper eine Reihe derartiger Zentren aufweist.

Wenn Riesen und Riesinnen nicht nur das personifizierte Land darstellen, sondern etwas mehr, nämlich das lebendige Wesen der Landschaft, dann ist es kein Wunder, daß große Höhen oder Landschaftsformationen oft mit der Legende eines Riesen oder einer Riesin verbunden sind: Dem entstammen wohl die Riesen der Berge von Firle in Sussex und Pendle in Lancashire, die Felsformationen wie die Giantess' Apron (Riesinnenschürze) in Wales oder der Giant's Causeway (Riesenweg) in Irland.

Wenn die Riesen in Kreide gemalt sind zeigt sich uns darin die eindrucksvollste Darstellung der Begegnung des Himmelsvaters mit der Erdmutter. Die Kreidegestalten werden zu Symbolen für die Vereinigung der Götter. Als sie die Riesengestalten von Cerne Abbas und Wilmington in die Mutter Erde zeichneten, verschmolzen unsere Ahnen buchstäblich den Himmels- oder Sonnengott mit seiner Gefährtin, dem Land: Es herrschte keine Trennung mehr – Gott und Göttin waren eins.

Aber es gibt noch eine andere Erklärungsebene: Hier geht es um die verschiedenen Seinsebenen, um andere Welten, um innere Ebenen der »un-gewöhnlichen Realität«, wie einige Forscher solche Existenzbereiche nun prosaisch nennen. Hier können Riesen und Riesinnen wahrhaftig und objektiv existieren – hier stoßen wir auf die mächtigen Wesen, die wir Devas oder Engel nennen, Götter oder Göttinnen, Riesen oder Riesinnen. Und diese Wesen, die man an bestimmten Orten voller Kraft erspähen kann, die ungeheure Vorräte an elementarer Macht in sich tragen, wurden im Lauf der Zeit in Reim und Lied, in Tanz und Karneval als die Märchenriesen eingefangen.

Ich bog von meinem Weg ab und überquerte die Straße, die von Lewes nach Eastbourne führt, um auf Glynde zuzugehen – auf die Heimstatt des Gill-Riesen.

20. Die Hänge von Galedin

*Aber der Donnerschlag rollt,
und Blitze zucken von Ost nach West
und treffen, wen sie wollen.
Sie bringen oft den Tod,
aber wo sie treffen, entsteht ein Gral.*

Nuinn

Auf dem Weg von Firle nach Glynde kommt man durch ein Dorf in Feudalbesitz. Lord Grange zum Beispiel gehört fast ganz Firle und Lord Hampden fast ganz Glynde. Hier in Glynde treffen jeden Sommer Tausende von elegant gekleideten Menschen per Zug, Auto oder Hubschrauber ein, um mit Glyndebourne eines der berühmtesten Opernhäuser der Welt zu besuchen. Nur wenige wissen, daß nahe dem See und den Gärten, die Opernfans aus aller Welt begrüßen, ein Riese in seiner Höhle schläft.

Eines Tages wird man neben dem Lied der Baritone und Soprane seine dröhnende Stimme wieder vernehmen, wenn er im Schlaf von einem anderen Land redet, als die Mittelerde noch seine Heimstatt war.

Ich widerstand der Verlockung, die Gärten von Glynde Place zu besuchen, bog nach links ab und stieg über den Zauntritt am Fuß des Caburn.

Der Hang war mit Mohnblumen, Orchideen und Rapunzelglockenblumen übersät. Die dunklen Wolken, die sich kurz zuvor über dem Swanborough Hill zusammengeballt hatten, überzogen plötzlich den Himmel, und ich wurde in wenigen Minuten völlig durchweicht. Aber ebenso kurze Zeit später waren die Regenwolken weitergezogen und machten einem klaren blauen Himmel und strahlender Mittagssonne Platz.

Nach einer Weile gelangte ich zu den äußeren Befestigungen des Caburn. Trotz der mittsommerlichen Jahreszeit war ich hier völlig allein. Beim Übersteigen der Gräben hatte ich das Gefühl, die Römer hätten erst vor ein paar Monaten die Festung erobert. Man konnte die qualmenden Überreste der Holzhäuser fast sehen, die Überreste einer langen, blutigen Schlacht. Doch statt Blut sah man überall nur Mohnblumen – die ebenso dicht standen wie der Flohsamenwegerich, ein Verwandter des Gemeinen Kreuzkrauts, das aus unerfindlichen Gründen stets reichlich auf alten Erdwällen wächst. Es können Tausende von Jahren vergehen, aber die Wegeriche weigern sich, ihre Lebensgewohnheiten zu ändern.

Ich trat an den Rand der äußeren Befestigung und begriff sogleich, warum dies eine Lieblingsstelle der Drachenflieger ist. Die Alten suchten sich den Platz für ihre Festungsanlagen und Siedlungen immer genau aus; sie achteten nicht bloß auf natürlichen Schutz und Vorkommen von Materialien wie Feuerstein, auf Nahrung und Wasser, sondern ganz gewiß auch auf ästhetische Gesichtspunkte. Die Stätten am Caburn und am Whitehawk (auf dem Jugg's Road in Richtung Brighton) sind zum Beispiel Plätze mit großartiger Aussicht.

Genau vor mir auf der anderen Talseite lag der Itford Hill mit dem Brookland-Becken zu seiner Rechten. Ich konnte gerade eben die Isis erspähen, die sich dort zum Meer schlängelt. Die Stadt Lugh war allerdings vom letzten Hügelkamm meinen Blicken verborgen.

Auf dem Caburn ausruhend dachte ich an die zurückgelegte Reise – eine Reise, von der ich naiv angenommen hatte, daß sie nur wenige Tage oder Wochen dauern würde, für die ich in Wirklichkeit aber sieben Monate gebraucht hatte. Und in diesen Monaten war sehr viel geschehen.

Mein Ziel war nun nahe, doch ich konnte es immer noch nicht sehen. Im Februar, auf dem Hinweg, hatte ich fast die ganze Zeit das in der Sonne glänzende Lewes mit seinem

Tump gesehen, auch als ich den Itford Hill erstieg, aber auf dem Rückweg war die Stadt fast ununterbrochen vom Gelände verborgen, auch jetzt, obwohl sie ganz in der Nähe war.

Der Hügel, auf dem ich saß, war ursprünglich, vor etwa 2500 Jahren, der Standort eines unbefestigten Gehöfts gewesen. Doch um etwa 150 v. Chr. hatte man eilig eine Bastion angelegt, ehe man – vermutlich von ins Land eindringenden Belgiern – angegriffen wurde. Dieser Stamm hatte die befestigte Farm erobert, über hundert Korngruben ausgehoben, etwas geschaffen, das wahrscheinlich ein Wassertank war, und die Befestigungsanlagen verstärkt. Trotz der besseren Anlage wurde das Fort später allerdings angegriffen und in Schutt und Asche gelegt – vermutlich von römischen Truppen. Trotz ihrer blutigen Geschichte strahlt die Stätte heute große Ruhe und Frieden aus.

Der Fußweg vom Caburn herab führt über eine grüne »Autobahn der Seele« – einen breiten Wiesenhang, auf dem wogendes Riedgras und Ginster wachsen und die »Menschenspur« auf diesem sanften Hügel bezeichnen. Nahe dem Bible Bottom, der seltsam geformten, rechteckigen Wallanlage, zum Golfplatz auf Cliffe Hill hin, wird dieser Weg schmaler. Nach der seltsam anrührenden Landschaft mit ihrem sorgfältig gepflegten Rasen und den Metallfähnchen gelangt man schließlich zum Westhang des Cliffe Hill, von dem dann endlich Lewes zu sehen ist.

Auf dem Cliffe Hill haben die gleichen neolithischen Bauern ihre terrassenförmig angelegten Felder gepflügt, die vermutlich auch den Hügel, auf dem Lewes liegt, besiedelt hatten. Aber die ersten echten Anzeichen einer Besiedlung stammen aus angelsächsischen Zeiten, als man vermutlich vor dem Tod König Alfreds im Jahr 899 tiefe Gräben aushob, um die Stadt gegen dänische Überfälle zu schützen. Der Ursprung des Namens Lewes wird allgemein auf das altenglische *hlaew*, Hügel, zurückgeführt, aber ohne eine weitere Erklärung ist diese Bezeichnung irreführend. Die meisten Bewohner von Lewes glauben vermutlich, daß der Name der Stadt sich auf den Berg bezieht, auf dem sie liegt. Aber Margaret Gelling, die Präsidentin der englischen Gesellschaft für Ortsnamen, meint, das Wort *hlaew* sei nur sehr selten, wenn überhaupt jemals, in Südengland benutzt worden, um einen natürlichen Berg zu bezeichnen. Statt dessen meinte man damit eher eine künstliche Anschüttung oder einen Grabhügel. Margaret Gelling glaubt, Lewes habe seinen Namen aufgrund der Tumuli, die den Hügel im Osten und Westen überziehen. Doch vielleicht stammt der Name nicht von dem heiligen Hügel außerhalb der Stadt, sondern von jenen innerhalb.

Wenn man vom Cliffe Hill herab auf Lewes blickt, fallen einem trotz der Anhäufung moderner Gebäude die drei Hügel auf: der Tump bei der Ruine der Abtei, der bewaldete Hang an der Burg und Brack Mount, oft als zweiter Burgberg bezeichnet. Wenn diese drei Hügel schon in angelsächsischen Zeiten bestanden, dann war es in der Tat passend, den Ort als *hlaewes* zu bezeichnen – als Stätte der Hügel.

Das Wort *hlaew* (und die Ableitungen *lew* und *low*) wurden allerdings nicht für jede Art von Hügel benutzt, sondern nur für bedeutsame. Daher bedeutet Mutlow in Cambridgeshire und in Essex »Grabenhügel«, Knightlow Hill in Ryton bezeichnet einen »Berg oder Grabhügel von jungen Männern«, Brinklow heißt vermutlich »Grabhügel am Rand eines Berges«, und Pathlow in Aston Canlow »Berg oder Grabhügel neben einem Weg«.

Harlow in Essex ist nach einem kleinen Hügel am Bahnhof benannt, auf dem in alten Zeiten ein römischer Tempel stand. Er war künstlich behauen und von einem Graben umgeben; die Römer waren ohne Zweifel nicht die ersten, die seine Kuppe als heilig empfanden.

Der Name Ludlow in Shropshire bedeutet »Berg am Strom«, anderer Meinung nach »Berg von Lugh« (von Lud). T. Wright schlägt in seinem Buch »The History of Ludlow«, das 1841 zuerst veröffentlicht wurde, noch eine andere Bedeutung für den Stadtnamen vor. Im folgenden Zitat finden wir weitere Hinweise auf die Bedeutung von Ortsnamen, die von *hlaew* abgeleitet sind:

»[Ludlow] ... heißt der Hügel der Menschen. Aber mit dem angelsächsischen *hlaew* wurde allgemein kein natürlicher Berg bezeichnet, wie jener, auf dem die Stadt Ludlow [oder auch Lewes] liegen, sondern ein künstlicher Grabhügel, ein Tumulus wie der Bartlow Hill in Cambridgeshire... Diese *lows* waren eng mit der Mythologie und dem Aberglauben unserer frühen Vorfahren verbunden. In deren Vorstellung gab es noch urtümliche Riesen und Drachen, die eifersüchtig über ihren verborgenen Schätzen wachten. In alten Zeiten finden wir sie häufig in Szenen von volkstümlichen Zeremonien und Zusammenkünften.«

Wir werden sehen, daß einer der drei Hügel in Lewes mit größter Sicherheit Schauplatz einer solchen volkstümlichen Zeremonie war: der Tump zur Erntezeit. Und um den Tump herum windet sich der Drachenpfad, um dessen strahlenden Schatz zu beschützen. Vielleicht ehrt der Name Lewes ganz besonders diese heilige Stätte.

Es gibt noch andere Theorien über den Ursprung des Namens Lewes, die nicht so gut belegt sind. Camden meint, er stamme vielleicht vom Wort *gluis* ab, hell, glänzend, oder von *leaw*, was Arm oder Hand bedeutet. Lewis in Schottland soll »Hand im Wasser« bedeuten, und Camden meint, Lewes könne sich aus *Leaw-Ese* oder *Lew-Ys* entwickelt haben – wobei der Teil *Ese* oder *Ys* die Isis bezeichnet, die heute Ouse heißt, auf die die Stadt einen Arm oder eine Hand zuzustrecken scheint. Es wird zwar in der Literatur keine Verbindung zwischen Lewes und Lugh gezogen, aber es ist interessant, daß der Name des keltischen Lichtgottes Lugh (und die ihm verwandte Gottheit Lleu) »Loo« ausgesprochen wird, wie Lewes (»Loois«), und daß Lewes Schauplatz der Feierlichkeiten beim alten keltischen Fest von Lughnasadh war, an »Lughs Tag«. Lugh war als Wächter der Lanze von Gorias auch als Lugh mit dem Langen Arm bekannt. Außerdem stand er in besonderer Verbindung zur ersten Ernte – als Gefährte der Göttin des Überflusses. Das Fest der Ersten Ernte wurde Anfang August auf heiligen Hügeln wie dem Tump abgehalten, und auch wenn der Name der Stadt sich nicht von Lugh ableitet, ist es ein glücklicher Zufall, diesen Namen wie ein Echo aus angelsächsischen Zeiten zu hören und uns daran zu erinnern, daß wir hier in der Tat an einem heiligen Ort stehen, einem Ort mit einem *hlaew*, einem heiligen Hügel, der der Erdmutter und ihrem Gefährten Lugh mit dem Langen Arm geweiht ist.

Man hat sich schon lange darauf geeinigt, daß der Ursprung des Namen Lewes das altenglische *hlaew ist*. Kürzlich hat jedoch der Ortsnamenexperte Richard Coates von der University of Sussex die Meinung vertreten, wir könnten diese Ableitung nicht als sicher betrachten; es sei ebensogut möglich, daß der Name Lewes dem gleichen Wort entstamme wie das walisische *llechwedd*, »Hang«. Der Stamm von *llechwedd* ist im Britischen, der keltischen Sprache Großbritanniens bis zum Abzug der römischen Legionen, *lexowia*.

Lewes ist in der Tat an einen Hang gebaut – eher an einer Reihe von Hängen, was die Bewohner täglich erfahren, wenn sie sich die steilen Straßen auf- und abmühen. Richard Coates' Theorie erhält noch aus einer unerwarteten Ecke Unterstützung: von dem für die Wiederbelebung des walisischen Druidentums verantwortlichen Barden Iolo Morganwg, der 1792 auf dem Primrose Hill in London ein Gorsedd veranstaltete und dessen Zeremonien bis auf den heutigen Tag die walisischen Gorseddau beeinflussen. Allerdings war es recht peinlich, als man herausfand, daß ein Gutteil seiner Schriften nicht, wie er behauptete, Originaldokumenten entstammte, die seitdem verlorengingen, sondern seiner eigenen blühenden Phantasie. Ein bestimmter Teil der Materialien, die er der Welt darbot, ist allerdings vermutlich authentisch. Eines dieser Fragmente hat den Titel »Die Hauptgebiete Britanniens« und wurde für die Welsh Manuscript Society in englischer Übersetzung von seinem Sohn Taliesin Williams in der Sammlung »The Iolo Manuscripts« veröffentlicht.

Iolo Morganwg behauptete, die »Principal Territories of Britain« von einem Manuskript übertragen zu haben, das im Besitz eines Mannes namens Cobbs in Cardiff gewesen sei. Dort werden 16 Gebiete aufgeführt. Das 17. war auf einem Einzelblatt von Cobbs' Manuskript beschrieben, das aber zum Zeitpunkt der Kopie durch Iolo verlorengegangen war. Von den genannten Gebieten sind Historikern alle außer einem bekannt. Das einzige unbekannte ist das Gebiet Arllechwedd Galedin. Doch dessen Grenzen werden im Text zuverlässig durch die anderen britischen Gebiete bezeichnet:

> 13. Caint [Kent] – vom Tain-Fluß [Themse] und Mor Tawch [der nebligen See] bis zu den Grenzen von Arllechwedd Galedin.
> 14. Arllechwedd Galedin – vom letzten Gebiet des äußeren Randes von Dyvnaint [Devon], Gwlad yr Hav [Somerset) und Argoied calchvynydd [die Hügel aus Kalkstein oder Kreide beim Wald].
> 15. Dyvnaint und Cerniw [Cornwall] von Arllechwedd Galedin und den dazwischenliegenden Seen bis zum Britischen Kanal.

Wenn wir die angegebenen Grenzlinien aus dem Manuskript aufzeichnen, entdecken wir, daß das beschriebene Gebiet Sussex und einen Teil Hampshires umfaßt.

Arllechwedd bedeutet »die Hänge von...« und Galedin bezeichnet »die Menschen aus dem Land, das überflutet war«. Wie passend wäre es, wenn, Coats zufolge, eine der Hauptstädte von *Arllechwedd Galedin Lechwedd* genannt wurde, das später als Lewes bekannt wurde. Und wie ungeheuer romantisch wäre es, wenn wir entdeckten, daß *Galedin* ein Volk war, das aus dem untergehenden Atlantis flüchtete, anstelle der Sachsen, die aus den überfluteten Tiefebenen flohen.

Ich erfuhr diese Information über Sussex' Erwähnung in den Iolo-Manuskripten von einem Mann, den ich eines Morgens vor Beginn meiner Reise auf dem Tump traf. Wir sprachen über den Tump selbst und die Landschaft ringsum. Monate später, als meine Reise sich dem Ende zuneigte, trafen wir uns wieder, diesmal bei einem gemeinsamen Freund, und er erzählte mir von seinen Forschungen. Kurz vor dem Ziel meiner Reise hatte ich das Gefühl, daß der innere Name dieses Landes nun ausgesprochen werden könnte – als habe der Drache des Tump nun zugelassen, daß eines seiner edelsteinverkrusteten Geheimnisse endlich bekannt werden durfte.

21. DIE ERNTE

Der längste Umweg ist der kürzeste Heimweg.

C. S. LEWIS

Ich stieg den Cliffe Hill hinab und gelangte zum Chapel Hill, der zur Hauptstraße von Cliffe Hill führt. Plötzlich sah ich dort wieder die Menschen, denen ich Tag für Tag begegnete, die Läden, die mir so vertraut waren, aber ich näherte mich ihnen nun von einem anderen Blickwinkel her. Ich war ein Außenseiter, der von den Bergen herabkam. Ich war ein Wanderer, kein Käufer. Mein Ziel war es, zu wandern, nicht einzukaufen. Doch seltsamerweise fühlte ich mich bei diesem Gang über die Hauptstraße, als sei ich endlich zu Hause angekommen.

Ich überquerte die Cliffe-Brücke, deren mittelalterlicher Vorfahre das Wunder von St. Richard von Chichester miterlebt hatte, und bog in den Friars Walk ab – ich war unterwegs zum Anfang und zum Ende meiner Reise.

Als ich am Tump anlangte, war es schon früher Abend, aber immer noch warm. Ich stieg über den Drachenpfad hinauf und setzte mich eine Weile auf dem Kamm nieder, um das Panorama zu bewundern. Dabei fragte ich mich, wie ein so kleiner, von Menschenhand geschaffener Hügel so elementar und magisch wirken konnte, wie ein Schlüssel für die Erkundung der

Landschaft. Und als ob er meine Frage verstanden hätte, merkte ich, daß Nuinn erschienen war und sich neben mir niedergelassen hatte. »Dieser Hügel, dieser Tump«, hob er an, »ist ein Lughnasadh-Berg, ein Berg, den Frauen und Männer vor Tausenden von Jahren eigens aufgeschüttet haben, um diese Zeit, Anfang August, zu begehen, wenn der Gott Lugh das Korn zum Reifen bringt und es Zeit ist, die Ernte einzuholen. Das Korn ist heilig – schau dir doch nur die Bedeutung des Brots in der christlichen Tradition an: Da wird es als Leib Christi betrachtet. Wie können wir seine Realität als Gott der Fruchtbarkeit abstreiten, wenn die Symbolik so deutlich ist? Ob wir Brot nun als Leib Christi betrachten oder als die Gabe der leiblichen Muttergottheit, unzweifelhaft ist es für uns ein Geschenk des Lebens.«

Ich erinnerte mich an die Forschungsarbeit Marie MacNeills über das Lughnasadh-Fest, in der sie nachwies, daß in Irland bis 1960 auf 65 Hügeln, an zehn Seen und an fünf Flußufern Lughnasadh begangen wurde. In Schottland bauten einige Dorfgemeinden noch bis zum 18. Jahrhundert Lammastürme aus Grassoden, und noch heute werden jedes Jahr um diese Zeit konische Lammaskuchen gebacken – kleine Tumps sozusagen. Hier und am Silbury Hill und ganz bestimmt auch an anderen Punkten des riesigen Netzes aus verlockenden Wegen überall im Land wurden solche Lammastürme errichtet, die bis auf den heutigen Tag als Hügel überlebt haben.

Nuinn sprach weiter: »Niemand kennt den genauen Ursprung dieses seltsamen Schlangenhügels. Einige meinen, es sei eine normannische Befestigung oder einfach der Schutthaufen, der entstand, als in der Nähe die mittelalterliche Salzgrube ausgehoben wurde. Andere meinen, es sei ein Grabhügel über den Pferden, die 1264 bei der Schlacht von Lewes ums Leben gekommen seien, während wiederum andere ihn für einen römischen Leuchtturm halten, einen Ausguck der Burg, für einen von Menschen errichteten Kalvarienberg oder einen Aussichtsberg, der als Teil eines Wassergartens während der Renaissance gebaut wurde. Aber du und ich und auch andere wissen, daß der Tump nichts davon ist. Er wurde aufgeschüttet, um die Ernte zu feiern, und zwar hier und nicht an anderen

Stellen in der Landschaft, weil an dieser Stelle die Berge am Horizont nahe genug sind, um für die Mittwinter- und Mittsommersonnenauf- und -untergänge bei schlechter Sicht einen Orientierungspunkt zu bilden. Deshalb ist der Tump nicht nur ein Erntehügel – er ist ein Sonnenobservatorium, genau wie Stonehenge. Vor fünftausend Jahren hätte man von diesem Hügel aus die Mittsommersonne genau über dem Cliffe-Hill-Hügelgrab aufgehen gesehen, in nur einem Kilometer Entfernung. Bei Sonnenuntergang hätte man den Sonnengott über dem Blackcap-Hügelgrab in nur fünf Kilometern Entfernung sinken gesehen. An Alban Arthuran, im Mittwinter, hätte man die Neugeburt der Sonne direkt über dem Hügelgrab am Beddingham Hill gesehen, fünfeinhalb Kilometer entfernt, ihren Untergang über dem Tumulus von Swanborough Hill in vier Kilometern Entfernung.

Indem man die Hügelgräber und den Tump so anordnete, schufen die alten Druiden hier auf den Sussex-Downs, zwischen den Hängen Galedins, eine Sonnenuhr von ungeheurer Genauigkeit, eine grüne Uhr des grünen Königs, wie Rodney Castleden sie nannte.

Mit dem spiralförmigen Pfad haben seine Schöpfer dem Tump das Erdsymbol des Sonnengottes selbst gegeben. Genau wie beim Tor von Glastonbury, wo die Spirale ebenfalls in der Erde ist, wie in Tintagel und New Grange, wo die Spirale in Stein gemeißelt ist, finden wir den Nachklang der Legende, daß der Sonnenkönig bei seinem Tod in die Spiralburg zieht. Hier, in dieser Spiralburg, versammeln sich der Sonnenkönig und alle verschiedenen Seelen, ehe sie in die Anderswelt reisen.«

Dieses Sonnenobservatorium war nicht nur eine heilige Bühne, um den Göttern die ersten Früchte der neuen Ernte darzubieten, sondern könnte auch ein Hügel der Exkarnation gewesen sein, ein heiliger Berg, auf dem man die Verstorbenen dem Himmelsgott darbot. Wenn solche Opferzeremonien tatsächlich durchgeführt wurden, hätte man oben auf der Kuppe Bestattungsscheiterhaufen errichtet. Die Leichen hätte man in einer Prozession um den Spiralpfad getragen, als Symbol für die Reise in die Anderswelt. Das würde erklären, warum der Hügel außerhalb der Stadtgrenze errichtet wurde.

Aber ob man nun die Verstorbenen tatsächlich zum Gipfel trug oder nicht, es scheint klar, daß solche Hügel sensitive Stätten für den Übergang zwischen den Welten bilden – dieser und der nächsten.

Ich dachte daran, wie mein Besuch hier nach Boris' Tod mich zu meiner Reise angeregt und wie ich mich nach Lucies Tod wieder zum Tump hingezogen gefühlt hatte. Bei Sillustani in Peru kann man fast sehen, wie sich die fahlen Gestalten der verstorbenen Seelen auf dem Gipfel des seltsamen, von Wasser umgebenen Hügels versammeln. Hier hätte, ebenso wie bei Silbury, ebenfalls Wasser gestanden.

Der den Silbury Hill umgebende Graben ist 400 Meter lang und füllt sich jedes Jahr regelmäßig mit Wasser. Michael Dames vertritt in seinem Buch »The Silbury Treasure«, die Ansicht, der Graben stelle ein Bild der Großen Mutter dar, deren vollen Schoß der Hügel selbst verkörpere. Dieses Bild einer schwangeren Erntemutter war nicht statisch, sondern veränderte sich mit der Sonne und dem Mond. Dames sagt uns, daß wir, wenn wir zu Lughnasadh dorthin gehen, den Mond über der nahen Quelle aufgehen sehen und daß er den ersten Strahl auf den Graben an genau der Stelle fallen läßt, wo man den Kopf des Kindes erwarten würde.

> »Und im weiteren Verlauf der Nacht bewegt sich dieser Mondstrahl um die Mutter herum, auf ihr Knie und kreuzt eine schmale natürliche Brücke aus Kalkstein, ehe er nach und nach den ›Kindergraben‹ füllt – einen kleinen, abgetrennten Teil des Grabens, der sich eng um den Bauch des Hügels selbst schmiegt. Der Mond wandert weiter durch die Nacht und ruht schließlich auf der Brust, so daß die letzten Mondstrahlen auf dem Busen tanzen.«

Hier sehen wir wie in Stonehenge und New Grange, wie die Alten die bewegliche Kraft des Lichts in Verbindung mit der vermeintlich statischen Macht der Erdaufschüttungen benutzten, um eine bestimmte Wirkung zu erzielen – wie wohl die besten Beleuchtungstechniker im Theater. Dames glaubt, daß man diese Lichtwirkung bewußt einsetzte, um eine »kinetische Darstellung der Erntegeburt« zu erzielen.

Tanzendes Licht und feste Erde wurden vereint, um das Paradox zu demonstrieren, daß im Tod Leben herrscht und im Leben Tod: daß beim Sterben des Korns neues Leben entsteht, eine neue Geburt. Es sind keine voneinander getrennten Realitäten oder entgegengesetzte Zustände – sie existieren beide innerhalb, aufgrund und als Bestandteil voneinander. Wir feiern auf solchen Erntehügeln und zur Erntezeit unseres Lebens das Absterben des Korns, die Erfüllung unseres Lebens, während wir gleichzeitig die Geburt der Göttin feiern, das Backen des ersten Laibes und den Beginn eines neuen Kreislaufes.

Auf der Talsohle des Brookland-Beckens konnte ich, während sich die Abendsonne immer röter färbte, erkennen, daß die Ernte bereits begonnen hatte. Dieser Anblick war seltsam bewegend. Aber aus dem Gefühl von Rührung wurde bald Unbehagen. Immer wieder sagte eine Stimme in mir: »Die Ernte ist nicht für das Land, sie ist für dich und mich – für alle.« Ich schloß die Augen und versuchte festzustellen, woher mein Unbehagen stammte. Ich begriff es immer mehr als einen Ruf, der bei weiterem Lauschen forderte, daß ich zuließ, zerstückelt und auf gewisse Weise auseinandergenommen zu werden. Und als ich zuließ, daß diese Forderung mehr und mehr in mir Raum griff, wurde mir immer unbehaglicher. Schließlich hatte ich das Gefühl, als würden mein Körper und meine Seele wirklich Stück für Stück auseinandergenommen.

Das war der Ruf der Ernte, der Ruf von Lughnasadh. Ich hätte, im Alter von vierzig Jahren, der glücklichste Mann der Welt sein können: Wir hatten ein neues Baby in die Welt gesetzt, ich hatte vier so schöne Kinder, wie man sie sich nur erhoffen kann, ein jedes glücklich, gesund und liebevoll. Mein zweites Buch war fast abgeschlossen, zwei weitere waren in Auftrag gegeben, ich hatte mein eigenes Büro, das mir ein Freund angeboten hatte und das wunderbarerweise direkt neben dem Tump lag. Und dennoch empfand ich hier nichts anderes als Auflösung und Fragmentierung. Alle meine Leistungen und die Freuden der Lebensmitte bedeuteten mir nichts mehr. Die Saat, die mir mein ganzes Leben lang in ihrer Entwicklung Freude und Vergnügen gebracht hatte, war aufgebraucht – und die Vorstellungen von Liebe, sinnlichen Freuden, vom Bücherschreiben und von Freundschaften hielten kein Versprechen mehr.

Ich lehnte mich auf dem Tump zurück ins Gras und gab mich endlich dem auf mich eindreschenden Gott hin. Dabei wurde mein inneres Auge von Bildern all jener überflutet, die ich geliebt und die ich verletzt hatte, all derjenigen, von denen ich genommen und denen ich gegeben hatte, aller Bekannten, die gestorben waren und derjenigen, die sterben würden, mich selbst und meine Kinder sowie alle Kinder der Welt eingeschlossen.

Dabei hörte ich das Stöhnen der Mähdrescher unten auf den Feldern. Es klang, als würden sie alle auf mich zukommen, hier auf diesen Berg im sterbenden Sonnenlicht.

Da flüsterte mir eine Stimme ins Ohr: »Wann ist es nötig zu sterben?« Und ich antwortete, ehe ich deutlich überlegen konnte: »Wenn der Dreschgott zu mir kommt und sagt: ›Ich werde dich in tausend Stücke reißen und deinen Körper über dem Land verstreuen.‹«

»Willst du wirklich, daß das geschieht?« fragte die leise Stimme neben mir.

»Nein, natürlich nicht«, antwortete ich.

»Nun, dann höre zu«, sagte die Stimme und wurde noch leiser. »Um seiner Hand zu entgehen, verzögerst du deinen Tod, aber es verzögert auch die Zeit, wenn deine Seele, wie Isis, wieder auf Erden wandelt und deinen Körper Stück für Stück aufsammelt, bis alle Teile wieder miteinander vereint sind und du wieder ganz bist. Und sie wird dein Wesen erblicken und wissen, daß sie sich endlich selbst schaut, genau wie wenn man die einzelnen Teile eines Spiegels wieder zusammensucht und endlich wieder seine eigene Gestalt erblicken kann.«

Bei diesen Worten ließ ich mich fallen. Ich ließ es zu, daß die Mähdrescher über mich hinwegrollten, die Sicheln mich zerschnitten. Der Tod war kein verhülltes Skelett mehr mit einer Sense, sondern ein glücklicher, durch das Weizenmeer dahinbrummender Bauer. Auch ich konnte glücklich sein – ich mußte ihn nur lassen. »Aber es sind meine!« rief ich ihm zu, als seine Sense niederfuhr. »Es sind meine Kinder, meine Bücher, mein Leben!« Aber er lachte mich nur an und rief zurück: »Du wolltest immer nur etwas machen: Liebe, Kinder, Bücher. Jetzt hast du sie gemacht, und sie gehören nicht mehr dir!« Mit diesen Worten schnitt er durch den Weizen, und da war ich nicht mehr sicher, ob das Korn mein Körper war oder meine Seele, die Dinge, die ich geschaffen hatte – oder keines davon.

Darauf folgte eine Pause, eine Traumphase, in der ich mich verlor und wiederfand. Dann hörte ich eine andere Stimme, doch diesmal war es die Nuinns: »Schau zu den Feldern«, sagte er. Und als ich ihm folgte, sah man keine Reihe sich vorarbeitender Mähdrescher mehr, sondern eine Gruppe von Bauern, die sich um einen Mann scharten, der eindeutig ihr Anführer war. Dieser Mann schnitt mit einer Sichel die erste Korngarbe und hielt sie hoch in die Luft. Er bot sie dem Gott Lugh an, ehe er sich dreimal im Kreis drehte, einen Segen sprach und um den Schutz des Stammes und der Ernten bat.

Aus seinem Singsang wurde ein Lied, und in diesem Lied erzählte er von der Schönheit von Erde und Himmel, den Tieren und den Bergen, den Wäldern und dem offenen Meer. Er erflehte die Heiligkeit des Landes und daß die Ernten reich ausfielen. Er bat um den Schutz der Geister und den Segen der Göttin.

Ich saß da und starrte in die untergehende Sonne, während die Szene verschwamm und ich wieder allein war. Aber tief im Herzen wußte ich, daß ich ein Lied unserer Vorfahren gehört hatte. Und ich wußte auch, daß es eines der Lieder unserer Kinder war, die gesungen werden, wenn die Welt in ihre Erntezeit eintritt.

TORE

Erde zu Luft, Fels in Sonne
Erdhaut erblüht in lila und gelb
Löwenberg und Löwenpfad wachstumsumfangen
Windskulpturen über der Ebene, ein Saum
aus dichten kleinen Büschen, von Bächen tief durchzogen

Unsere Bergrücken sind stets kauernde Bestien
die große Brüste vorspringenden Landes bewachen:
stolze nördliche Tiger, Wildkatzen des Windes
stürmische Elefanten mit vielen Beinen,
achtsame sanfte Pferde, die den Sturm wittern
felsige Hügel mit den Spuren der Tiere

Erde in Luft, windgepeitscht.

Und die Pferde empfangen den Wind
struppige Ponyfohlen kommen zur Welt
Elefanten stehen im Tor
Wildkatzen kreischen
der Nordtiger und der Löwe liegen
geduckt, aber wachsam…

Sie halten Ausschau nach der Geburt der Zeit
der Wiederkehr von Artus, nach Kraft, die aus dem Versteck her-
 vorbricht und
die Haut der Gottlosen peitscht, nach dem großen Licht ohne
 Blitze, das nicht von Menschenhand stammt.

Felsen ragen hoch zum Feuer der Sonne
verweht vom endlosen Wind
erfrischt an den Wurzeln von Wassern
aber der Blitz schlägt ein
und zuckt von Ost nach West
trifft das, was er will
und vernichtet
aber wo er zuschlägt, entsteht ein Gral.

NUINN

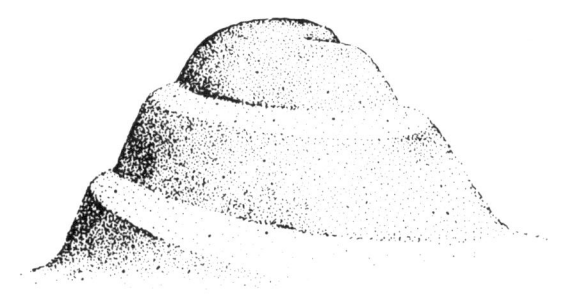

NACHSCHRIFT

Der wahre Zauber liegt nicht in der Suche nach neuen Landschaften, sondern in einem frischen Blick.

MARCEL PROUST

Diese Geschichte einer Wanderung von Lewes nach Wilmington und zurück ist teilweise ein Bericht über die evozierende Kraft von Orten. Wenn man sich des Zaubers und der Präsenz eines Ortes bewußt wird und dann damit arbeitet, stellt das vermutlich einen der direktesten und unmittelbarsten Wege dar, sich für die Bedeutung und den Wert des Druidentums in der heutigen Welt zu öffnen.

Wenn wir den Zauber eines Ortes spüren wollen, müssen wir uns in die rechte Stimmung versetzen, und dann beginnt die Landschaft, zu uns zu sprechen. Die diesem Buch zugrundeliegende Idee ist nicht, daß der Tump in Lewes oder der Lange Mann/die Lange Frau von Wilmington oder der Weg zwischen ihnen als Orte einzigartiger sind als andere auf der Welt. In einem anderen Landesteil hätte mich diese Reise wohl durch eine andere Landschaft geführt.

DIE ACHTUNG DER LANDSCHAFT

Einer der Beweggründe für eine solche Reise ist, daß wir die Gelegenheit bekommen, das Bewußtsein von unserer inneren, spirituellen Lebensreise mit dem Bewußtsein von der äußeren

Reise zu verschwistern: zu einem Bewußtsein von unserem Körper in Zeit und Raum. Oft sind diese beiden Bewußtseinsebenen gespalten: Wir haben ein inneres Leben, ein Leben des Geistes, und ein äußeres, das viele Menschen als abgelöst oder nur teilweise mit unserem inneren Weg verbunden empfinden. Wenn wir uns auf einen solchen Weg begeben, ist es sinnvoll, sich zumindest vorzunehmen, die Einheit der inneren und äußeren Richtung zu erzielen. Das Aufregende an dieser Suche nach Sinn und Wachstum ist, daß sie so leicht zu unternehmen ist. Wir brauchen nur wenig Vorbereitung, müssen den richtigen Tag bestimmen (das an sich ist schon sehr reizvoll: Gehen wir beispielsweise an einem Festtag los oder bei Vollmond?), ein Gebet oder eine Meditation, um den Weg zu beginnen, und schon geht's los! Beim Gehen sind wir aber nicht unbeteiligte Beobachter der Landschaft, sondern ein integraler Teil von ihr – und wir wandeln auf Spuren, die nicht nur in die körperliche Außenwelt gehören, sondern auch auf denen unserer inneren Landschaft. Beim Gehen befinden wir uns voll im Hier und Jetzt und erforschen die Schaltstellen, die Beziehung zwischen dem Selbst und dem Anderen, uns selbst und der Welt.

Die Achtung der Zeit

Mit der Vorherrschaft einer materialistischen Weltsicht und der vom Christentum geförderten Haltung, der Mensch »beherrsche die Natur«, haben wir eine grobe Mißachtung gegenüber dem Land entwickelt. Alles um uns her wurde entweiht, und unsere Aufgabe lautet nun, es aufs neue zu weihen. Das hat weniger mit einer Veränderung der physischen Substanz zu tun, als mit einer Änderung unserer Wahrnehmung und unserer Beziehung dazu.

Das Werk von James Lovelock mit seiner Gaia-Hypothese, derzufolge die Erde als ein lebendiger Organismus betrachtet wird, stellt einen bedeutsamen Beitrag für diese Neusicht der Welt und unseren Platz darin dar. Der nächste Schritt besteht für uns darin, uns ein spirituelles Wesen vorzustellen und Verbindung mit ihm aufzunehmen – das ist die Grundlage der druidischen Praxis, »Orte zu achten«.

Aber sowohl die Erde wie auch wir selbst existieren genauso in der Zeit wie im Raum, und unser Zeitgefühl ist auf ähnliche Weise wie das Raumgefühl degradiert und entweiht worden. In der Vergangenheit und in heutigen traditionellen Gesellschaften wurde die Zeit als kreis- oder spiralförmig betrachtet. Die Denkweise der Nachaufklärung hat uns dazu konditioniert, die Zeit als linear zu begreifen – trotz der gegenteiligen Beweise der Physik. Mit einem linearen Zeitverständnis werden wir geboren, altern und sterben – und damit hat es sich. Mit einem nichtlinearen Verständnis der Zeit begreifen wir eher deren zyklische, paradoxe Natur.

Die druidische Zeitvorstellung wird von vielen spirituellen Traditionen geteilt. Das Leben des Menschen wird als ein Fortschreiten der verschiedenen Stadien sowohl körperlicher wie nichtkörperlicher Existenz betrachtet: Kernstück dieses Glaubens ist die Reinkarnation. Viele Menschen halten die Reinkarnation für eine Vorstellung, die wir vom Osten übernommen haben, vom Hinduismus und Buddhismus. Doch es gibt unanfechtbare Beweise aus zeitgenössischen Berichten dafür, daß die Druiden auch an die Reinkarnation glaubten. Posidinius etwa sagte, daß die »Seelen der Menschen unsterblich sind, und nach einer bestimmten Anzahl von Jahren leben sie ein zweites Leben, wenn die Seele in einen anderen Körper übergeht«. Das frühe Christentum lehrte offenbar auch die Reinkarnation. Der Glaube an eine Reihe von Geburten und Toden stellt eine Grundlage unseres spirituellen Erbes dar.

Die Abfolge von Geburt und Tod hilft uns bei der Gestaltung der Landschaft unserer Seele. Jeder Tod wird von einem Hügel markiert, von einem Tumulus oder einem Stehenden Stein. Jede Geburt wird von einem jungen Baum, einer sprudelnden Quelle oder einem heiligen Brunnen angezeigt. Alle diese Landmarkierungen unserer Seelenreise stellen eine großartige Initiation dar, einen Beginn zu neuem Leben. Wir empfangen diese Initiationen, weil man uns einen Körper nach dem anderen gibt und dann wieder nimmt – immer wieder. Und wir existieren immer weiter.

Wir erhalten unseren Körper, wenn unsere Eltern sich paaren – und hier erkennen wir die Beziehung zwischen Sexualität, Tod und Initiation. Unsere Hauptinitiationen erhalten wir, wenn wir unseren Körper annehmen oder verlassen. Wir erhalten den Körper durch den sexuellen Akt. Daher ist der Sexualakt heilig, denn er schenkt uns das Vehikel für unsere Initiationen und unser Lernen in dieser Welt.

ÜBERGANGSRITUALE

Während die Achtung des Sexualakts als heilig eine Privatangelegenheit darstellt, ist die formelle, öffentliche Anerkennung der engen Verbindung von zwei Menschen immer schon ein Grund für öffentliche Feiern gewesen. Ob wir es nun Hochzeit oder Heirat nennen, nach der druidischen Tradition wird jedes große »Übergangsritual« im Kalender durch eines der Feuerfeste gekennzeichnet: Der Tod, das Scheiden, wird durch Samhuinn bezeichnet, das zwischen dem 31. Oktober und dem 2. November stattfindet, wenn das alte keltische Jahr endet und vor dem neuen Jahresanfang drei Tage »Nichtzeit« eingeschoben sind. Die Geburt und die Namensgebung werden durch Imbolc am 1. und 2. Februar gefeiert – die Zeit, in der die Schneeglöckchen blühen und wir die ersten Regungen des Frühjahrs spüren. Die Paarung, das große Ritual des Liebesaktes, wird durch Beltane am 1. Mai bezeichnet – wenn die Frühlingskräfte sich in vollem Saft befinden. Die Heirat, die öffentliche Anerkennung der Tatsache, daß man nach den Erkundungen in der Frühlingszeit des Lebens einen langfristigen Partner gefunden hat, wird durch Lughnasadh am 1. August angezeigt. Die Kelten boten sinnvollerweise die Option einer einjährigen Ehe auf Probe an. Wenn man nach einem Jahr noch miteinander sprach, konnte man die Ehe am folgenden Lughnasadh offiziell ratifizieren.

Diese vier Ereignisse im Leben geschehen allerdings nicht immer zu diesen genau bezeichneten Jahreszeiten: Nicht jedes Baby wird im Februar geboren, und wir lieben uns nicht bloß im Mai, aber die druidische Jahreseinteilung spiegelt die archetypische Beziehung zwischen den inneren und den äußeren Welten: Zwischen uns selbst und der Natur. Beim Leben in enger Verbindung mit der Natur, besonders in diesem Teil der

SCHEIDEN und STERBEN
Samhuinn

GEBURT und
NAMENSGEBUNG
Imbolc

HEIRAT und BEGEGNUNG
Lughnasadh

LIEBE und PAARUNG
Beltane

Übergangsrituale

Welt, spüren wir das Absterben des Jahres, wenn der Oktober sich seinem Ende zuneigt; wir fühlen, daß unsere Blätter fallen, daß wir die Sommergedanken abstreifen und auf die langen Winternächte zugehen. Im Februar fühlen wir die Geburt des Jahres, als komme die Tragzeit, die mit der Empfängnis zur Wintersonnenwende begann, nun zum Ende. Im Mai steigt der Saft in den Bäumen und anderen Pflanzen, und wir spüren ein Aufsteigen von neuer Lebenskraft, die manche durch ihre Sexualität ausdrücken – Statistiken haben ergeben, daß die Häufigkeit des Sexualverkehrs bei Paaren über ein Jahr hinweg zwischen April und Juni am höchsten ist. Das gleiche gilt für die Kreativität. Im Sommer besuchen wir Freunde oder werden besucht, oder wir fahren in Urlaub, um neue Gesichter in neuen Umgebungen kennenzulernen.

Von den vier Übergangsritualen müssen diejenigen der Liebe und der Paarung privat bleiben, aber es ist wohl angemessen, wenn die anderen drei für diejenigen zugänglich sind, die eine Verbindung zum Druidentum oder zu einer erdverbundenen Religion spüren.

In die Geschichte meiner Reise von Lewes nach Wilmington und zurück im ersten Teil dieses Buches habe ich den Text einer Begräbniszeremonie eingefügt, die im Frühling für Lucie Worthington abgehalten wurde.

Die meisten Menschen werden vom Tod einer nahestehenden Person so überwältigt, daß sie damit einverstanden sind, die Trauerfeier durch einen Priester abhalten zu lassen, den sie in den meisten Fällen überhaupt nicht kennen und dem der Mensch, für den er den Trauergottesdienst zelebriert, nicht vertraut ist. Manchmal sind solche Feiern sehr bewegend und angemessen, aber häufiger erscheinen sie unangemessen und unpersönlich. In England kann jeder die Trauerfeier im Krematorium abhalten; dabei gibt es nur zwei Einschränkungen: Man hat nur zwanzig Minuten Zeit, und die Teilnehmer müssen auf den Bänken sitzen. Selbst mit diesen Beschränkungen haben wir so Gelegenheit, unsere Trauer auszudrücken, dem Scheidenden auf seiner großen Reise alles Gute zu wünschen und um Segen und Führung dabei zu bitten.

Die Zeremonie für Lucie war nur für sie verfaßt, aber sie enthielt Themen, die für ein druidisches oder spirituelles Verständnis vom Tod grundlegend sind. Wenn wir diese Themen nehmen und mit Worten durchweben, die mit dem Leben und den Umständen anderer verstorbener Personen zu tun haben, kann diese Zeremonie auch für sie angewendet werden. Man braucht keine besondere Qualifikation, um so etwas zu verfassen und abzuhalten. Das Wichtigste ist, daß es von jemandem stammt, der den verstorbenen Menschen gut gekannt hat – und von Herzen kommt.

Das Grundgeheimnis des Todes betrifft die Trennung, das Scheiden – aber was wir wahrhaft lieben, kann uns nie wirklich genommen werden. Im alltäglichen Sinne handelt es sich allerdings um ein Abschiednehmen: der Seele vom Körper und des geliebten Menschen von unserer Gesellschaft. Daher kann man anstatt Trauerfeier auch »Abschiedszeremonie« sagen.

Bei einer Abschiedszeremonie möchten wir dem geliebten Menschen alles Gute wünschen, ein Lebewohl in dem Sinne, daß wir ihm wünschen, es möge ihm auf dieser Reise gut ergehen, wenn er durch das Tor zur Insel der Gesegneten reist, nach Hy Breasil, wie die Druiden diese Zauberinseln an der Westküste Britanniens nennen.

Bei einer Namenszeremonie begrüßen wir die neu angekommene Seele, die den Weg zur Erde zurückgelegt hat. Es folgt die Zeremonie, die Chris und Bill Worthington an einem Frühlingsmorgen auf Iona für unsere Tochter Sophie schrieben und durchführten, als sie drei Monate alt war:

Sophies Zeremonie

Stephanie und ich, als die Eltern, wurden gebeten, im Osten Platz zu nehmen. Etwa ein Dutzend Freunde bildeten einen Kreis, und Sophie wurde von ihrem Paten gehalten (wenn sie ein Junge gewesen wäre, von der Patin). Sophie lag auf Nigels Arm außerhalb des Kreises im Westen. Chris wandte sich zu Nigel und rief: »Wer suchet Zutritt in unsere Welt?«

Nigel antwortete: »Eine, die über das große Rad von Tod und Wiedergeburt gefahren ist und deren Zeit nun gekommen ist, um in die körperliche Welt zurückzukehren.«

Chris sprach nun Sophie direkt an: »Vom Westen her, aus dem Schoß der Großen Mutter, heißen wir dich willkommen, du Kleine.«

Als Nigel durch das westliche Tor in den Kreis trat, sagte Bill: »Wir begrüßen dich und danken jenen, die dich führten, für deine sichere Rückkehr in diese Welt. Ich erteile dir den Segen des Sonnenvaters, der dich keimen ließ, und der Großen Mutter, die dir Gestalt verlieh; sowie den Segen von Iona – damit deren Kraft und Ruhe immer bei dir sein mögen.«

Chris beträufelte Sophies Stirn mit Wasser aus dem Brunnen der Ewigen Jugend hoch oben am Gipfel des Dun-I und sagte dabei: »Ich gebe dir den Namen, der dich auf deiner ganzen Reise begleiten wird.« Dann sprach Bill: »Hier stehen noch andere, die dich auch willkommen heißen wollen.«

Langsam wurde Sophie nun im Uhrzeigersinn von Nigel durch den Kreis getragen. Chris hielt ein kleines Kästchen in der Hand. Jeder im Kreis begrüßte Sophie und legte ein kleines Geschenk in dieses Kästchen: Einen Stein, eine Blume oder ein Gedicht. Als Sophie bei uns ankam, begrüßten auch wir sie und legten unsere Gaben dazu, ehe sie vom Osten fort an der anderen Kreishälfte entlang wieder zum Westen getragen wurde.

Dann trug Nigel Sophie vom Westen direkt zum Osten, flankiert von Chris und Bill.

Als das Kind uns übergeben wurde, sagte Chris: »Wir übergeben euch Sophie, in den Schutz jener, die sie durch die Geburt in diese Welt gebracht haben. Mögen die Großen euch leiten und segnen.«

Diese schlichte Zeremonie strahlte ungewöhnlich starke Kraft aus. Genau wie wir uns von Lucie verabschiedeten, indem wir im zeremoniellen Kreis von Ost nach West gingen, wurde Sophie begrüßt, indem wir sie in der umgekehrten Richtung, von Westen nach Osten trugen. Wir kommen und gehen von den Inseln der Gesegneten im Westen, und in unserem Kommen und Gehen feiern wir unser künftiges und unser vergangenes Leben. Wir bitten um Leitung und Segen, ob für unseren Weg in dieser Welt oder in der nächsten.

Die Ehe

Für manche Menschen gehört zur Reise des Lebens auch, verheiratet zu sein – ob wir die Beziehung nun vor dem Standesamt oder rein symbolisch mit einer Ehezeremonie begehen. Nicholas und Laura schrieben mit Chris und Bill – unter Nutzung früherer Quellen, darunter eine bretonisch-druidische Hochzeit – die folgende druidische Hochzeitszeremonie, die für Jane und Michael und ihre Freunde und Verwandten von den Mitgliedern des nördlichen Hains des Ordens der Barden, Ovaten und Druiden in Lancashire durchgeführt wurde.

Hochzeitszeremonie

Bei dieser Zeremonie bilden die Teilnehmer einen Kreis und eine Hufeisenform. Bei Jane und Michaels Hochzeit, die an einem kleinen Steinkreis stattfand, bildeten zwölf Teilnehmer einen inneren Kreis, indem sie sich neben jeden der zwölf Steine stellten, während alle anderen darum herum ein Hufeisen bildeten. An einem anderen Ort verhält es sich vielleicht andersherum, mit einem größeren Außenkreis, der eine kleinere, hufeisenförmige Gruppe von Teilnehmern umschließt.

Wenn sich der Kreis und das Hufeisen gebildet haben, treten der Druide und die Druidin, die das Ritual leiten, in den Kreis. Der Druide bestätigt den Kreis, die Druidin segnet und weiht ihn. Dann sagen sie: »Willkommen«, und alle antworten das gleiche. Darauf sagen Druide und Druidin: »O großer Geist, Göttin, wir erbitten deinen Segen für diese, unsere Zeremonie.«

Dann werden die Tore in den vier Himmelsrichtungen geöffnet:

Druide: Laß die vier Himmelsrichtungen geehrt sein, damit die Kräfte und Strahlen zum Heil aller in den Kreis eindringen können.

Norden: Mit dem Segen des Großen Bären der Sternenhimmel und der tiefen, fruchtbaren Erde rufen wir die Mächte des Nordens an.

Süden: Mit dem Segen des großen Hirsches in der Hitze der Jagd und dem inneren Feuer der Sinne rufen wir die Mächte des Südens an.

Westen: Mit dem Segen des Lachses der Weisheit, der in den heiligen Wassern weilt, rufen wir die Mächte des Westens an.

Osten: Mit dem Segen des Falken der Morgendämmerung, der sich in die klare, reine Luft hebt, rufen wir die Mächte des Ostens an.

Druidin: Möge die Harmonie unseres Kreises vollkommen sein.

Druide: Wir stehen auf dieser heiligen Erde und im Angesicht des Himmels, um das heilige Ritual der Hochzeit zwischen Michael und Jane zu begehen. Wir kommen zusammen als Familie und als Freunde und bitten die großen Mächte, hier bei uns im Kreis zu sein. Möge dieser heilige Bund mit ihrer heiligen Gegenwart erfüllt sein.

(Pause)

Durch die mir verliehene Kraft rufe ich den Gott der Liebe an, dessen Name Aengus mac Og lautet, hier an diesem heiligen Ort zu erscheinen. In seinem Namen wird die Liebe erklärt.

Druidin: Mit der mir verliehenen Macht rufe ich die Göttin der hellen Flamme an, deren Name Brigida lautet, an diesem heiligen Ort anwesend zu sein. In ihrem Namen wird der Friede erklärt.

Druide: Im Namen aller Vorfahren, deren Traditionen wir achten.

Druidin: Im Namen all jener, die uns das Leben schenkten.

Beide: Mögen wir alle uns in Liebe vereinigen.

Druidin: Die Vereinigung von Mann und Frau im heiligen Ritual der Ehe führt zwei starke Kräfte zusammen, aus denen die Samen künftiger Generationen fließen können, die im Schoß der Zeit genährt werden. In jedem männlichen Wesen liegt das Weibliche, in jedem weiblichen Wesen liegt das Männliche. Das Zwischenspiel von männlichen und weiblichen Kräften findet auf vielfältige Weise seinen Ausdruck, wenn es in einer auf wahrer Liebe beruhenden Vereinigung frei fließen kann. Dieser Bund ist wahrhaft heilig.
Druide: Göttin mit Gott,
Teilnehmerin 1: Gott mit Göttin,
Teilnehmer 1: Priesterin mit Priester,
Teilnehmerin 2: Priester mit Priesterin,
Teilnehmer 2: Frau mit Mann,
Teilnehmerin 3: Mann mit Frau,
Teilnehmer 3: Mutter mit Sohn,
Teilnehmerin 4: Sohn mit Mutter,
Teilnehmer 4: Tochter mit Vater,
Teilnehmerin 5: Vater mit Tochter,
Teilnehmer 5: Schwester mit Bruder,
Druidin: Bruder mit Schwester.
Druide: Wer wandelt auf dem Pfad des Mondes und steht vor dem Himmel und erklärt seine heiligen Eide?

(Jane tritt vor.)

Kommst du, Jane, aus eigenem, freien Willen an diesen Ort?
Jane: Ja.
Druidin: Wer wandelt auf dem Pfad der Sonne, um auf der heiligen Erde zu stehen und seine heiligen Eide abzulegen?
(Michael tritt vor.)
Kommst du, Michael, aus eigenem, freien Willen an diesen Ort?
Michael: Ja.

(Beide gehen den Pfad der Sonne und des Mondes ab – im und gegen den Uhrzeigersinn –, bis sie wieder im Osten ankommen.)

Druide: Michael und Jane, ihr seid den Kreis der Sonne und des Mondes abgegangen. Geht nun zusammen den Kreis der Zeit, und der Elemente und der Jahreszeiten ab.

Jane und Michael: Ja, das wollen wir.
(Sie gehen Hand in Hand in Richtung Süden.)

Süden: Wird eure Liebe die Wildfeuer der Veränderungen überstehen?
Jane und Michael: Ja, das wird sie.
Süden: Dann empfangt den Segen des Elements Feuer an diesem Sommerort. Möge euer Heim immer von Wärme erfüllt sein.

(Sie gehen zusammen zum Westen.)

Westen: Wird eure Liebe die Ebbe und Flut der Gefühle aushalten?
Jane und Michael: Ja, das wird sie.
Westen: Dann empfangt den Segen des Elements Wasser an diesem Herbstort. Möge euer gemeinsames Leben von Liebe erfüllt sein.

(Sie gehen zusammen zum Norden.)

Norden: Wird eure Liebe die Zeiten der Stille und der Einschränkungen überstehen?
Jane und Michael: Ja, das wird sie.
Norden: Dann empfangt den Segen des Elements Erde an diesem Winterort. Möge eure Verbindung stark und fruchtbar sein.

(Sie gehen zusammen zum Osten.)

Osten: Wird eure Liebe das klare Licht des Tages überstehen?
Jane und Michael: Ja, das wird sie.
Osten: Dann empfangt den Segen des Elements Luft an diesem Frühlingsort. Möge eure Ehe vom Licht eines jeden neuen Tags gesegnet sein.
Druidin: Alle Dinge in der Natur sind Kreisläufe – aus der Nacht wird der Tag, der Tag wird zur Nacht. Der Mond nimmt ab und wieder zu. Es gibt Frühling, Sommer, Herbst und Winter, und dann kehrt das Frühjahr zurück. Diese Dinge gehören zu den großen Mysterien.
Michael und Jane, bringt ihr eure Symbole für die Großen Mysterien des Lebens?

Jane und Michael: Ja.

Druide: Dann wiederholt vor allen Anwesenden diese Worte:

Jane: (wendet sich zu Michael und reicht ihm den Ring) Nimm in Freiheit diesen Goldring als ein Zeichen meines Eides. Damit schenke ich dir meine Liebe, meine Kraft und meine Freundschaft. Ich bringe dir jetzt und immerdar Freude. Ich schwöre bei dieser heiligen Erde, daß ich durch dich alle Männer achten werde.

Michael: (wendet sich zu Jane und reicht ihr seinen Ring) Nimm in Freiheit diesen Goldring als ein Zeichen meines Eides. Damit schenke ich dir meine Liebe, meine Kraft und meine Freundschaft. Jetzt und immerdar werde ich dir Freude schenken. Ich schwöre im Angesicht des Himmels, daß ich in dir alle Frauen achten werde.

Jane: Im Namen Brigidas bringe ich dir die Wärme meines Herzens dar.

(Jane wird von ihrer Mutter oder einer anderen Teilnehmerin eine brennende Kerze überreicht.)

Michael: Im Namen von Aengus mac Og bringe ich dir das Licht meiner Liebe.

(Michael wird von seinem Vater oder einem anderen Teilnehmer eine brennende Kerze gereicht.) Beide zünden nun gemeinsam eine einzelne Kerze an. Diese Kerze sollte man aufbewahren und an jedem Hochzeitstag kurz brennen lassen.

Alle: Mögen Wärme und Licht eures Bundes gesegnet sein.

Druide: Schwört ihr beim Schwert der Gerechtigkeit, euren Schwur zu halten?

Jane und Michael: Wir schwören es.

Druidin: Dann besiegelt euer Versprechen mit einem Kuß.

Druide: Ihr wohlwollenden Geister und Seelen der Ahnen, nehmt euch des Bundes dieser Kinder an. Helft ihnen, leitet sie, beschützt und segnet ihr Haus und die Kinder, die dieser Verbindung entspringen. Möge ihr gemeinsames Leben die Harmonie allen Lebens in perfekter Vereinigung spiegeln. Mögen sie in guten wie in schlechten Zeiten zusammenarbeiten – in dem Wissen, daß sie wahrhaft gesegnet sind. Von nun an geht ihr gemeinsam über den Pfad des Lebens. Möge dieser Weg gesegnet sein.

(Jane und Michael gehen zusammen im Sonnensinn durch den Kreis und werden von jedem Teilnehmer begrüßt; dann bleiben sie westlich der Kreismitte stehen.)

Druide: Es ist die Stunde der Rückrufung. Wenn das Feuer niedergebrannt ist, so soll es in euren Herzen neu angefacht werden. Mögen eure Erinnerungen behalten, was Auge und Ohr erlangt haben.
Druidin: Wir danken den Mächten von Liebe und Frieden für ihre Anwesenheit an dieser Heiligen Stätte.
Nun wollen wir die Worte sprechen, die alle Druiden einen:

Gewähre uns, o Gott, Göttin, deinen Schutz
und durch diesen Schutz gib uns Kraft
Und mit der Kraft Verständnis
Und im Verständnis Wissen
Und mit dem Wissen die Erkenntnis von Gerechtigkeit
Und in der Erkenntnis von Gerechtigkeit die Liebe dazu
Und mit der Liebe dazu die Liebe zu allem Bestehenden
Und mit der Liebe zu allem Bestehenden die Liebe zum Gott, zur Göttin und aller
Güte.

Druide: Wir wollen den Geistern der Vier Himmelsrichtungen für ihren Segen danken.
Osten: Im Namen des Falken der Morgendämmerung und des Elements Luft danken wir den Mächten des Ostens.
Westen: Im Namen des Lachses der Weisheit und des Elements Wasser danken wir den Mächten des Westens.
Süden: Im Namen des großen Hirschen und des Elements Feuer danken wir den Mächten des Südens.
Norden: Im Namen des großen Bären der sternübersäten Himmel danken wir den Mächten des Südens.
Druide: Möge der Segen des Ungeschaffenen und der Tochter des Sohnes, das geschaffene Wort und der inspirierende Geist, stets bei uns sein. Möge die Welt voller Harmonie und Licht sein.
Druidin: Nun wollen wir die drei Kreise der Existenz schließen.

(Das Ehepaar hält sich an den Händen und bildet den innersten Kreis. Die Teilnehmer im äußeren Kreis und im Hufeisen fassen sich ebenfalls an den Händen und bilden zwei weitere Kreise.)

Alle: Wir schwören beim Frieden und der Liebe
Herz an Herz und Hand in Hand zu stehen.
Höre, großer Geist, uns an
und segne unseren heiligen Schwur.
Druide: Dieses heilige Eheritual endet in Frieden, wie es in Frieden begann. Ziehen wir uns nun zurück, in Frieden und mit Liebe im Herzen, bis wir uns wiedersehen.

(Der Druide löst den Kreis auf und geht mit der Druidin in Richtung Sonne. Michael und Jane folgen ihnen. Dann zieht sich der innere Kreis zurück; die Teilnehmer des äußeren Kreises gehen paarweise durch die Mitte und durch das Westtor hinaus.)

DER HEILIGE GRAL

Die Eheschließung zweier Menschen symbolisiert das Zusammentreffen zweier scheinbar unabhängiger Welten, zweier scheinbar unabhängiger Wesen. Es paßt sehr gut, daß Lughnasadh, die Zeit der Ernte, auch die Zeit für Hochzeiten ist, denn mit der Ehe lassen wir zu, daß unser eigenes, individuelles Leben geerntet wird: Wir geben unser Getrenntsein auf und öffnen uns einer neuen Lebensqualität – einer, in der jeder Partner hoffentlich die Früchte des anderen und die Beziehung genießen kann.

Eine der größten Freuden von Ehe und Liebe ist die Entdeckung, daß die Grenzen fließend und veränderlich sind: Bin ich das? Bist du so? Wo ende ich und wo beginnst du? Die größte Überraschung bei meiner Reise vom Tump nach Wilmington und zurück war, daß sich auch da die Grenzen zwischen dem Land und mir, zwischen Vergangenheit und gegenwärtigen Ereignissen, zwischen innerern und äußeren Welten, zwischen dem Konkreten und dem Imaginären zu verändern und zu verschieben begannen.

Zu Beginn dieses Buches erwähnte ich, daß man seinen eigenen Heiligen Gral finden kann, indem man Erkenntnis mit innerer Erfahrung vereint. Ich entdeckte bei dieser Reise, daß man diese Vereinigung einerseits bewirkt, indem man tatsächlich über die Erde wandert, um die Kenntnisse über das Land, seine Legenden, seine Geschichte und seine Geographie mit einer Erfahrung zu vereinen, die körperlich *und* emotional ist, instinktiv und intuitiv. Das wunderbare Paradox ist, daß man auf einer solchen Reise durch das Land, die Natur, entdeckt, daß die *Natur nicht nur draußen ist!*

> *Man braucht nur das weiche Tier des Körpers*
> *lieben lassen, was es liebt.*
> *Erzähl mir von deiner Verzweiflung, und ich erzähl dir von meiner.*
> *Inzwischen geht die Welt ihren Gang...*
> *Wer immer du auch bist, egal wie einsam,*
> *die Welt bietet sich deiner Phantasie dar,*
> *ruft dir zu wie wilde Gänse, mit rauhem, erregtem Schrei –*
> *immer wieder: verkündet dir deinen Platz*
> *in der Familie aller Dinge.*

Anhang

Die druidische Tradition

Das Druidentum ist kein komplizierter Weg – vielleicht ist es nicht einmal ein Weg. Sich damit zu befassen bedeutet, sich neu zu orientieren, um sich den Mysterien, dem Weiblichen, den Künsten, dem Ästhetischen und dem Esoterischen auf eine Weise annähern zu können, die es uns ermöglicht, alle vorgefaßten Meinungen und Vorurteile über das Leben abzulegen und uns statt dessen, wie in einer Druidenzeremonie, durch den Kreis unseres Lebens auf den Ruhepunkt in der Mitte tragen zu lassen, der gleichzeitig unser wahres Selbst, die Quelle von Göttlichkeit ist.

Eine grundlegende Einführung bietet Philip Carr-Gomm: The Book of the Druid Tradition, Element Books 1991.

Weitere Einzelheiten erfährt man in Ross Nichols: The Book of Druidry, Aquarian 1990, und in den Büchern, die in den Bibliographien dieser beiden Titel aufgeführt sind.

Kurse, Gruppen, Magazine und Lernmittel

»The Order of Bards, Ovates and Druids« bietet praxisbezogene Fernkurse, eine Zeitschrift und Workshops in Verbindung mit dem »Sacred Tree Planting Programme« und der »Campaign for Individual Ecological Responsibility« an. Die Gruppen mit ihrer weltweiten Mitgliedschaft treffen sich in vielen verschiedenen Ländern. Kontaktadresse: OBOD, P.O. Box 1333, Lewes, E. Sussex, BN7 3ZG, Großbritannien.

»The Council of British Druids« bildet das Forum für die Druidengruppen in Großbritannien und gibt eine Zeitschrift heraus:»The Druid's Voice«. Kontaktadresse: COBDO, P.O. Box 29, St. Leonard's-on-Sea, E. Sussex, TN37 7YO, Großbritannien.

»Ar nDraiocht Fein: A Druid Fellowship Inc.« (ADF) ist die größte Druidengruppe in den USA. Sie geben eine ausgezeichnete Zeitschrift heraus:»The Druid's Progress«, sowie einen einfachen Rundbrief: »News from the Mother Grove«, Kontaktadresse: ADF, P.O. Box 9420, Newark DE, 19714-9420, USA.

»Keltria« ist eine weitere Gruppe in den USA, die ursprünglich mit dem ADF zusammenhing, aber nun eigene Ausbildungsprogramme in Form von Fernkursen durchführt und eine Zeitschrift anbietet. Kontaktadresse: Keltria, P.O. Box 33284, Minneapolis, MN 55433, USA.

»The Druid Clan of Dana« ist eine Druidengruppe, die in Irland von der »Fellowship of Isis« gegründet wurde. Einzelheiten bei Clonegal Castle, Enniscorthy, Irland.

»Aisling« ist die Zeitschrift des »Druid Clan of Dana«. Kontaktadresse: P.O. Box 196, London WC1A 2DY, Großbritannien.

»Chrysalis – the Poet in You« ist ein praxisbezogener Fernkurs, der von dem Dichter Jay Ramsay entwickelt wurde, um jenen zu helfen, die ihre bardischen Fähigkeiten in einem modernen Kontext ausbilden wollen. Außer dem Kurs werden auch Individualsitzungen und Workshops angeboten. Kontaktadresse: The Secretary, Chrysalis, 1 The Mews, Greenhouse Barn, Greenhouse Lane, Painswick, Glos. GL6 6SE, Großbritannien.

»The Celtic Research and Folklore Society« gibt ein ausgezeichnetes Journal heraus, *Seanchas*. Kontaktadresse: CRFS Spion Kop, Lamlash, Isle of Aran, Schottland KA27 8NL.

John und Caitlin Matthews, die ehemaligen Vorsitzenden der »Order of Bards Ovates & Druids«, haben zahlreiche Bücher über Kelten, Druiden und Schamanismus veröffentlicht. Sie geben einen vierteljährlichen Rundbrief mit den Einzelheiten ihrer Workshops, Publikationen und Audiokassetten heraus. Schicken Sie vier internationale Antwortmarken (Europa) an BCM Hallow-Quest, London WC1N 3XX, Großbritannien.

»The Banton Press«, 75 Nelson Street, Largs, Ayrshire, Schottland KA30 9AB, Großbritannien, liefert gebundene Fotokopie-Ausgaben der zahlreichen Schlüsseltexte, die in der Neubelebungsphase des Druidentums produziert wurden, aber nun nicht mehr lieferbar sind. Man muß dabei allerdings im Auge behalten, daß die meisten dieser Texte von vielen modernen Druiden als wenig wertvoll betrachtet werden, da sie oft wirre Versuche darstellen, die alte Druidenpraxis mit dem Christentum zu verschwistern.

»Inis Glas Productions«, c/o Preppie Biker Press, 7912 39th Ave., SW Seattle WA 98136, USA, verschicken gut dokumentierte zeitgenössische Interpretationen von vornehmlich irischen Materialien.

Anmerkungen und ausgewählte Literatur zu den Kapiteln

3. Die Spirale der Anfänge

Die Gedichte von Nuinn (Ross Nichols) werden unter der Herausgeberschaft von Jay Ramsay in »*The Order of Bards, Ovates & Druids*« herausgegeben. P.O. Box 1333, Lewes, E. Sussex BN7 3ZG, Großbritannien.

Hilaire Belloc: The Old Road. Constable & Co 1911.

H.J. Massingham/Michael Ventura: We've had a Hundred Years of Psychotherapy and the World's Getting Worse, Harper 1992.

4. Der Tump

René Guénon: Le Roi du Monde, Gallimard 1958.

John Michell/Christine Rhoine: Twelve Tribe Nations and the Science of Enchanting the Landscape, Thames & Hudson 1991.

5. Das Tor

Rodney Castleden: The Wilmington Giant, Turnstone Press 1983.

6. Merlins Einfriedung: Die gesegnete Erde

Caitlín Matthews: Mabon & the Mysteries of Britain, Arkana 1987.
Alfred Atkins: The Old Straight Track, Methuen 1925.

8. Weißer Weg – guter Weg

Bryony und John Coles: Sweet Track to Glastonbury: The Somerset Levels in Prehistory, London 1986.

John Michell: New Light and the Ancient Mystery of Glastonbury, Gothic Image 1990.

Eine ausgezeichnete Übersicht über die britische Vorgeschichte bietet sich in James Dyer: Ancient Britain, Batsford 1990.

9. Das Lied unserer Ahnen

Ich hörte die druidischen Hörner des Bronzezeitalters zum ersten Mal in New Grange im ersten Teil eines Radioprogramms über die Geschichte schottischer Musik, die BBC Schottland produzierte. Der Autor dieser dreiteiligen Serie, Dr. John Purser, schrieb auch das Buch »Scotland's Music« (Mainstream Publishing 1992), das Abbildungen von Hörnern wie von Rasseln enthält.

Das Barbican Museum bei der Burg von Lewes zeigt eine ausgezeichnete Ausstellung der Fundstücke von dem Gehöft am Itford Hill, unter anderem auch bildliche Nachempfindungen der Rundhäuser und eines Kalksteinphallus (allerdings nicht desjenigen, den man bei den Ausgrabungen unter der Schwelle des Haupthauses fand). Die Darstellungen des Anwesens in diesem Buch bedienen sich künstlerischer Freiheit: Das abgebildete Hauptrundhaus bezieht seine Anregung von Durrington. In dem Museum ist auch ein großer keltischer Kopf zu sehen, den man kürzlich in einem Steingarten der Stadt ausgrub, ebenso wie ein großes Modell eines Rundhauses und viele weitere interessante Objekte.

10. Der Regenbogen

Siehe Philip Carr-Gomms Bericht über John Aubreys Verbindung zur englischen Neubelebung des Druidentums in: The Elements of the Druid Tradition, Element Books 1991.

Merlins Prophezeiungen werden in R. J. Stewart: »The Prophetic Vision of Merlin« Arkana 1986, untersucht.

11. Hexen und Druiden

Eine Einführung in das Druidentum findet sich in Philip Carr-Gomm: »The Elements of the Druid Tradition«, Element Books 1991, und Ross Nichols: »The Book of Druidry«, Aquarian Press 1990.

Zur Einführung in die Wicca siehe Margot Adler: Drawing Down the Moon, Beacon Press 1986.

Der zitierte Artikel von William Gray stammt aus »Transpersonal Psychologies«, hrsg. v. C. Tart, Harper & Row 1975, und »Psychology and the Spiritual Tradition«, hrsg. v. R. J. Stewart, Element Books 1990.

Die Verzerrungen um das »magische Bauerntum«, um William Grays Terminologie zu benutzen, schließen auch die Anfertigung von Wachspuppen ein, mit denen man anderen Schaden zufügen konnte. Ein fast perfektes Beispiel einer solchen Puppe, die in einem hiesigen Garten ausgegraben wurde, sieht man im Anne of Cleve Museum in der Southover Highstreet, Lewes. Ob die in diese Puppen gebohrten Nadeln Schmerzen oder Heilung mittels einer Art Akupunktur bewirken sollten, bleibt offen.

Das Zitat von Rhiannon Ryall stammt aus ihrem Buch »West Country Wicca – a Journal of the Old Religion«, Phoenix Publishing 1989.

Die Verbindung zwischen den Druidenorden und der Golden Dawn wird in Ithell Colquhoun: Schwert der Weisheit, Max Gregor und Der Golden Dawn, Kersken-Canbaz, 1996 diskutiert.

Dieses Kapitel erschien in abgeänderter Form als Artikel in »The Druid's Voice«, der Zeitschrift des »Council of British Druid Orders«, sowie in *The Cauldron*, einer englischen Zeitschrift für Naturreligion. Einige Hexen, die den Artikel gelesen hatten, meinten, ich stellte die Wicca falsch dar, indem ich bestimmte Zitate von anderen Schriftstellern übernahm, und gardnerische sowie alexandrische Praktiken unter Betonung der Nacktheit und des Großen Rituals darstellte, das ich als Norm in der Wicca-Praxis bezeichnete.

Ich zitierte die Ansichten von William Gray, Marian Green und Tim Sebastian, weil über die Beziehung zwischen Druidentum, Wicca und der Alten Religion nur wenig gesagt oder geschrieben worden ist, und sie waren praktisch die einzigen, von denen ich dazu Aussagen finden konnte. Ob wir mit ihnen übereinstimmen oder nicht, ihre Ideen haben die Wirkung, die Frage aufzuwerfen und zu diskutieren, wie man die beiden Systeme und die Vorgeschichten vergleichen kann.

Ich gebe zu, daß die zeitgenössische Hexerei vornehmlich gardnerisch und alexandrisch ist, aber das sind nun einmal die beiden Hauptformen in Großbritannien. Der Leser sollte allerdings wissen, daß es andere Wicca-Formen gibt, darunter auch solche ohne Hexenbund, traditionelle oder »Hecken«-Wiccas, die göttinnenzentrierte Hexenkunst, die besonders in Amerika immer beliebter wird und nicht duotheistisch ist und wozu weder Nacktheit noch symbolische sexuelle Aktivität gehört. Siehe Starhawk: The Spiral Dance, Harper & Row 1979, und Margot Adler: Drawing Down the Moon, Beacon Press 1986. Eine angemessene Beschreibung der Geschichte und des gegenwärtigen Zustandes von Wicca geht sicher über den Umfang eines einzigen Kapitels hinaus, und der interessierte Leser sollte Margot Adlers ausgezeichnete Analyse der Geschichte und der zeitgenössischen Manifestationen von Wicca in »Drawing Down the Moon« lesen.

Mindestens drei moderne Druidenanführer sind auch Wicca-Initiierte, und ihre Ansichten darüber sind sehr interessant. Isaac Bonnewits von der amerikanischen Gruppe »Ar nDraiocht Fein«, Rollo Maughfling vom »Glastonbury Order of Druids« und Philip Shallcrass vom »British Druid Order« haben alle mit Wicca gearbeitet, ehe sie sich mit dem Druidentum befaßten. Philip Shallcross schreibt: »The British Druid Order nahm 1979 unter einer Gruppe von Wicca-Eingeweihten der dritten Ebene Gestalt an, die mit der fehlenden zusammenhängenden mythologischen Grundlage bei der Wicca unzufrieden waren. Die moderne Hexerei neigt dazu, Gottheiten aus einer großen Zahl von Kulturen aufzunehmen und miteinander zu vermischen, darunter die des alten Ägyptens, aus Griechenland und Rom. Mit dem Gefühl, daß diese nur wenig Bedeutung für die rituelle Landschaft der Britischen Inseln haben, wandten wir unsere Aufmerksamkeit dem eigenen magisch-religiösen Erbe zu. Bald wurde klar, daß dieses Erbe in seiner ältesten und reinsten Form synonym mit dem Druidentum ist. Mit dieser Erkenntnis verloren wir den Bund und bildeten einen Hain.«

Ich glaube, daß sowohl das Druidentum wie auch die Wicca wertvolle und wichtige Arbeitsweisen sind, und beide verdienen unseren Respekt, aber ich glaube auch, daß man den größten Nutzen daraus zieht, wenn wir uns der Unterschiede zwischen ihnen bewußt sind und diese nicht einfach unter den Tisch kehren, denn genau diese Unterschiede helfen beiden, zu wachsen und zu gedeihen. Margot Adler drückt dies sehr gut in ihrem Vorwort zu »Drawing Down the Moon« aus: »Genau wie die Gesundheit eines Waldes oder einer duftenden Wiese an der Anzahl der verschiedenen Insekten, Pflanzen und Tiere abgelesen werden kann, die dort erfolgreich leben, können die Menschen durch eine ungewöhnliche Vielfalt an verschiedenen spirituellen und philosophischen Pfaden einen Weg durch die Dunkelheit und die Wirbelstürme suchen, die unsere gegenwärtige Ära kennzeichnen.« »Nicht nur auf einem einzigen Weg«, schrieb Symmachus vor 16 Jahrhunderten, »können wir bei einem so ungeheuren Geheimnis anlangen«.

12. Die Feuerprobe

Der Bericht von Eddius Stephanus, dem Kaplan St. Wilfrids, wird von Rodney Castleden in »The Wilmington Giant« zitiert (Turnstone Press 1983).

13. Avronelle

Tom Graves: Needles of Stone Revisited, Gothic Image 1986.
Marian Green: A Harvest of Festivals, Longman 1980.

14. Der grüne Mann

Robert Graves: The White Goddess, Faber & Faber, 1961.
    Jean Huston: The Search for the Beloved, Crucible 1990.
    Paul Kline: Fact and Fantasy in Freudian Therapy, Methuen 1972.
    John Layard: A Celtic Quest, Spring Publications 1975.
    The Mabinogion, Penguin 1976.
    Michael Poynder: Pi in the Sky, Rider 1992.
    Claude Lévi-Strauss »The Structural Study of Myth«, in: Structural Anthropology, Basic Books 1958.
    »Shaman«, veröffentlicht in »Transformation – the Poetry of Spiritual Consciousness«, hrsg. v. Jay Ramsay, Rivelin Grapheme Press 1988.

15. Die Göttin

Peter J. French: John Dee: The World of an Elizabethan Magus, Routledge & Kegan Paul 1972.
    N.T. Mirov/J. Hasbrouck: The Story of Pines, Indiana University Press 1976.

Zum Ogham-Baumalphabet siehe:
Hernan Turner: Ogham, Woodland Alphabet Oracle, Buch und Stäbe in Privatveröffentlichung bei H. Turner, Killoughter Road, Galway, Irland.

Liz und Colin Murray: *Das keltische Baumorakel,* Heinrich Hugendubel Verlag, 1996.

Nigel Penick/Nigel Jackson: The Celtic Oracle, Aquarian Press 1992.

Erynn Darkstar: Ogham, Tree Lore and The Celtic Oracle, Inis Glas Productions 1993.

16. Die Sehnsucht nach der Rückkehr

Informationen über die Kalksteinpferde und andere Abbildungen in Großbritannien, siehe Morris Marples: White Horses and other Hill Figures, Alan Sutton Publishing 1981.

Paul Newman: Gods and Graven Mages, Robert Hale 1987.

Dieses Buch wurde mir nach Abschluß des Manuskripts geliehen, am Tag, bevor ich es an den Verlag abschickte. Darin entdeckte ich, daß es eine Legende gibt, derzufolge das Pferd von High and Over geschaffen wurde, um eines jungen Mädchens zu gedenken, das dabei getötet wurde, als ihr Pferd mit ihr bergab durchging.

Der Artikel von John Matthews findet sich in: Psychology & the Spiritual Traditions, hrsg. v. R.J. Stewart, Element Books 1990.

Die Traumforschung an heiligen Stätten wird vom »Dragon Project« durchgeführt. Geldspenden und freiwillige Teilnehmer sind herzlich willkommen. Kontaktadresse: »The Dragon Project Trust«, c/o Empress P.O. Box 92, Penzance, Cornwall TR18 2XL, Großbritannien.

18. Rhiannon

Zu den verschiedenen Versionen des »Mabinogion« gehört auch die von Lady Charlotte Guest übersetzte, die 1992 von Llanerch veröffentlicht wurde.

Eine Analyse dieser Geschichte findet sich in Caitlín Matthews: Mabon and the Mysteries of Britain, Arkana 1987, und: Arthur and the Sovereignty of Britain, Arkana 1989.

Thomas Stearns Eliot: Vier Quartette, Little Gidding, in: Gesammelte Gedichte, Suhrkamp 1988, S. 334.

19. Der Weg zurück

Brian Bates: The Way of Wyrd, Century 1983.

20. Die Hänge von Galedin

Margaret Gelling: Signposts of the Past – Place-Names and the History of England, Phillimore 1988.

Richard Coates: Some Place-Names of the Downland Fringe, Younsmere Press 1990.

Das Zitat aus T. Wright's »The History of Ludlow« (1841) erwähnt heilige Hügel, die häufig Schauplätze von volkstümlichen Zeremonien und

Zusammenkünften waren. Lewes Lughnasadh-Verbindung war gänzlich verlorengegangen, bis Rodney Castledens »The Wilmington Giant« erschien. Aber die Verbindung der Stadt mit einem anderen keltischen Feuerfest, Samhuinn, ging niemals verloren und wird bis auf den heutigen Tag fortgesetzt. Archäologische und volkskundliche Untersuchungen haben ergeben, daß Samhuinn in Großbritannien seit Tausenden von Jahren begangen wird. Das alte Jahr ging am 31. Oktober zu Ende, und das neue Jahr begann am 1. November. Das neue Jahr wird bis auf den heutigen Tag in Irland mit Freudenfeuern begangen, aber in England hat sich das Datum auf den 5. November verlagert und mit der Guy-Fawkes-Nacht verschwistert. Lewes wird am 5. November zu einer wahren Hauptstadt für die Naturreligion. Tausende von Besuchern strömen durch die schmalen Straßen, um die Fackelzüge zu sehen, und, wie brennende Teerfässer in die Ouse gerollt und große Feuerwerke in die Luft geschossen werden. Die Festlichkeiten finden gleichzeitig an vier verschiedenen Orten in der Stadt statt.

Die Iolo-Manuskripte – eine Auswahl der alten walisischen Manuskripte – werden von der »Welsh Manuscript Society« veröffentlicht, Llandovery 1846.

Einen weiteren Hinweis auf Galedin findet man in Iolos Sammlung »The Triads of Britain«:

»Es gab drei Stämme, die Zuflucht suchend auf die Britannische Insel kamen und im Frieden und mit der Erlaubnis der Cambrier ohne Waffen und ohne Widerstand blieben. Der erste war der Stamm der Caledonier im Norden, der zweite der irische Stamm, der im schottischen Hochland weilt, und der dritte war das Volk von Galedin, das in schlichten Schiffen auf die Insel Wight kam, wo ihm die Cambrier Land gewährten, als sein Land unterging.«

Aus »Triads of Britain«, zusammengestellt von Iolo Morganwg, mit einer Einführung und einem Glossar von Malcolm Smith, Wildwood House 1977. Der Übersetzer aus dem Walisischen von 1823, W. Probert, meint, daß die Galedin aus Holland kamen, aber eine spätere Triade erwähnt die gemeinsame Grenze zwischen Galedin und Siluria.

21. Die Ernte

Maire MacNeill: The Festival of Lughnasadh, Oxford University Press 1962.

Eine ausführlichere Beschreibung des Tump als Sonnenobservatorium findet sich mit Diagrammen in Rodney Castleden: The Wilmington Giant, Tirnsone Press 1983.

Michael Dames: The Silbury Treasure, Thames & Hudson 1976.

Siehe auch die Diskussion mit L. Travers: What the Bee knows – Reflections on Myth, Symbol and Story, Aquarian Press 1989. Das Buch beginnt mit einem alten englischen Sprichwort: »Frag die wilde Biene, was die Druiden wußten.«

Ortsregister

Abbot's Bromley 53
Äußere Hebriden 178
Alfriston 94, 97–98, 100–101, 147, 155
Anderida 93, 142, 156
Anglesey 80
Arberth 167–168
Argoied calchvynydd 186
Arlington 90
Arllechwedd Galedin 185–186
Aston Canlow 183
Avebury 35, 46, 51–52
Avronelle 103, 142

Bartlow Hill 184
Batch Twt 36
Beachy Head 119
Beacon 90, 92
Beddingham Hill 174, 189
Bedfordshire 48
Berkshire Downs 153
Berwick 90–91, 101
Bible Bottom 182
Blackcap 88, 189
Brack Mount 183
Brighton 181
Brinklow 183
Brookland 13, 40, 42, 50, 62, 181, 191

Caburn 13, 91, 94, 142, 174, 176, 180–182
Caddington 48
Caer Llundain 17
Caint 186
Calder Camp 36
Caledon 111
Cambridgeshire 183–184
Canterbury 39

Canute 111
Cardiff 185
Cerne 115–116, 120–121
Cerne Abbas 107, 114, 116, 132, 178–179
Chapel Hill 187
Charleston 90
Charleston Bottom 147–148
Cheddar 49
Cheshire 154
Chichester 39, 187
Cliffe Hill 178, 182–183, 187, 189
Comp Track 156
Cornwall 55, 72, 186
Cradle Hill 156
Creswell Crags 49
Cuckmere 92, 148–150, 155

Decoy-Teich 90
Derby 49
Derbyshire 49
Devon 186
Ditchling 123
Donegal 153
Dorset 107, 116
Dun 13, 174
Dun-I 201
Durrington Walls 117
Dyfed 167

East Sussex 17
Eastbourne 52, 90, 119, 179
Eisteddfod 85
Essex 183
Excarbation Hills 9

Firle 65, 88–90, 92, 97–99, 146, 156, 171, 173–174, 176, 179–180
Firle Beacon 89, 97, 174

Firle Place 90
Five Lords 156
Friston 142, 145–147

Galedin 186, 189
Giantess' Apron 179
Giant's Causeway 179
Gill 174, 176, 179
Glamorgan 49
Glastonbury 53, 56, 83, 189
Gloucestershire 151
Glynde 174, 179–180
Glyndebourne 180
Gorsedd Arberth 166
Gower-Halbinsel 72
Greasby 52
Green Way 156

Hampshire 69
Hampshire Downs 64
Harlow 183
Harris 178
Hastings 119
High and Over 150
Hindover Hill 107, 114, 119, 127, 141, 149–150
Hundred House Mount 36
Hunter's Burgh 92, 102, 176
Hy Breasil 61, 200

Iford 40, 43, 55
Iona 158–160, 171, 200–201
Itford 107, 182
Itford Hill 13, 37, 57, 61, 86, 174, 181

Jugg's Road 181

Kent 49, 69
Kew 144
Knightlow Hill 183

Lambton 72
Lancashire 202
Lewes 13, 18, 22, 37, 39, 44–45, 52–53, 56, 63, 65, 67, 90–91, 122–123, 137, 171, 173, 176, 178–179, 181–186, 188, 195
Lewis 184
Linton 72
Logres 176
London 111, 172, 185
Ludlow 183–184
Lugh 13, 17, 50, 181, 183–184
Lullington Court 101
Lullington Heath 142
Lydney 151

Males Burgh 88
Malling 39
Marlborough-Downs 64
Merseyside 52
Mona 80
Mortlake 144
Mount Caburn 53
Mull 160
Mutlow 183

Nant-y-Groes 144
New Grange 189–190
Newhaven 13, 62, 65
Norton Top 156

Ondred 69, 90, 93, 156, 176
Ouse 13, 53, 63, 65, 184

Pathlow 183
Paviland-Höhle 49
Pendle 179
Pevensey 93, 119, 121, 142
Pin-Höhle 49
Primrose Hill 83, 172, 185

Reading 39
Red-Lion-Teich 63, 70
Ribble-Tals 157
Robin-Hood-Höhle 49
Rodmell 55, 65
Romney-Marsh 69
Ryton 183

219

Salisbury 64, 116, 142
Seven Sisters 150, 156
Shropshire 154, 183
Silbury Hill 35–37, 45–46, 50–52, 188, 190
Snake River 174
Snap Hill 147
Somerset 186
Southease 56
St. Kilda 178
Star Carr 52–53
Stonehenge 13, 46, 51–53, 55, 64, 83, 116–117, 123, 142, 190
Surrey 144
Sussex 8, 13, 29, 72, 92–93, 103, 123, 146, 149, 174–175, 179, 185–186, 189
Swanborough Hill 13, 37, 53, 174, 180, 189

Tain 186
Thatcham 52
Tintagel 189
Tump 8–9, 14, 18, 22, 25, 31, 37, 45–46, 50, 52, 113, 182, 184, 186–190, 192, 195, 208

Turre Tump 36

Uffington 104, 153
Ulster 157

Wantage 52
Warminster 52
Wayland Smithy 153
Weald 13, 69
West Meon 69
White-Lion-Teich 70
Whitehawk 181
Wilmington 92–93, 101, 103, 105, 113–114, 116, 120, 133–134, 138, 140–143, 165, 179, 195, 208
Wiltshire 35, 46
Winchester 13, 52
Windover Hill 92, 101, 103, 107, 121, 146, 156
Wookey 49
Worm's Head 72

Yorkshire 49, 52

*Weitere Titel zur Spiritualität
bei Sphinx*

Jean Shinoda Bolen
Auf der Suche nach Avalon
Eine Frau entdeckt ihre Spiritualität
248 Seiten, Festeinband

Zwei Reisen, von denen diese spirituelle Autobiographie erzählt, führten Jean Shinoda Bolen in der Lebensmitte aus der Krise ihrer Scheidung und spirituellen Haltlosigkeit zu Erkenntnis und Heilung und zum Verständnis ihrer selbst als archetypische Verkörperung der Göttin: Die erste, reale Reise brachte die Autorin an einige große Wallfahrtsstätten Westeuropas, während die zweite, zeitgleich ablaufende Reise – die »Reise nach Avalon« – sie zu sich selbst, in ihr eigenes Inneres führte.

Die Suche nach einem neuen Lebenssinn wurde für sie so symbolhaft zu einer Suche nach dem geheimnisvollen Gral der Artuslegende.

Michael Jordan
Kulte, Sekten und Mysterien
Stifter – Lehren – Traditionen
128 Seiten mit zahlreichen farbigen und s/w-Abbildungen, Festeinband

Das kontroverse Phänomen des Kult- und Sektenwesens ist so alt wie die Menschheit selbst – es umfaßt kirchliche Splittergruppen ebenso wie gesellschaftsgefährdende Strömungen und reicht zeitlich von den frühgeschichtlichen Fruchtbarkeitskulturen über die Eleusinischen Mysterien, Freimaurerlogen und Quäker bis hin zu den modernen Wicca- und Satanskulturen unserer Tage.
Ein umfassendes, reich bebildertes Kompendium über die wichtigsten Kultbewegungen der Geschichte, ihre Ideologien, Traditionen und Führerfiguren.